世界にひとつしかない「黄金の人生設計」

橘玲＋海外投資を楽しむ会・編著

講談社＋α文庫

文庫版まえがき

ノストラダムスの不吉な予言にもかかわらず、20世紀最後の年は夢と希望に溢《あふ》れていた。株式市場はインターネット・バブルに沸き、億万長者が続々と誕生し、情報処理・通信技術の飛躍的な進化によって人類が夢見た平等で豊かな社会が実現できると誰もが信じていた。その年の11月に、本書の親本である『ゴミ投資家のための人生設計入門』（メディアワークス）が刊行された。

2001年4月に小泉政権が誕生し、郵政事業や道路公団の民営化を目指す〝聖域なき構造改革〟が始まった。同年9月にはニューヨークで同時多発テロが起き、アメリカによるアフガニスタン侵攻とイラク戦争がそれに続いた。

当時も今も、不安の時代を背景に、世の中には怪しげな人生論や生き方指南《しなん》本が溢れている。だが自分と家族の将来を真剣に考えるとき、オカルトや精神論、道徳的説教や陰謀史観は何の役にも立たない。必要なのは人生の大海原を漕《こ》ぎ渡る海図と羅針盤《らしんばん》ではないだろうか――

私たちはそんなことを考えていた。

今回の文庫化に当たって、執筆者のひとりとしてあらためて本書を読み返してみると、ときに性急な主張や思い込みも目につく。だがそれ以上に、ここには未知の世界を発見した驚きと、それをひとりでも多くの読者に知ってもらいたいという熱気がある。このような本はたぶん二度と書けないだろう。

すべての日本人にとって不幸なことに、本書の指摘の多くは現時点でもそのまま通用する。公的年金や企業年金、医療保険制度が構造的に破綻《はたん》せざるをえない理由を本書で述べたが、それとまったく同じ議論が現在も繰り返されている。本書が時代を先取りしていたという話ではない。〝改革〟に明け暮れた4年の歳月を経ても問題は何ひとつ解決せず、私たちは今も同じ場所に留まり続けている。

日本の生命保険会社は魅力に乏《とぼ》しい商品を、義理と人情を武器に販売してきた。そのうちのいくつかが経営破綻し外資に買収され、業界地図は大きく塗り替わったが、聞き慣れぬ名前の保険会社が似たような商品を売り歩くようになっただけだ。

ここ数年、80年代のバブル期を上回る戸数のマンションが販売されている。長期金利の低下と住宅ローン減税によってマイホーム取得に千載一遇《せんざいいちぐう》のチャンスが訪れたからだという。不動産の世界では、過去はすべて記憶の彼方に葬《ほうむ》り去《さ》られることになっている。バブル崩壊以降の十数年間、金利はいつも「反転」し、地価は常に「底打ち」していた。

今や年間の自殺者数は3万人を超え、自己破産件数は30万件に迫ろうとしている。給与は減り、退職金制度は廃止され、終身雇用制は能力主義と容赦《ようしゃ》ないリストラに取って代わられた。私たちはもはや国家にも、企業にも頼ることはできない。懸命に働けば努力は必ず報《むく》われた幸福な時代は二度と戻ってはこない。

日々の生活の糧《かて》を第三者から与えられながら、人は自由に生きることができるだろうか？これが私たちに投げかけられた問いだ。

国家にも企業にも依存《いぞん》せずに自分と家族の生活を守ることのできる資産を持つことを「経済的独立」という。人生を経済的側面から考えるならば、私たちの目標はできるだけ早く経済的独立を達成することにある。真の自由はその先にある。

この本で、私たちはたったひとつのことしか述べていない。

誰もがかぎられた時間のなかで、かけがえのないただ一度の人生をつくり上げていかなくてはならない。そのときに必要なのは、世界にたった1枚しかない自分だけの設計図を描く知識と技術だ。

それはもちろん、私自身の課題でもある。

2003年10月

橘《たちばな》　玲《あきら》

〔補足〕

※文庫化に当たり不要と思われる一部の記述・図表を削除した。

※本書は１９９９年時点のデータに基づいて書かれたが、文庫化に当たり必要に応じて最新のデータを補った。

世界にひとつしかない「黄金の人生設計」◉目次

世界にひとつしかない「黄金の人生設計」

プロローグ　汝、人生を前向きに語るなかれ

「あなたにとって、人生とは何ですか？」

道を歩いているときにいきなりこんなことを訊《き》かれたら、それは宗教団体の勧誘に違いありません。

いつのまにか、学校で教師が生徒に「人生論」を教えるようなこともなくなってしまいました。今では、親ですら子どもに「人生」を語ろうとはしません。

どうやら、私たち日本人にとって、「人生」の価値はどんどん下がってきているようなのです。ある商品に「価値がない」ということは、それが誰にでも簡単に手に入るし、どれをとってもたいして違いはない、ということです。１００円ショップで売っている紙コップみたいなものです。

ではなぜ、私たち日本人の「人生」は、どこにでもある紙コップのような、安っぽいものになってしまったのでしょうか？

万人に共通する人生のルールとは？

いうまでもなく、私の人生とあなたの人生は別のものです。地球上には、人間の数だけ異なる人生があります。しかし、そこには何の共通性もないのでしょうか？

そんなことはありません。ちょっと考えただけでも、万人に共通する人生のルールのいくつかがすぐに思い浮かびます。

たとえば、「**人は必ず死ぬ**」というルールがあります。

波瀾万丈の人生を送った人も、平々凡々に生涯をすごした人も、万人のうらやむ幸福を手に入れた人も、辛酸《しんさん》と汚辱《おじょく》にまみれて一生を終えた人も、最後はみんな一介の骸《むくろ》となって終わりです。誰も、生物に課せられたこの冷酷な自然の掟《おきて》に逆らうことはできません。

同じように、「**人は必ず老いる**」というルールもあります。

歳をとれば身体も弱くなりますし、病気にもかかりやすくなります。記憶力も落ちてくるでしょうし、もしかしたらボケてしまうかもしれません。誰も、永遠に若いままでいられるはずはないのです。

それ以外に、生物としての人間は、ものを食べ、老廃物を排泄《はいせつ》しなければ生きていけませんし、男性と女性が性交をし、女性が妊娠・出産しなければ種《しゅ》として存続することはできません。このような、生物としての人間が自然界から負わされたルールは、ほかにいくつも挙げられるでしょう。

こうした「生物としてのルール」は、私たち個々人の努力ではどうしようもないものです。そのようなルール（掟）は総称して、「**運命**」と呼ばれます。

人は男に生まれるか、女に生まれるかを選択することはできませんから、これは運命です。同様に、親を選ぶこともできませんから、これも運命でしょう。病弱な身体だとか、生まれつき障害があるとか、難病におかされているなどということも、運命としかいいようがありません。そう考えると、自分ではどうすることもできない数々の運命が私たちの人生を取り巻いていることがわかるはずです（誤解のないようにつけ加えておきますが、これは「運命は変えられないからあきらめるしかない」ということではありません。あるかぎられた場面では、運命を克服することも不可能ではないからです）。

ところで、私たち人間には、自然界から負わされたルール以外に、社会から課せられたルールもあります。なぜなら、人間は生物であると同時に社会的な存在であり、社会から隔絶して生きることはできないからです。

これはいったいどういうことでしょう？

この本では、「人間は社会的な存在である」というカール・マルクス教祖の有名なテーゼを振りかざしたり、「実存とは世界内存在である」というマルティン・ハイデッガー先生のご託《たく》宣《せん》について呪文《じゅもん》のような解説を加えたりすることはしません（そんな難しいことはわからないからです)。で、いきなり結論を述べて、先に進みます(詳しく知りたい人は哲学の入門書でも読んでください)。

人間は社会的な存在である。

理由はともかく、これが真理です。

自由になるほど不自由になる

「俺の人生は俺の自由だ」という人がいます。

たしかにこれは、近代社会の根幹をなす、大事なルールです。日本社会においても、18歳をすぎていれば、あなたがどのように生きるべきか、誰にも命令することはできません(近代社会では、誰もあなたに「殺人を犯すな」と命ずることはできません。あなたが人を殺したときに、法に則《のっと》って罰することができるだけです)。

私たちが生きている近代社会では、成功も失敗も、その栄光と悲惨のすべてはあなた自身が一身に負うべきものとされています。これが、近代的な「自由」の真の意味です。考えてみれば、ずいぶんと厳しい思想です。

ところで、人生は無限の可能性に満ちていますが、誰もがその可能性を実現できるわけではありません。それは、私たちが「自由」な個人であるとともに、社会のなかでしか生きることができない存在だからです。

社会というのは人と人との関係から成り立っていますから、いくらあなたが「自由」に生きる権利を持っているからといって、あなたの夢が常にかなえられるとはかぎりません。その理由は簡単で、あなたのまわりにいる人たちも、あなたと同じように「自由」に生きる権利を持っているからです（わかりますよね？）。

あなたの持っている「自由」と他人が持っている「自由」はまったくの等価ですから（これが近代「人権思想」のポイントです）、複数の自由な個人が相反する権利を主張したとしたら、お互いに譲り合うなりして、利害を調整しなければなりません。そのためのルールが法律であり、そのルールをつくる仕組みが政治です。決められたルールが正しく運用されているかどうかをチェックするための、司法（裁判所）や行政（警察など）組織も必要です。

このようにして、「自由」な個人が集まって生まれた近代社会は、無数の自由を調整するために、ますます不自由なものになってしまいました。20世紀になって、経済の発展とテクノロジーの進歩によって人々がますます自由になると、それとともに、個人を管理する社会システムも巨大化していきました。

人は自由になるほど、不自由になる。

これが、近代社会の大きなパラドックスです。

日本人としての運命

ところで、私たち日本人が課せられている最大の社会的ルールとは、いったい何でしょう？「日の丸・君が代」でしょうか。中学までの義務教育でしょうか。それとも、談合のための接待ゴルフでしょうか。

私見ですが、日本人として生きるためのもっとも重要な社会的ルールは、「**日本語の強制**」です。ちょっと考えればわかりますが、日本語を使わずに日本社会で生きていくことはできません。同様に、フランス語を話さなければフランス人ではありませんし、ほかの人種や民族にしても、彼らに固有の言葉がアイデンティティになっています。

このように言葉というのは非常に重要なもので、それなくしては、私たちは人間ではなくなってしまいます。「人間は社会的な存在である」というのは、同時に、「**人間は言葉を使う存在である**」ということでもあるからです。

日本社会に生まれた私たちは、日本語を使うことを社会から強制されており、そこからさまざまな制約が生まれます。ではそれ以外に、日本社会に生きる私たちに課せられたルールとして、どんなものがあるでしょう？

もちろん、日本国籍を持ち、日本国に暮らす以上、私たちは日本の法律に従わなくてはなりません。国家（地方自治体）に対する納税の義務だってあります。ただし私たち日本人は、戦争に負けてアメリカの半植民地になったおかげで、マッカーサー元帥から「戦争放棄」という奇妙な憲法を授かることができました。この憲法があるかぎり、たとえ朝鮮半島で戦争が起こり、日本が戦場になるようなことが起きても、兵役の義務はありません。

日本人である私たちに課せられたルールは、言語や法律だけではありません。

たとえば、中学校までは義務教育ですから、15歳までは学校に通わなくてはなりません（最近は「学校に行かない自由」というのも認められてきたようですが）。その先には、大学くらい出ておかないとマトモな会社に勤めるのは難しいという暗黙のルールもあります。さらには、一般の会社には60～65歳で定年を迎え、強制的に退職させられるというルールもあります。

このように、私たちは日本人として日本国で暮らす以上、日本という国が置かれた状況に人生の大きな部分を規定されています。関東大震災が東京を襲ったり、北朝鮮から核弾頭を搭載したテポドンが飛んでくれば、それだけで私たちの人生は大きく変わってしまいます（死んでしまうかもしれませんが）。

同様に、日本人として避けられない運命というものも存在します。

そのひとつが、**少子化と高齢化**です。あと20年もすれば、日本は世界でも類を見ない超高齢化社会になってしまいます。人口構成上、扶養する若者より扶養される高齢者のほうが多くなるわけですから、社会保障費は高額になり、給付される年金は激減するでしょう。これに関してはいろいろな試算や対策が議論されていますが、どんなことをしたってこの結論は変わりっこありません。

当たり前ですが、少子化は人口の減少をもたらします。21世紀以降、日本人の人口は減少を続け、やがて現在の半分くらいになってしまうという試算もあります（これに対しては、「外国人労働者がどんどん増えるから人口は変わらない」という意見もありますが、はたして日本がアメリカのような「移民国家」になれるでしょうか）。当然、人口が減れば経済は減速し、地価は下落します。これもまた、避けられない運命のひとつでしょう。

日本政府が景気対策のために発行した莫大《ばくだい》な国債の問題もあります。国債というのは国の借金ですから、いずれは返済しなければなりません。返済の原資は税金以外ありませんから、増税は時間の問題です。

このように、私たちは日本人としてこの国に生きていく以上、日本という国の置かれた状況と、それが私たちの人生に及ぼす影響について、冷静に分析してみなければなりません（これについては本書第3部であらためて検討します）。

人生をポジティヴに語るながれ

ここで唐突に、冒頭の「日本人の人生はなぜ100円ショップの紙コップになってしまったのか？」という問題に戻ります。

これまで述べてきたように、人はみな「運命」という大きな枠のなかでしか生きることができません。こうした生物的・社会的なさまざまな制約を「人生の土台（インフラストラクチャー）」と呼ぶならば、**人生の8割は土台からできています。**逆にいえば、残りの2割のなかでしか、人はポジティヴな人生を生きることはできません。

このように考えてみると、「人生論」が成立しなくなった理由もわかってきます。大衆社会の拡大につれて人々の価値観が多様化してきたために、ポジティヴな人生論では、もはや最大多数の心をつかむことができなくなったからです。

しかし、いかに大衆化社会が高度化しようとも、人生における8割の土台部分は変わりません。どれほど社会が進歩しようとも、人は社会のなかでしか生きられませんし、老いて死んでいく運命から逃れることはできませんし、たぶんこれからもずっと、お金と商品を交換する資本主義経済のもとで暮らしていくしかありません。

これまで私たちは、人生というのはポジティヴに語るものだと、ずっと教えられてきました。「人生とはこうあるべきだ」「おまえはこういう人間になるべきだ」というように。しかし、ひとりひとりの人生が異なる以上、こうしたポジティヴな人生論はたんなる押しつけになるほかありません。価値観が多様化するなかで、急速に魅力を失っていったのも当然です。

だからといって、人生について語ることが無意味になったわけではありません。

「人生」とはじつは、ネガティヴに語らなくてはならないものだったのです。「私の人生はどのような条件によって規定されているか」というように。

土台部分の構造がわかれば、そのうえではじめて「設計」が可能になります。土台を無視して家を建てることができないのと同じように、「人生のインフラ」を考慮しない人生設計はたんなる夢想にすぎません。それでは、どんな目的も達せられないでしょう。だいいち、人生の8割が土台であれば、個性がどうのという前に、土台の構造だけでたいていのことは説明できてしまいます。

こうした理由から、本書においては、ポジティヴに選択できる人生の2割に関しては一切扱いません。あなたが傭兵《ようへい》になろうが、ホームレスになろうが、それはあなたの選択であって、私たちには何の関係もありません。逆に、他人がこの2割に介入すると、宗教かできの悪い説教になってしまいます。

本書が扱うのは、人生の8割を占めるインフラ（土台）部分のうち、経済的な側面だけです。それを主に、不動産と生命保険という2種類の投資商品を通じて考えてみようというのが、私たちの基本的なアイデアです。

＊

本文中でも繰り返し述べますが、バブル崩壊を機に日本の将来は混迷を深め、私たち日本人の人生も、不確実性の昏《くら》い海のなかに投げ出されることになりました。

当たり前のことですが、そんなときこそ、土台がしっかりしていないと、「自由」なはずの人生はあっという間に崩壊してしまいます。

私たちが20代の頃はバブルの全盛期で、自由奔放《ほんぽう》に人生を謳歌《おうか》している人たちがいっぱいいました。そんなキラキラと輝くような生き方をしている人たちを、片隅から眩《まぶ》しく見ていたものです。

30代になってふと気がつくと、その人たちのほとんどが、消えてしまいました。同様の喪失感を共有する人は、本書の読者のなかには多いのではないかと思います。

憧《あこが》れていた人物の生活が荒廃し、破滅していく過程を間近で見ているのは、つらいものです。

しかし、それもまた、誰のものでもないひとつの人生だというしかありません。

私たちの人生は、大海原に浮かぶ小舟のようなものです。目的もなくやみくもに漕《こ》ぎ出した船は、いずれ難破するほかありません。

じつに単純な、そしてじつに残酷な真理です。

それを思い知らされたことが、本書を書き始めたきっかけです。

第1部　不動産は人生にとってほんとうに必要か？

STEP1 持ち家と賃貸はどっちが得？

1．不動産とは何か？

不動産は「資産の王様」

いうまでもなく、これまでの日本人の人生設計の中心には、不動産がありました。不動産こそがすべての資産の王様であり、それを所有する者に大きな利益をもたらす魔法の力を持っていたからです。

したがって、これまでの日本人の資産運用には、人生のできるだけ早い時期に住宅ローンを組んで不動産を購入し、あとはひたすらローンを返済するという、たったひとつの選択肢しか用意されていませんでした。それだけのことで、30〜40年後には、巨額の富が約束されていたからです。退職金と公的年金と、ローンを払い終わった不動産があれば、老後には何の不安もありませんでした。

だからこそ、株や債券などの金融商品は資産運用の邪道であり、そんなものは不動産を購入したあとの余裕資金を少しだけ回せば充分だとされてきました。国債を買うくらいならまだしも、必要以上に株にのめり込むのははしたない行為とされ、一流と呼ばれる企業では、信用取引に手を染めていることがわかっただけで、出世の道は閉ざされました。

所有する不動産が大きな資産を約束してくれているのなら、余ったお金は元本保証の郵便貯金や銀行預金に預けておけば充分です。永遠に地価が上昇することを前提にすれば、これがもっとも経済合理的な行動ですから、株や商品先物など、それ以外のことに手を出すのは、常識を弁《わきま》えない怪しい人間だけということになります。

さらに、子どもの教育や家の建て替えでまとまったお金が必要になったとしても、資産としての不動産の信用は絶大でしたから、それを担保に銀行から低金利の融資を受けるのも簡単でした。それさえあればほかには何ひとつ必要ないオールマイティの地位を、戦後ずっと、不動産は譲ることがなかったのです。

ところが、バブル絶頂期の１９９０年に天井を打った地価は、その後10年以上下げ続け、東京都心部ではピーク時の50～70％も下落するなど、この国はこれまで経験したことのない、深刻な不動産不況に襲われました。こうした極端な地価の下落は、もちろん、「土地神話」を信じて高値で不動産を購入した人たちの生活にも、破壊的な影響を与えました。

住宅ローンを返済できずに生活が破綻《はたん》し、自己破産を迫られる人が続出するに及んで、戦後日本を支配してきた「不動産神話」にも、ようやく、再検証の作業が始まりました。しかしその一方で、資本主義史上始まって以来の低金利と、日本政府のなりふり構わぬ住宅購入促進減税を背景に大量供給されるマンションを、20代、30代の一時取得者が次々と購入しています。

私たち日本人にとって、不動産とはいったい何だったのでしょうか？

人生設計の中心には、今もまだ不動産が燦然《さんぜん》と光り輝いているのでしょうか？

ファイナンシャル・プランナーや経済評論家たちのいうように、借家暮らしはさっさと卒業して、多少無理をしても、若いうちに新築のマンションを購入すべきなのでしょうか？

そのような疑問に答えるためにも、ここではまず、不動産とは何かについて、考えてみましょう。

動く資産、動かない資産

「不動産」という以上、それが「動かない（不動の）資産」のことだというのは誰でもわかります。不動産の反対語は「動産」で、これは「動かすことのできる資産」のことです。

では「動かない資産」とは何かというと、これは民法にはっきりとした規定があって、「土地およびその定着物」ということになります。「定着物」というと何だかよくわかりませんが、「土地に定着しているもの」ですから、たいていは建物のことになります（山林などの場合、立木が「定着物」になります）。

一方「動産」とは何かというと、「不動産以外のすべての有体物」と定義されます。販売用の商品はもちろん、車や貴重品など、形あるもので、市場で売却可能なもの（市場性のあるもの）はすべて「動産」となります。「有体物」とわざわざ断ってあるのは、ブランドやのれん代など、形はないけれど資産価値のあるものが存在するからです（会計用語では、動産・不動産などの「有形固定資産」に対して、「無形固定資産」と呼びます）。ついでに説明しておくと、動産・不動産などの「固定資産」に対して、現金・銀行預金や、株式・債券などの有価証券のうち短期間で換金可能なものを「流動資産」といいます。「流動資産」は「**フローの資産**」、「固定資産」は「**ストックの資産**」と呼ばれることもあります。

最近よく、「資産運用はストックからフローへ」などといわれますが、これは、「保有する固定資産を流動化させよう」ということです（乱暴にいうと、「家を売って株を買え」ということです）。資産運用における「ストック」と「フロー」というのは大事な考え方なので、覚えておいてください。

不動産に夢中になる理由

民法にもあるように、不動産は「土地」と「定着物」に分かれます。で、ここがもうひとつのポイントですが、不動産を構成する土地と建物（定着物）では、資産の性格が大きく違います。

これはちょっと考えればわかりますが、土地は時間が経っても資産価値が劣化しません（価格は変動します）。それに対して建物は、一般的には時間が経てば経つほど価値がなくなってしまいます（歴史的な建造物などは別です）。日本の不動産売買においては、木造建築は30年で価値がなくなるとされています（築30年以上の物件は不動産売買で「古家」と呼ばれ、価値がないばかりか、解体費用などで不動産価格を下げる要素となります）。

土地は、そのときどきのマーケット事情で値段が上がったり下がったりしますが、時間の経過による劣化はありません。その意味で、株式などと似た性格を持っています。一方、建物（不動産業界用語で「上物」などといいます）は、車や事務機器などと同様に、時間が経てば資産価値が劣化しますから、減価償却の対象になります。この性格の異なる2種類の資産が合体して「不動産」となるわけですから、株式や債券などの金融商品と比べても、なかなか複雑な性格を持っていることがわかります。

不動産がほかの資産と異なる点は、これだけにとどまりません。

Aさんが買ったソニーの株と、Bさんが買ったソニーの株は、購入時の値段を無視すればどちらも同じものですが、このAさんとBさんが同じ時期に同じ値段の不動産を買ったとしても、両者はまったく別のものです。これは不動産（住宅）が、株や債券などの金融商品とは違って、この世に同じものはふたつとない多様性を持っているからです。結婚生活に成功や失敗があるように、あるいはパチンコが台によって出たり出なかったりするように、不動産にも当たり外れがあります。ここに、不動産が人を夢中にさせる理由があります。

さらに、不動産は人間の所有欲や名誉欲を満足させてくれます。たとえあなたが国債を山のように持っていたとしても、それを四六時中、他人に見せびらかすことはできませんし、道行く人が振り返って見てくれるわけでもありません。しかしあなたが豪邸を所有していれば、親族や友人・知人を招いて自慢することもできますし、近所の人も羨望《せんぼう》と嫉妬《しっと》の目で見てくれます。このような満足感を与えてくれる資産は、不動産以外にちょっと見当たりません。そのうえ地価の上昇で資産価値が無限に増えていくとしたら、いったいほかに何が必要だというのでしょう！

2. 土地真理教の誕生

「家を持ちたい！」症候群

この日本という国では、30歳をすぎる頃から、ほとんどの人が「家を持ちたい」という不可思議な衝動に駆《か》られます。しかし、この〝衝動〟に合理的な根拠があるのかどうか、検証されることはめったにありませんでした。

なぜかというと、金融・建設・不動産業など、この国のドメスティックな（土着の）経済を支えている大きな部分が、「家を持て」「一国一城の主になれ」と国民をマインド・コントロールすることによって莫大《ばくだい》な利益を得てきたからです。

各種の世論調査を見ると、バブル期に高値で住宅を購入してしまった人たちを除き、おおむね、「持ち家を買ってよかった」という結果が出ています。それに対して、資産価値の下落や住宅ローン破産の増加などを受けて最近ようやく風向きが変わってきたとはいっても、「生涯賃貸派」はまだまだ少数です。

ところで、家を購入した人が「自分の判断は正しかった」と回答する理由は、簡単な心理学で説明できます。

ふつうのサラリーマンにとって、家を買うということは、年収の4〜5倍もの借金を背負い、生涯賃金の2〜3割にも達する巨額の商品を購入するということですから、その判断は、まさに一世一代の決断のはずです。

こうした重大な局面においては、**支払った代償の大きさが自分の判断を正当化する**という、心理の錯覚が生じます。要するに、100円ショップでジャンク品を購入してしまったときには「くだらないものを衝動買いしてしまった」と冷静に判断することができた人でも、それが1000万円の商品ならなかなか失敗を認められなくなり、1000万円の支出なら、なおさら自分の判断を正当化したくなるということです。

「自己開発セミナー」のトリック

こうした人間心理をうまく利用したのが、ひと頃はやった自己開発セミナー（洗脳セミナー）です。この手のセミナーを受講するには、だいたい50万〜100万円くらいの受講料を支払わなければなりません。ところが、セミナー業界も最近は不景気で、受講料のダンピングが相次ぎ、とうとう7万円とか10万円という水準まで下がってしまいました。すると、同じトレーナー（セミナーの指導者）が、これまでとまったく同じプログラムでセミナーを行っても、その効果が半減してしまったのです。

以前と変わったのは受講料の額だけですから、原因ははっきりしています。まったく同じセミナーをまったく同じ環境で受講しても、100万円の受講料を払った人のほうが、10万円しか払わなかった人よりも、はるかに高い満足度を得たわけです（それが「自己開発」なのか、たんなる「洗脳」なのかは、ここでは問いません）。

100万円の受講料を払った人は、大きな決断をしてその金額を支払ったわけですから、できるだけ元をとろうとして、セミナーに対して前向きに取り組みます。100万円を払うという決断を正当化するために、無意識のうちに、セミナーをポジティヴに受け入れる姿勢ができているわけです。

これに対して、10万円しか払っていない人は、半信半疑のままです。もしかしたら、自分はだまされたのではないかと思っているので、セミナーに対しても、懐疑的な態度をとるようになります。このような人は、セミナーをネガティヴにしか受け入れられないので、「自己開発」の度合い（「洗脳」の度合い）も低くなってしまいます。

バブルの崩壊を受けて、かつてはあれほど隆盛を極めた自己開発セミナーのほとんどが姿を消してしまいました。そのいちばんの理由は、世の中が不景気になって、誰も「自己開発」などというお遊びにつきあっていられなくなったからでしょうが、同時に、受講料のディスカウント競争によってセミナーの効果がなくなってしまったという事情もあるようです。セミナーが受講者たちを「自己開発」し続けるためには、高い受講料が必須だったのです。

失うものが大きければ信仰も強くなる

同じことは、オウム真理教（現・アーレフ）やヤマギシ会（コミューン志向の共同農場）などの「カルト」団体についてもいえます。オウム真理教に入信したり、ヤマギシの村に入村するときには、全財産を残らず寄付しなければなりません。オウム事件の際にはこのことが「反社会的だ」と非難されていましたが、それは宗教を知らない人の誤解です。

タイやチベットなどの仏教国では、仏僧になるときに全財産を寄進することは当たり前です。キリスト教でも、修道院に入るときは、全財産を捨てて神に身を捧《ささ》げることを誓います。

したがって、キリスト教国や仏教国、イスラム教国の人々は、オウム真理教の起こした一連の凶悪犯罪には驚愕《きょうがく》したとしても、入信の際に全財産を「お布施《ふせ》」させていたことは、不思議とも何とも思わなかったはずです。それを「反社会的」と感じたのは、財産の寄進どころか肉食妻帯が当たり前という「破戒《はかい》」仏教しか知らない日本人だけだったわけです。

では、キリスト教や仏教は、なぜ入信の際に、全財産を捨てさせるのでしょうか。

もうおわかりだと思いますが、それは、これまで築いてきたすべての財産を失うという大きな賭《か》けをすることによって、宗教心を揺るぎないものにするためです。有《あ》り体《てい》にいってしまえば、宗教心とは、失ったものの大きさに比例します。財産のすべてを捨てて入信したとしたら、あとになってからその判断を否定することは、並の人間にはほとんど不可能です。それは、自分のこれまでの全人生を否定するに等しいからです。賭け金が吊《つ》り上がってしまったら、負けるとわかっていてもギャンブルから降りられないのと同じです。

このように考えてみると、現在に至ってもなぜ、オウム信者たちが教団を捨てられないかがわかります。人間にとって、人生を全否定することほどつらいことはありません。それが取り返しのつかない失敗であったなら、なおさらです。そのつらさに堪えることを思えば、地下鉄にサリンを撒《ま》くことを選んだとしても不思議はありません。

さて、ここまで洗脳セミナーやオウム真理教の話を書いてきたのはなぜかというと、要するに、戦後日本社会に生まれた「**土地真理教**」の信者も、じつは彼らとたいして変わらない、といいたいわけです（などと書くと怒られるでしょうか）。

「土地真理教」の最大の教義は、「日本の地価は永遠に上がり続ける」というものでした。その理由が「日本は国土が狭くて人口が多い」という子どもじみたものであっても、これまで誰も不思議には思いませんでしたし、日本の地価総額がアメリカ全土を買収できるまで上がるという、非現実的というか、SF的な水準になっても、みんながそのことを当然と思っていたのですから、その異様さはオウム真理教に充分匹敵します。この「宗教」にはまったのが、一般大衆だけではなく、政治家や官僚、経済学者、企業経営者などの「エリート層」であったことも、よく似ています。

オウム真理教は入信の際に全財産をお布施させることによって教祖への「絶対帰依《きえ》」を信者に叩《たた》き込みますが、「土地真理教」は、住宅ローンによってその信者に確固とした宗教心を植えつけます。

年収の4〜5倍もの借金を背負った人には、全財産を教団に寄進した人と同様に、もはや自分の判断を否定することなどできるはずがないからです。簡単にいってしまえば、これが戦後日本社会を支配した「土地真理教」の洗脳テクニックです。

このように考えてみると、なぜ「持ち家派」の人が「家を買ってよかった」と主張して譲らないかがわかります。そのなかからわずかであれ、「高値で購入して失敗だった」と自己の判断を否定する人が出てきたこと自体が、驚くべきことなのです。

これに対して「賃貸派」には、「持ち家派」ほどの確固とした「宗教心」はありませんから、ちょっとした誘惑で「持ち家派」に改宗してしまいます。たいていの場合、「賃貸派」が家を買わないのは自身の合理的な生涯設計から導き出された結論ではなく、ただたんに、「頭金がない」「気に入った物件がない」「面倒くさい」などの理由がほとんどですから、「持ち家派」の人たちの宗教心を前にしてはひとたまりもありません（あとで説明するように、賃貸生活者向けの優良な物件が供給されないなどの、インフラの問題もあります）。

この国では、「持ち家派」と「賃貸派」が議論すれば、その熱烈な宗教心から、必ず「持ち家派」が勝つようになっています。しかし、だからといって「持ち家派」の理屈が正しいとはかぎりません。

3. バランスシートで見る持ち家と賃貸

持ち家と賃貸はどちらが得か？

では次に、持ち家と賃貸のどちらが得か、具体的に比較してみましょう。

まず、もっとも単純なケースで考えてみます。

宝くじに当たったのか、お金持ちのおじさんの遺産が入ったのか、道端に落ちていたのを拾ったのかは問いませんが、とにかく、ここに5000万円の現金があるとします。では、この5000万円の現金で家を買ったほうが得でしょうか、それとも賃貸生活を続けたほうが得でしょうか？

「そんなの、家を買ったほうが得に決まってるよ」とあなたはいうかもしれません。なぜなら、家を買えば資産として残りますが、賃貸を続けていても、家賃を払い続けるだけであとには何も残らないからです。マンションを売り込もうとする営業マンがよくいうセリフです。

しかし、事情はそれほど簡単ではありません。

ここで、太郎さんと花子さんに登場してもらいます。

太郎さんは5000万円の現金で、迷わず不動産を買いました。太郎さんの手元には5000万円で買った不動産があり、現金はゼロです。これをバランスシート（貸借対照表＝BS）

〔図①〕太郎さんと花子さんのバランスシート①

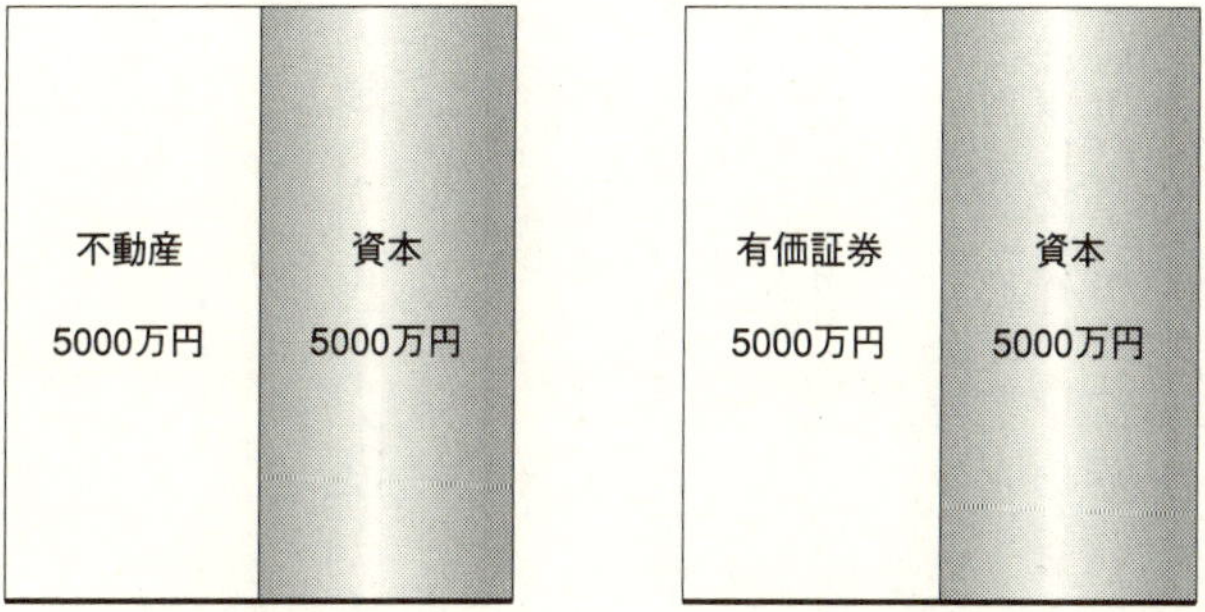

〈太郎さん〉

5000万円の現金で
不動産を買った場合

〈花子さん〉

5000万円の現金で
有価証券を買った場合

にしてみたのが図①の左図です。

一方、花子さんはとりあえず賃貸マンションを借り、この５０００万円を有価証券に投資しました。これをバランスシートにしてみたのが図①の右図です。

これを見れば一目瞭然《いちもくりょうぜん》ですが、図①の２つの図は、バランスシートとしては同じものです。太郎さんと花子さんの違いは、資産を不動産（ストック）で所有するか、有価証券などの流動資産（フロー）で所有するかだけですから、優劣は、それぞれの資産が将来にわたってどれだけのキャッシュを生み出せるかにかかっています（不動産資産の運用利回りが金融資産の運用利回りを上回れば太郎さんが有利だし、その逆であれば花子さんが有利になる、ということです）。しかしここでは将来のことは考慮していませんから、今の段階ではバランスシート上、持ち家にも賃貸にも何の違いもありません。

たったこれだけのことで、「持ち家のほうが賃貸より有利」という迷信は否定されてしまいます。簡単でしょ？

家賃をめぐるセールストークのトリック

「ちょっと待ってくれ！　太郎さんは持ち家だからいいけど、花子さんは賃貸だから家賃を払わなければならないはずだ。それはどうなってるの？」と、ここで疑問を差し挟む人もいるかもしれません。

これは一見、正論のようです。しかし、ほんとうでしょうか。

不公平にならないように、花子さんは太郎さんが買ったのと同じ、５０００万円相当の不動産を賃貸で借りるとしましょう。家賃はいくらでもいいのですが、ここでは仮に年２５０万円（1ヵ月約20万８０００円）とします。現在の東京の家賃相場からいっても、妥当な設定でしょう。

さて、この状態であれば、たしかに太郎さんのほうが花子さんより有利なような気がします。花子さんは年に２５０万円ものお金を大家さんに払わなければならないのに、太郎さんは無借金の持ち家ですから、何のお金もいりません。そのうえ手元に５０００万円相当の不動産まであるのですから、勝負は決まったようなものです。これも、不動産営業マンの殺し文句です。

こうしたセールストークのトリックを見抜くのは、じつはそんなに難しいことではありません。

たしかに太郎さんの手元には5000万円相当の不動産があるとしても、花子さんの手元には、同じく5000万円相当の有価証券があります。花子さんがこの資産をギャンブルやホストクラブで蕩尽《とうじん》してしまわないかぎり、太郎さんと花子さんの資産価値は同じです。ここまでは誰でもわかります。では、花子さんが支払って、太郎さんが支払わなくてもいい家賃は、どう考えればいいのでしょう。

太郎さんと花子さんのバランスシートそのほかの条件はまったく同じですから、花子さんだけが一方的に、年間250万円も余分に払うのでは不公平です。そこで太郎さんも、花子さんと同様に250万円の家賃を支払っていると考えてみましょう。これではじめて、2人の立場は対等になります。

でも、これでは現実に合いません。だいいち、現金のない太郎さんには、家賃分の250万円を支払うお金がないからです。

となると、現金を持っていない太郎さんにも、250万円のお金を稼げるようにしてあげる必要があります。

そのお金はどこから来るのかって？

太郎さんは資産として不動産しか持っていませんから、250万円のお金は、太郎さんが買った不動産から生み出されるしかありません。

不動産の購入価格が5000万円、それが生み出すお金が年250万円ですから、5%の利回りということになります（250万円÷5000万円＝5%）。つまり、太郎さんは不動産を買ったことで年間5%＝250万円の利益を得、その利益で年間250万円の家賃を支払っているわけです。誰に払うのかって？　もちろん、太郎さん自身に払うわけです。

それに対して花子さんは、金融資産から得るであろう250万円の現金を、赤の他人の大家さんに払っています。

リアル・マネーとヴァーチャル・マネー

家賃を自分に払うのと、他人に払うのとでは大きな違いのように思われるかもしれませんが、経済行為としては、両者はまったく同じことです。

次のように考えてみてください。

太郎さんが自分の不動産を他人に貸し出す目的で購入すれば、そこから年間250万円の家賃収入（リアル・マネー）を得ることができます。このとき、太郎さんの不動産投資は、年5%の利益を生んでいるということになります。

一方、太郎さんが、自分が住むために家を買った場合、家賃収入を得ることはできません。他人に貸さずに自分が住んでしまったために、年間250万円の収入を得る機会を逸してしまったということです。

ところが、太郎さんが自分で住んでいるのか、他人に貸しているのかは、不動産の価値に関係ありませんから、どちらも年5％の利益を太郎さんにもたらしていると考えたほうが合理的です。ただ、その利益を自分自身に「家賃」として支払ってしまうため、現実のお金が太郎さんの手元には残らないだけなのです。

不動産を他人に貸した場合は現実のお金（リアル・マネー）、自分に貸した場合は帳簿上のお金（ヴァーチャル・マネー）、ということです。

このように太郎さんは、購入した不動産を他人に賃貸しても、自分で住んでも、年5％の利益を得ることができます（もちろん実際には、太郎さんの不動産の資産価値は不動産市場の動向によって変動しますから、それによって投資利回りも変わります）。ここまでわかれば、あとは簡単です。

もういちど、太郎さんと花子さんのバランスシートを見てください。花子さんは、不動産に投資する代わりに、有価証券を保有しています。そのほかの条件はまったく同じで、太郎さんの不動産が年250万円の家賃で貸し出せるとするならば（不動産投資利回り5％）、有価証券への投資利回りが年5％を上回れば花子さんのほうが有利だし、逆に5％を下回れば、太郎さんのほうが有利だということになります。花子さんは、有価証券から年5％、すなわち250万円以上の利益をあげられれば、家賃を支払ったうえで、なおかつ手元に現金が残りますから、考えてみれば当たり前です（逆に5％を下回ると、キャッシュ収入からは家賃が払えなくなって赤字になります）。

このように、家賃支払いを考慮に入れたとしても、持ち家派の太郎さんと賃貸派の花子さんの資産運用にまったく優劣のないことは明らかです。

キャピタル・ゲインとインカム・ゲイン

「でもなんだかおかしいぞ。不動産は値上がりするかもしれないが、その分が計算に入ってないじゃないか。不動産は値上がり益ゼロでも5％の利回りがあるんだから、持ち家のほうがやっぱり有利だ」と、さらに反論する人もいるかもしれません。この指摘は、なかなかいいところを突いています。

私たちは、不動産とは値上がりしたときに売却して、売却益（キャピタル・ゲイン）を得るものだと考えています。しかしこのシミュレーションでは、不動産の値上がり益はゼロですから、年5％＝250万円の利益は、値上がり益以外のどこかから生まれたことになります。

では、ただの1円も値上がりしないのに、太郎さんの不動産はどこから利益（ゲイン）を生み出したのでしょう。

このお金は、もちろん、不動産を誰かに貸したことから生まれます。不動産の値上がり益を**「キャピタル・ゲイン」**と呼ぶのに対し、このような不動産の使用価値から生まれる賃貸収入を「**インカム・ゲイン**」といって区別します。

そうすると、先の反論は、「不動産投資にはキャピタル・ゲインのほかにインカム・ゲインがあるから有利だ」といっていることになります。

しかし、少し投資商品を勉強したことがある方ならおわかりでしょうが、世の中にキャピタル・ゲインとインカム・ゲインを併せ持つ投資対象はいくらでもあります。たとえば債券は年2回の利息（クーポン）の支払い（インカム・ゲイン）がありますが、金利の動向によって債券自体の価格も変動しますから、金利が低下すれば（債券価格が上昇すれば）売却してキャピタル・ゲインを得ることもできます。株式も、年2回の株主への配当（インカム・ゲイン）の機会があります。もちろん、値上がりしたところを売却してキャピタル・ゲインを得ることもできます。

このように考えると、不動産だけがなにも特別な投資商品ではないということが、よくわかります。

あとは、どの投資商品を選択するのが有利かということだけですから、ここでも不動産投資を選んだ太郎さんと、有価証券への投資を選んだ花子さんに優劣はありません。

不動産の「保有コスト」

では次に、太郎さんの不動産投資について、もう少し考えてみましょう。

先ほどの例で、太郎さんの不動産は年5%の利回りをあげていることがわかりました（というか、便宜的にそう決めただけですが）。

一方、年間250万円の家賃を支払う花子さんは、保有する金融資産から最低年5%の利回りをあげなくては、収支がマイナスになって資産が目減りしてしまいます。だとすれば、この超低金利の世の中ですから、黙っていても5%の利回りを得られる太郎さんの投資のほうがやはり有利なような気がします。

ところが、この状態ではじつは、太郎さんの資産も目減りしていってしまいます。なぜなら、不動産には固定資産税や管理費、修繕積立金など、さまざまな維持・管理コストがかかるからです。

株式や債券は一般に保有しているだけではコストはかかりませんから、これは大きな違いです。株式・債券・不動産のうち、**不動産だけが保有しているだけでコストがかかる**のです。

したがって、この保有コストの分だけ、不動産投資の利回りは下がります。それをここでは仮に、そのコストを不動産価格の1・5%＝年75万円としましょう。すると、名目上の利回り5%から1・5%の保有コストを差し引いた3・5%が、太郎さんの不動産の実質利回りということになります（現金を持っていないことになっている太郎さんも、実際には毎年75万円のキャッシュ支払いが必要になるということです）。

一方、花子さんの有価証券への投資には保有コストはかかりませんから、花子さんが同じ年

5％の利回りをあげたとすれば、太郎さんより1・5％だけパフォーマンスはよくなります。花子さんの利回りが年3・5％であれば、収支は75万円のマイナスですから、ここで2人の実質パフォーマンスは同じになります。

不動産の「取引コスト」

さらに、資産の取得費用についても考えてみましょう。

花子さんが5000万円で株式を買ったとすると、手数料率0・1％としてその取得費用は5万円です。また花子さんが5000万円で債券（国債）を買ったとすると、その取得費用はほとんどの銀行・証券会社で無料です。

それに対して、太郎さんが不動産を取得するコストはいくらになるでしょうか？

まず、不動産仲介業者に対する手数料が3％必要です。不動産取得税（地方税）や登録免許税、登記費用などもかかります。建物部分には、消費税も払わなければなりません。これらをすべて加えると、**取得金額の6〜7％ものコスト**がかかることになります。さらに、この不動産をローンを組んで購入する場合にはローンの保証料などが別に必要になります。

仮に不動産の取得コストを6％とすると、5000万円×6％＝300万円となりますから株式の取得コストの60倍です。こんなに取引コストが高ければ、税金を多少まけてもらっても焼け石に水です。

株式の場合、年に数回の売買は必要かもしれませんが、それにしても、不動産の取得コストの高さは群を抜いており、いちど購入した不動産はひたすら抱え込むしかなくなってしまいます。

この取得コストの300万円は、太郎さんの不動産投資の利回りを約0・3%押し下げますから、実質利回りは3・2%まで下がってしまいます（株式や債券でも売買コストが実質利回りを押し下げるのは同じです）。

最後に、不動産を売却した場合の課税額を考えてみましょう。

不動産にかかわる税制は複雑怪奇ですが、大雑把にいってしまうと、長期譲渡所得（取得期間が5年超）の場合は所得金額の26％（所得税20％＋住民税6％）、短期譲渡所得（所得期間が5年未満）の場合は所得金額の52％（所得税40％＋住民税12％）となっています（マイホームの場合は3000万円の特別控除、買い換え特例、10年超所有の特例があります）。

これに対し、上場株式のキャピタル・ゲイン課税は10％の申告分離課税（優遇措置を活用すれば実質非課税も可能）、債券にはなんとキャピタル・ゲイン課税はかかりません。

ここでも不動産のキャピタル・ゲイン課税が圧倒的に厳しいことがわかります。

買ったとたんに価値が下がる投資商品

ここでもうひとつだけ、投資商品としての不動産の特殊性について触れておきましょう。

最初に述べたように、不動産は土地と建物に分けられ、建物部分は時間の経過とともにその価値が劣化していきます。5000万円の不動産を購入した場合、土地部分の価格が3600万円、建物部分の価格が1400万円とすると、建物部分は30年で無価値になってしまいますから、ほかの条件が変わらなければ、30年後の資産価値は土地部分だけの3600万円になっているはずです。単純計算すれば、この不動産の資産価値は年間47万円（0・9％）ずつ減っていくことになります。**不動産は、保有しているだけで資産価値が減少していく**のです。

そのうえ実際は、新築物件を購入した場合、購入したとたんに「中古」となり、価格が10％程度下がってしまいます（その理由については、後で触れます）。5000万円の物件を買ったつもりでも、買ったとたんに4500万円まで値下がりしてしまうのです。これも、不動産を投資商品として考えた場合の大きなデメリットです。

それに対して株式や債券には、このような資産価値の減少はありません（もちろん値動きはありますが、保有しているだけで資産価値が減耗していくことはない、ということです）。

このように、**不動産は取得コスト、保有コスト、売却コストのすべてにわたって株式や債券などの金融商品よりはるかにコストが高く、なおかつ資産価値がときとともに減耗します。**逆にいえば、こうした高いコストを上回るだけの利益（キャピタル・ゲイン＋インカム・ゲイン）を生まなければ、不動産投資にメリットはないということです。

ところが、子どもにでもわかるような単純なことが、なぜか不動産関係の入門書にはどこにも書いてありません。不動産購入を考える人は今でもいっぱいいるでしょうが、そのうちのいったい何人が、この単純な事実に気づいているでしょうか？

それを考えると、戦後日本を席巻《せっけん》した「洗脳」のすさまじさに慄然《りつぜん》とせざるをえません。

4．住宅ローンのトリックにだまされるな！

不動産営業マンの殺し文句

何千万円もする家を、耳を揃《そろ》えてキャッシュで買える人はあまりいませんから、ふつうの人は住宅ローンを組んで、銀行や住宅金融公庫などから借金をすることになります。

今度は、太郎さんと花子さんがそれぞれ1000万円の預貯金を持っているとしましょう。

太郎さんは、その1000万円を頭金に4000万円を銀行（住宅金融公庫）から借り入れて、5000万円の家を購入しました。花子さんは1000万円の預貯金を有価証券の投資に回して、賃貸生活を続けることを選びました。図②が2人のバランスシートです。住宅ローン金利は3％（年間支払額120万円）ないしは4％（同160万円）とします。太郎さんのバランスシートは、はじめて家を購入する人の、典型的なパターンだと思います。

〔図②〕太郎さんと花子さんのバランスシート②

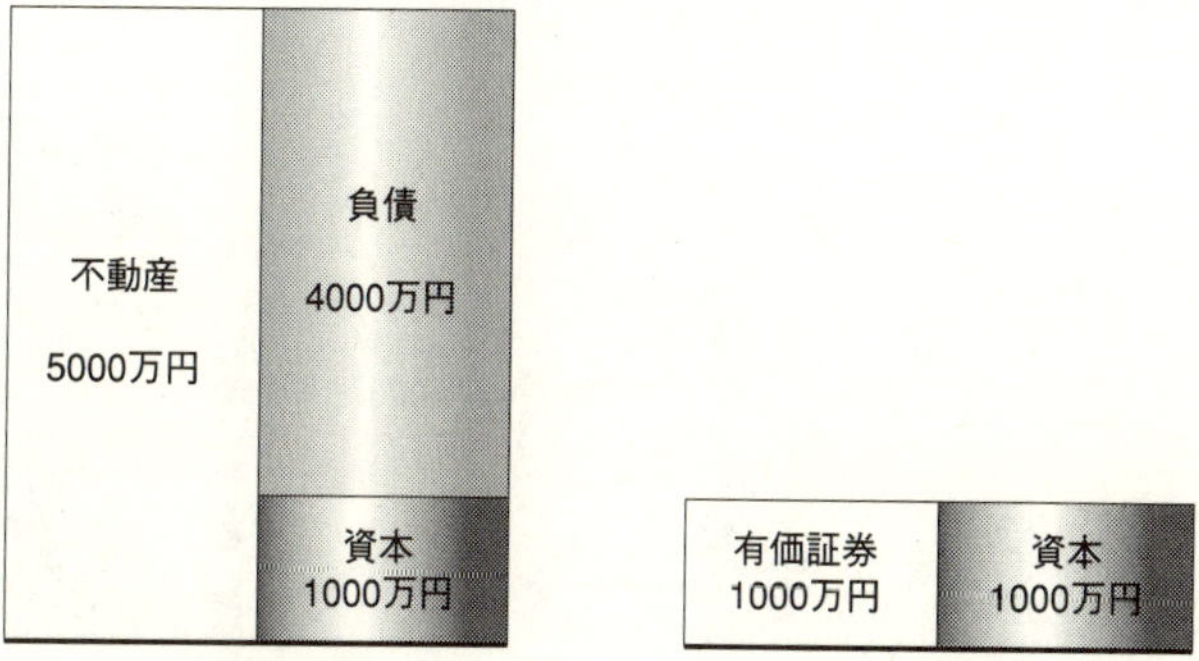

〈太郎さん〉

1000万円を頭金に4000万円銀行から借り入れて不動産を購入。

〈花子さん〉

1000万円の預貯金で有価証券を購入。

ここでも、不動産営業マンの殺し文句は決まっています。賃貸生活を選んだ花子さんに対し、どんな営業マンも間違いなく、「こんなに金利が安いんだから、今の賃貸料で家が持てますよ」と力説します。こうしたセールストークに乗せられて、たいした貯金もない若いカップルが巨額のローンを組んでマンションを買っています。

BSからトリックを見破る

では、営業マンの甘い囁《ささや》きは、ほんとうに正しいのでしょうか。

このトリックも、太郎さんと花子さんの家計バランスシートを見比べれば、その仕掛けは一目瞭然です。

41ページ図①の例では、太郎さんと花子さんのバランスシートは、資産の内容（投資対

〔図③〕花子さんのバランスシート

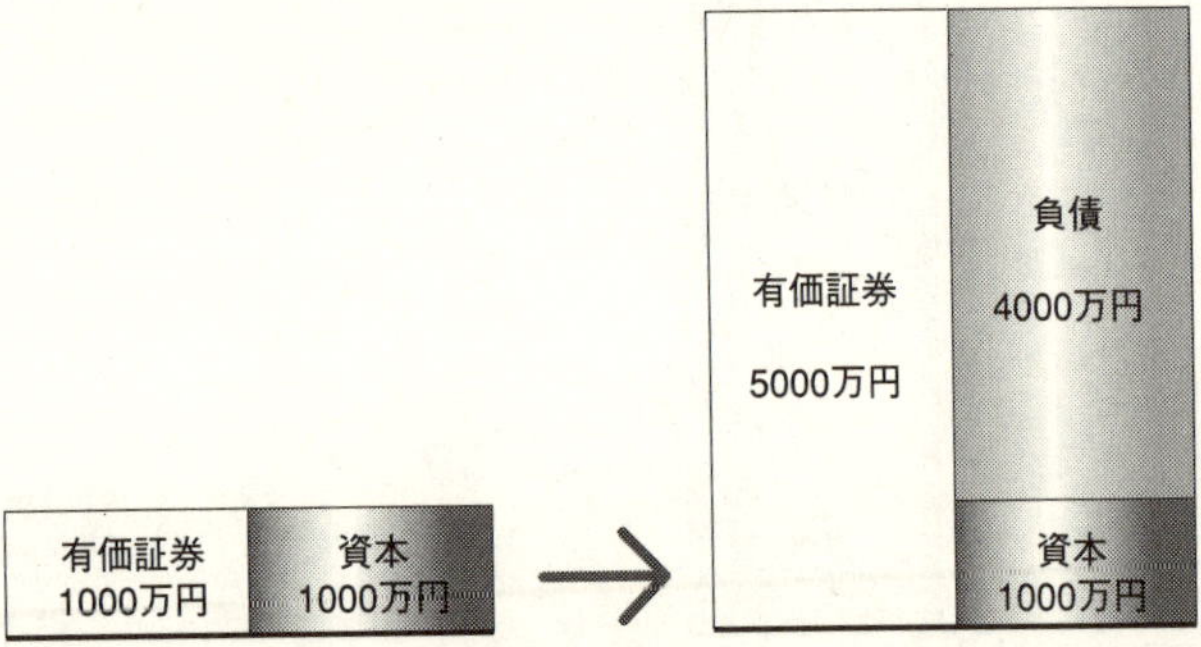

〈花子さん〉

1000万円の有価証券を担保に4000万円借りて、さらに有価証券を購入すればバランスシートは太郎さんと同じになる。

象）が異なるだけで、あとはまったく同じでした。ところが今回は、ぜんぜん違います。

では、どこが違っているのでしょうか。

太郎さんは、１０００万円の自己資金のほかに４０００万円を借り入れて、合わせて５０００万円の資金を不動産に投資しています。要するに、借金によって資産運用にレバレッジ（梃子《てこ》）を利かせているわけです。それに対して花子さんは、自己資金の１０００万円を有価証券に投資しているものの、借り入れはしていません。

ということは、太郎さんと花子さんの家計バランスシート上の違いは、**持ち家か賃貸かではなく、借金をするかしないか（資産運用にレバレッジをかけるかかけないか）**だということになります。試しに、花子さんが保有する１０００万円の有価証券を担保に、４０

00万円を証券会社から借り入れたとしたら、2人のバランスシートはまったく同じになります（図③）。両者の借入金利が同じだとすれば、バランスシートに違いがない以上、そこに何らの優劣もないことは先に説明したとおりです。

そうすると、「家賃を払うより、金利を払って家を買ったほうが得ですよ」というセールストークに隠された、正確な意味が見えてきます。おそらくセールスマン自身もまったく理解していないと思いますが、これはじつは、「**自己資金だけで資産運用するより、借金して投資金額を膨《ふく》らませたほうが有利ですよ**」ということだったのです（ここが大事なポイントです）。

あらためて断っておけば、この場合、レバレッジを利かせて大きくした資金で何に投資するかは、関係ありません。べつに、借り入れた資金で不動産に投資する必要はないわけです。そこを不動産営業マンは、「金利の支払い」と「家賃の支払い」というまったく異なる支出を同一のものとして比較してみせることで、借りたお金で不動産を購入するほかに選択肢がないかのように巧みに論理をすりかえているわけです。

これは、なかなかよく考えられたトリックです（私たちもこのことに気づくまでにずいぶん苦労しました）。実際は、次に説明するように、金利の支払いと家賃の支払いには、何の関係もありません。

太郎さんと花子さんの違いが借り入れの有無だとすれば、借り入れによってレバレッジを利かせた太郎さんと、借り入れをしていない花子さんでは、どちらが有利なのでしょうか？

これも、じつは優劣はありません。

レバレッジを利かせた太郎さんは、利回りを1％向上させることによって50万円のキャッシュを得ることができます（５０００万円×1％＝50万円）。一方、レバレッジのない花子さんが１０００万円の資金から50万円のキャッシュを得ようとしたら、5％の運用利回りを達成しなくてはなりません（１０００万円×５％＝50万円）。

これだけを見ると太郎さんのほうが有利なようですが、もうこんなトリックに引っかかる人はいないでしょう。利回りが1％下落すれば、太郎さんは花子さんの5倍の、50万円のキャッシュを失ってしまうことになるからです。そのうえ４０００万円分の金利支払いは、運用成績に関係なく、冷酷に取り立てられます。要するに、太郎さんはレバレッジをかけた分だけ、ハイリスク・ハイリターンになったわけです。

住宅ローンを借りるということは、このように資産運用にレバレッジをかけることですから、必然的にリスクは大きくなります。このレバレッジをかけたハイリスクの状態で地価（資産価値）が下落すればどのようになるかは、考えるまでもありません。

この国では、不動産価格の20％の頭金で住宅ローンが組めるという暗黙の了解があります。5000万円の物件であれば、太郎さんのように、1000万円（2割）の頭金で4000万円（8割）の融資を受けることができるわけです。これは、頭金の4倍の借金をすることができるということですから、リスクもリターンも5倍になります（もともと1しかなかったものを、借金によって5で運用する、ということです）。

ところが最近では、頭金なしで、全額ローンで不動産を購入する、などということも行われているようです。この場合、頭金はゼロですからレバレッジ率は無限大、リスクもリターンも無限大ということになります（最大損失額はローン返済総額）。このような、プロの相場師も真っ青になるような超ハイリスク投資を、何も知らない20代の若者にさせるわけですから、不動産営業の悪辣《あくらつ》さは、評判の悪い商品先物業者以上です。まともな法治国家で、このような詐《さ》欺《ぎ》まがいの商法が許されるなどということは、常識ではとても考えられません。

こうしたセールストークに乗せられて、高いレバレッジをかけた超ハイリスクな不動産投資を何も知らずに行った結果、この国では今、自己破産者の数が過去最高を記録し、その背後にはさらに膨大な住宅ローン破綻《はたん》予備軍を抱えるまでになってしまったのです。

住宅ローンを借りるポイント

住宅ローンがハイリスクの資産運用だということがわかっても、「やっぱり家を持たないとカッコ悪い。せっかくの低金利なんだから、ここで住宅ローンを借りて一国一城の主になりたい」という人もいるでしょう。〝不動産投機〟にチャレンジするこうした冒険好きな人たちは、どんなことに気をつければいいのでしょうか？

①できるだけ頭金を多くしましょう。

ローンを借りるということは、レバレッジをかけてリスクを大きくすることですから、ハイリスク・ハイリターンが大好きなギャンブラーでもないかぎり、レバレッジ率は低くしたほうが賢明です。キャッシュで不動産を買うのがいちばん安全ですが、そんな余裕のある人はあまりいないでしょうから、ローンを組むのは仕方ありません。ただしその場合でも、借り入れは頭金の1倍（レバレッジ率2倍）～2倍（レバレッジ率3倍）にとどめておくべきです。頭金20％＝レバレッジ率5倍の投資なんて、マトモな人のすることではありません。

②金利が上昇するという前提で返済計画を立てましょう。

現在の異常な低金利がローンを完済する30年後まで続くなんて幻想を抱くのはやめましょう。景気が回復して市場が正常化すれば、いずれ住宅ローン金利は5～8％程度まで上昇するはずです。それを見越した返済計画を立てておかないと、あっという間に資金繰りに窮して家計が破綻してしまいます。少なくとも、金利支払額が現在の2倍になっても対応できるくらいの余裕を持って返済計画を立てましょう。

サラリーマンの場合、ローン返済額は年収の20％が限界でしょう。子どもの教育費がかさむようになると、年収の15％でも厳しくなります。本書の第4部であらためて説明しますが、ライフ・ステージに応じた支出の増大もあらかじめ計画に組み込んでおく必要があります。

③「ゆとり償還」を使うのはやめましょう。

国の「持ち家奨励政策」に沿って住宅金融公庫が始めた「ゆとり償還」が住宅ローン破産の温床《おんしょう》になっています。この問題についてはあちこちで触れられているので詳しくは説明しませんが、これは最初の5年間の返済額を少なくし、6年目から返済額を増やしていくタイプの住宅ローンで、「5年も経てば給料も今よりずっと増えているはずだから簡単に返済できますよ」と不動産営業マンにおだてられて、みんなが借りまくりました。しかし、予想に反して不況とリストラで給料は増えず、ボーナスも減額され、ローンの支払いだけが増えてしまって、「ゆとり償還」でローンを借りた人がゆとりを失って次々と破綻していったわけです。

この「ゆとり償還」が自己破産の温床になっていることが社会問題になると、さすがにこれではマズいということで、住宅金融公庫では急遽《きゅうきょ》、6年目以降も返済額が増えないようにしました。とはいえ、ローン金利を下げたり借入元本を減らしてくれるわけではなく、返済期間を延ばすことによって、1ヵ月当たりの返済額を少なくしただけです。この「救済措置」を選んだ人は、35～40年も住宅ローンの支払いを続けることになり、一生を借金の返済で終えることになってしまいました。これを「借金奴隷」といわずして、何というのでしょう！

④地価の下落を覚悟しておきましょう。

あなたが買った不動産は投資商品ですから、市場の動向によって値段が上がることもあれば、下がることもあります。値段が上がることを前提に生活設計を立てていると、地価がさらに下がった場合、計画が根本から崩壊してしまいます。そんなことにならないように、あらかじめ20％程度の資産価値の下落を織り込んだ計画を立てましょう。とくに新築物件を購入した場合、買った瞬間に資産価値は下がりますから、その損失分もあらかじめ織り込んでおく必要があります。

⑤低金利のうちに、できるかぎり借入元本を減らしましょう。

一時期マネー雑誌などでよく取り上げられていましたが、低金利時代の最大の資産運用手段がローン返済であることは、今も変わりありません。余裕資金があればひたすら繰り上げ返済に励みましょう。

ローン金利3％（平均）で30年ローンを組んだ場合、元金を１０００万円減らせば、それだけで総支払額が１５００万円減ります。低金利の時代にこんなに効率のいい「投資」はありませんから、この機会を逃す手はありません。あなたがもし住宅ローンを背負っているなら、投資などすぐにやめて、金利が上がる前に、キャッシュを持って銀行に走りましょう。

＊

これくらいのことに注意すれば、仮にローンを組んで不動産を購入したとしても、家計のバランスシートが債務超過に陥《おちい》ったり、ローンの返済が行きづまって家計が破綻するようなリスクは避けられるでしょう。ローンの総額が少なかったり、返済が進んでいれば、最悪の場合でも自宅を売却して債務を返済するとか、自分たちは実家に戻って自宅を賃貸に出すなどの方法で、破綻を回避することが可能になります。

もちろん、優良な物件をできるだけ安い価格で購入できればいうことはありません。逆に、売却しようと思っても買い手がつかなかったり、賃貸に出しても誰も借りてくれないような物件をつかまされることだけは、絶対に避ける必要があります（市場性のない不動産を購入してはいけないということです。このことについては、あとで触れます）。

STEP2　不動産の値段はどうやって決まる？

5．収益還元法とは何か？

「一物四価」の謎

持ち家を購入することも投資の一種である以上、安いときに購入して、値段が上がった時点で売却しなければ、利益は出ません。逆に、値段の高いときに購入し、地価が下落してしまえば、損失が発生します。ただし塩漬け株と同様に、売却しなければ損失は確定しませんから、値下がりした不動産を塩漬けにして、そこに一生住むという選択肢もなくはありません。ただしその場合は、資産運用に失敗したわけですから、バランスシートは見るも無残に縮小してしまいます。

このようなことを避けるためには、自分が購入しようとしている不動産の値段が適正なものであるかどうかを、正しく把握しなければなりません。
では、不動産の値段はどのように決まるのでしょうか。
ここでは、そのことを考えてみましょう。

＊

よく知られているように、かつての日本の地価は「一物四価」といわれていました。ひとつの不動産に4つの価格がつけられているということです。この4つの価格は、高い順に「**実勢価格**（実際の売買価格）」「**公示価格**（公示地価）」「**路線価**」「**固定資産税評価額**」とされていました。

公示価格は、国や地方自治体が用地を取得する価格や、国土利用計画法に基づく土地取引の判断基準にするために全国の不動産鑑定士が毎年1月1日時点の不動産価格を評価し、国土庁の付属機関である土地鑑定委員会が審査して決める「地価の王様」で、毎年3月頃に公表されます。なぜ「地価の王様」なのかというと、この公示価格がそのほかの地価の基準に使われることになっているからです。

路線価は、相続税・贈与税・地価税などの徴収のために、全国の市街地の不動産価格を国税庁が路線（道路）ごとに定めたもので、これも毎年1月1日時点の価格となります。この路線価は、かつては国税庁が国土庁とはまったく無関係に決定していましたが、公示価格との間に大きな開きがあるなどの問題が噴出して、現在では公示価格の8割を基準に決められることになっています。

「固定資産税評価額」は、固定資産税などの地方税の徴収のために、全国の市町村が3年に1回、1月1日時点の不動産価格を調査するもので、これは総務省の管轄になります。この固定資産税評価額も、かつては国土庁の公示価格や国税庁の路線価とはまったく別に算定されていましたが、現在では公示価格の7割が基準とされています。

また公的な地価評価としては、各都道府県が毎年7月1日時点の地価を調査する「基準地価」というのもあります。

市場経済は「一物一価」が原則ですが、徴税側の都合を優先したこうした複雑な価格構造が、日本の不動産市場を大きく歪《ゆが》めているわけです。

公示価格はいい加減

バブル崩壊以前は、「公示価格」「路線価」「固定資産税評価額」の上に「実勢価格（時価）」があったわけですから、時価に比べて相続税や固定資産税の対象額は割安に評価され、大きな問題にはなりませんでした。ところが、バブル崩壊後の急速な地価下落で実勢価格よりも公示価格が高くなってしまい、資産価値に比べて過重な相続税や固定資産税を支払わなくてはならないケースが続出したため、日本の地価評価制度の抱えていた問題が一気に噴出しました。

その問題というのは、**公示価格の決め方がいい加減だ**、というものです。

公示価格は全国の不動産鑑定士が、主に売買事例をもとに決めることになっています。売買事例がなければ、過去の事例を参考に、適当に決めるほかありません。したがって、実際に売買が成立してみると、公示価格よりもはるかに安い値段しかつかなかったということが頻発します。

路線価というのも、考えてみれば不思議な制度です。たとえば、2件の隣り合わせの敷地があったとして、1件の家主はその土地を廃屋のままにし、もう1件の家主は高級賃貸マンションを建てて毎月大きな収入を得ているような場合でも、キャッシュを生む生まないにかかわらず、同じ路線（道路沿い）にあるというだけで、相続税も地価税も固定資産税も同じです。税金というのは原則として、利益に対して課せられるべきなのに、不動産に関しては、利益に関係なく（資産価値を基準に）税額が決められているわけです。これでは、「税金を取りやすくするための制度」といわれても、反論はできません。

なぜこんな不思議なことが起きるのでしょう。

それを知るためには、これまで日本の地価を決めてきた「取引事例比較法」と、これからの地価評価の主流になる「収益還元法」について、説明しなければなりません。

「収益還元法」はグローバル・スタンダード

これまでこの国では、不動産業者と呼ばれる人たちが勝手に「相場」なるものをつくって、自分たちの有利なように土地を売ったり買ったりしてきました。そのときの根拠になるのが周辺の土地の売買価格で、そこから導き出された「**比準価格**」なるものが、不動産の値段の基準とされてきたわけです。こうした値段のつけ方を、「**取引事例比較法**」といいます。

ところが、周辺の土地がいくらで売買されたのかという肝心の情報は業者の秘密とされていて、不動産業界に属さない一般消費者にはその値段を知る術《すべ》がありません。つまり、業者の提示する「比準価格」なるものが正当なものかどうか、判断することができないわけです。逆にいえば、業者は無知な消費者相手に、絶対に損しない価格で物を売ったり買ったりできていたのです。こんなおいしい話はありません。

このような理由から、これまでのすべての不動産取引において、「不動産業界」に属するインサイダー（建設会社やデベロッパーや不動産業者）が圧倒的な優位を保ってきました。彼らから不動産を購入する一般の人たちは、常にボラれてきたわけです。

戦後30年（１９７０年代）くらいまでは土地の値段が順調に上がったので、こうした手口が目につくことはありませんでした。「業界」が取り仕切る巨大な談合国家であるこの国では、金融業界や流通業界などすべての「業界」が同じような手口で消費者をだましていたので、不動産業界がとりたてて注目されなかったということもあるでしょう。しかし、バブル崩壊後の地価の急激な下落で不良債権問題が発生し、住宅ローンを返せない自己破産者が続出するに及んで、ようやくこうしたカラクリが、私たちにもはっきりと見えてきたのです。

では、不動産業のカラクリはどのようになっているのでしょうか。

土地の値段の決め方には、取引事例比較法の「比準価格」と並んで、「**収益還元法**」で導き出された「**収益価格**」を基準とする方法があります。じつはこちらのほうが世界標準（グローバル・スタンダード）なのですが、この国ではずっと「収益還元法」は無視されてきました。なぜかというと、合理的な不動産価格の算出法などというものが知られると、これまで自分たちのやってきたペテンがバレてしまい、甘い汁が吸えなくなってしまうからです。

その意味で、この「収益還元法」は覚えておいて損はありません。これから説明するように、この方法を使えば、持ち家と賃貸を同一の条件で比較することができます。必要なのは割り算と掛け算だけなので、電卓さえあれば、誰でもあっという間に使いこなすことができるようになります。これさえマスターしておけば、あなたも、不動産業者と対等以上の交渉ができるようになるはずです。

土地にはなぜ価値があるのか

土地になぜ価値があるかというと、そこからお金が生まれるからです。土地を他人に貸せば家賃や地代が入りますし、農作物を育ててお金を得ることもできます。これが、土地の「収益」です。自分の土地に家を建てて住んでいる場合は、一見、収益がないように思えますが、本来なら払わなければならない家賃が必要ない分だけ、利益を上げているとみなすことができます（これはさっき説明しました）。

これに対して、誰も借りてくれない借家や、何も育たない土地は、収益を生みませんから価値はゼロです。資本主義において、価値とはお金以外のなにものでもないのですから、これは当たり前です。

ところがこれまで、不動産が何か神秘的なものでもあるかのような妄想《もうそう》が、この国を覆《おお》っていました。これが、すべての悲劇と混乱の原因なのです。

最初に確認しておきましょう。

土地の価値はそこから生まれる収益で決まるのです。

ところで、世の中にお金を生むものはいろいろあります。株を持っていれば配当がつきますし、値上がりしたときに売却して値上がり益（キャピタル・ゲイン）を得ることもできます。債券だって、配当もあれば、値上がりもします。株や債券のような投資用の有価証券は、「金融商品」と呼ばれます。そこで、土地もこのような金融商品と同じだと考えると、話はとても簡単になります。

たとえばあなたが土地を所有しているとして、そこにアパートを建てて賃貸すれば、毎月家賃が支払われます。古くなったら建て直してまた賃貸するということを繰り返せば、理屈のうえでは、無限に家賃を受け取ることができます。もちろん、土地の値段は上がったり下がったりしますし、途中で売買することも可能です。こうしてみると、土地は、1ヵ月に1回（家賃）、あるいは1年に1回（地代）配当が支払われる、無期限の有価証券と同じということになります。ということは、定期的に配当のあるこのような証券の値段がどのように決まるのかがわかれば、土地の値段の仕組みがわかるはずです。

現在価値と将来価値

無期限の証券といってもどんなものかイメージがわかないでしょうから、まずは、期間10年で、毎年10万円ずつ配当が支払われる証券を考えてみましょう。10年間に支払われる配当の総額は100万円ですが、償還時の支払いはないものとします。期間10年の個人年金のようなものだと考えたほうがいいかもしれません。

ところで、10年間で100万円になるこの証券を、あなたはいくらで購入しますか？100万円と答えたあなたは、残念ながら投資家失格です。

お金には、「**現在価値**」と「**将来価値**」があります。「現在価値（Present Value プレゼントバリュー）」とは、今目の前にある1万円のことで、「将来価値（Future Value フューチャーバリュー）」とは、たとえば1年後に手に入るはずの1万円のことです。この場合、金額は同じ1万円でも、「価値」は同じではありません。資本主義の世界では、**「現在価値」は常に「将来価値」よりも価値が高い**のです（この理屈がわからない人は、1万円の現金と、1年後に1万円に換金できる証券と、どちらをもらったほうがうれしいか考えてみてください）。

現在価値を計算する

では次に、「現在価値は常に将来価値よりも価値が高い」という法則を利用して、10年間に10万円ずつ支払われる証券の「現在価値」を導き出してみましょう。

そのためにはまず、「現在価値」を算出するための利率（運用利回り）を決めなくてはなりません。

1年後に10万円に換金できる証券は、1年後に10万円にしかなりません（当たり前です）。それに対して、今目の前に現金で10万円あれば、それを運用して、1年後には10万円以上になっているかもしれません。この予想運用益が、現在価値と将来価値の差になるわけです。

ここではとりあえず、目の前にある10万円を5％で運用することができたと仮定してみましょう。今現在、手元にある10万円を運用すると、元金に5％の金利がついて、1年後には10万5000円になっています。

1年後の価値＝10万円×（1＋0・05）＝元金×（1＋利回り）

つまり、

将来価値＝現在価値×（1＋利回り）

ということです。

ここから「現在価値」を求めるのは、小学生にだってできます（大丈夫ですよね）。

現在価値＝将来価値÷(1＋利回り)

これを計算すると、9万5238円となります。

10万円÷(1＋0.05)≒95,238円

1年後に10万円になる証券は、5％の投資利回りで現在価値に換算すると、およそ9万5200円にしかならないことになります。9万5200円を利率5％で1年間運用すれば10万円になりますから、これも当たり前の話です。

では次に、あなたの持っている証券が2年後に10万円になるとして、その「現在価値」はいくらになるでしょう？　利回りを同じく年5％とします。

この場合、お金は複利で増えていきますから、今手元にある10万円を2年間運用すると11万250円になります。

2年後の価値＝{10万円×(1＋0.05)}×(1＋0.05)

＝10万円×(1＋0.05)^2

＝「現在価値」×(1＋利回り)^2

＝110,250円

現在の10万円は、2年後に10万円にしかならない証券に比べて、1万250円分だけ価値が高い、ということです。

では同様に、2年後の「将来価値」が10万円である証券の「現在価値」を、5％で割り引い

〔図④〕現在価値と将来価値

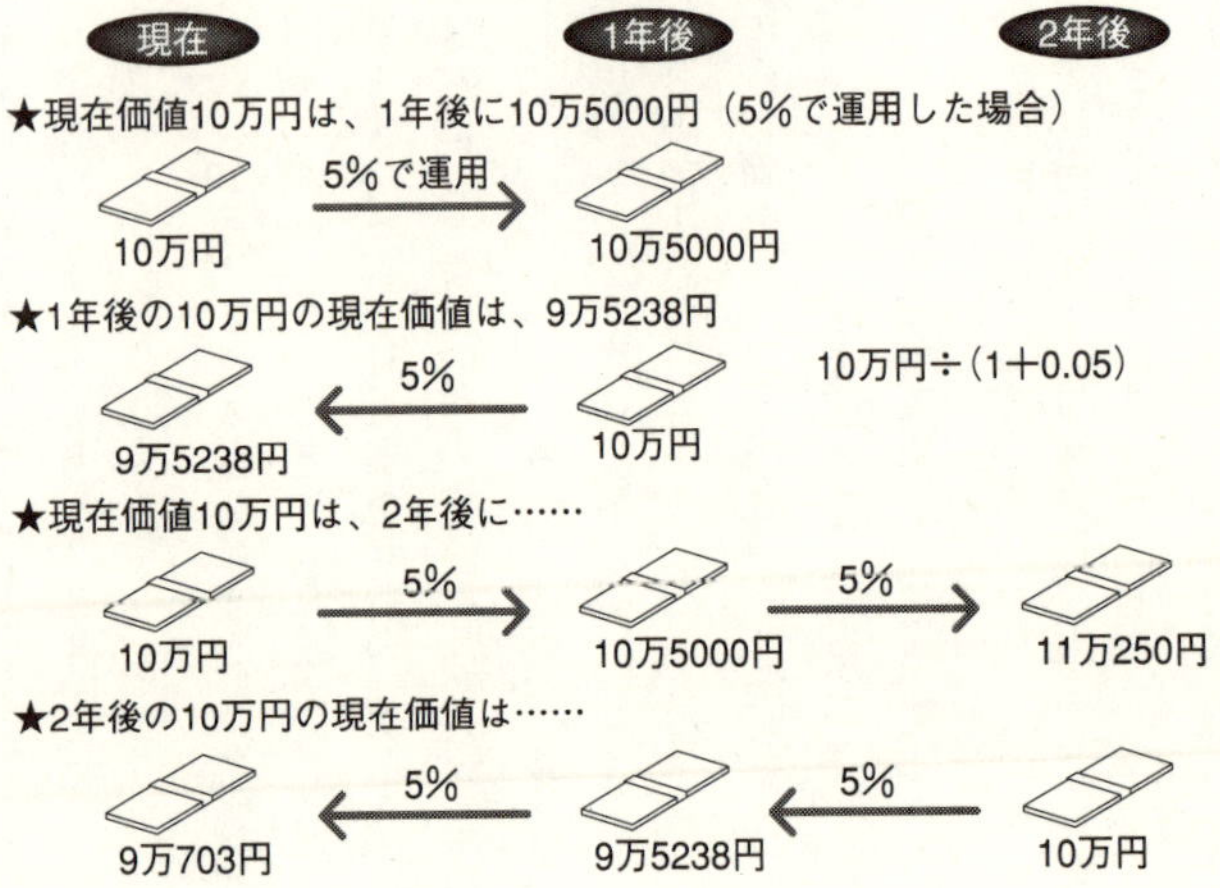

て計算してみましょう。

2年後の価値＝現在価値×（1＋利回り）^{2}

ですから、9万703円となります。

現在価値＝2年後の価値÷（1＋利回り）^{2}

＝10万円÷（1＋0.05）^{2}

≒90,703円

9万円ちょっとを年5％で2年間複利で運用すれば、10万円になるわけです（図④）。

この式を整理すると、

n年後の価値＝現在価値×（1＋利回り）^{n}

現在価値＝n年後の価値÷（1＋利回り）^{n}

となり、運用利回りさえ決めておけば、5年後でも10年後でも100年後でも1万年後でも、「将来価値」や「現在価値」を自由自在に求めることができることがわかります。

ちなみに、10万円を年5％で100年運用すると将来価値は約1300万円、100年

〔図⑤〕証券の現在価値

年　数	配　当	現在価値
1年目	10万円	9万5238円
2年目	10万円	9万 703円
3年目	10万円	8万6384円
4年目	10万円	8万2270円
5年目	10万円	7万8353円
6年目	10万円	7万4622円
7年目	10万円	7万1068円
8年目	10万円	6万7684円
9年目	10万円	6万4461円
10年目	10万円	6万1391円
合　計	100万円	77万2174円

後に10万円になる証券の現在価値は７６０円となります。

還元価値と還元利回り

さて、ここまでくれば、10年間で10万円ずつ支払われる証券の値段を決めることができます。１年目から10年目までの、それぞれの年に支払われる10万円の「現在価値」を求め、それを合計すればいいわけです。

この証券の現在価値は、図⑤のようになります。

この10年分の「現在価値」を合計すると、77万２１７４円になります。これが、証券の値段になるわけです。

収益還元法から導き出されたこうした価格を、「収益還元価格」あるいは「**還元価格**」といいます。また、還元価格を導く際に設定した利回りを「**還元利回り**」ともいいます。

還元利回り５％のこの証券の場合、配当の合計は１００万円ですから、還元価格は22万８０００円ほど割り引かれていることがわかります。

ちなみに、この証券の還元価格は、還元利回りによって変わります。たとえば利回り2％ならば89万8259円になりますし、利回り10％なら61万4456円です。要するに、投資の利回りが高ければ証券の金額は安くなるし、利回りが低ければ証券の金額は高くなるということです（わかりますか？）。これを簡単にいうと、金利が上がれば同じ証券をより安い値段で購入することができる、ということになります。

6．家の値段の求め方

不動産は無期限の証券

さて、ここまでは期間10年の証券を例にとって説明しましたが、不動産の場合は、土地を所有している人と、その土地を何らかの理由で必要とする人がいるかぎり、理屈のうえでは永久に利益を生み出すと考えられます。もちろん、天変地異で土地そのものが消滅してしまったり、核戦争で人類が滅亡してしまったり、日本が私的所有を否定する共産主義国家になってしまった場合は別です。しかし今のところ、そうしたリスクは無視してしまっても構わないことにします。

不動産を無期限の証券と同じだと考えると、次に問題なのは、還元利回りをどのように決めるかということです。不動産の場合、土地と建物で収益率が異なるからです。

たとえば、木造アパートは10年、マンションやオフィスビルでも30年で老朽化して、借りる人はいなくなり、まともな家賃は取れなくなってしまいます。そのほかの条件が変わらなければ、家賃収入は、建物の老朽化とともに減少していきます。

それに対して、土地は老朽化しません（農地などで、地力がなくなって作物が育たなくなるということはあるかもしれませんが）。1区画月1万円で駐車場として貸しておけば、将来もずっと、月1万円の収入が入ってくると考えることもできそうです（インフレなどは考慮しません）。

このように、不動産の利回りはその土地をどのように利用するかで変化します。それに応じて「収益還元法」にもいくつかの計算の仕方があり、土地と建物の収益を別々に算出する方法もよく用いられているようです。

しかしここでは、土地と建物は区別せず、一律の利回りを設定することにします。不動産で商売するわけでもない私たち素人《しろうと》がそこまで複雑な計算方法を習得する必要はないし（ただし還元価格の算出法はここで説明するのと同じですから、どんな複雑な不動産も、その応用として理解することができます）、不動産の現在価値をできるだけ正確に計算してみても、インフレ率や金利、地価や景気動向など、経済環境が変わった場合の影響のほうがはるかに大きく、けっきょくはズレてきてしまうからです。

しかし、だからといって収益還元法に意味がないということではありません。このように経済環境が大きく変わったときにこそ、賃料の改定や不動産の売却・購入の判断などに、収益還元法は大きな威力を発揮するのです。

土地の利用法で利回りが変わる

土地活用において、一般にもっとも利回りが低いのは、地代を取って土地だけを賃貸するケースです。自分の土地を駐車場にするのも、同じようなものです。

これに対して、そこにアパートを建てて人に貸せば、駐車場にしておくよりも高い賃料を取ることができますから、利回りは上がります。マンションにすれば、もっと家賃は高くなりますから、利回りはさらに上がります。ハイテクを装備した高級オフィスビルを建設すれば、ずっと高い賃料を取ることだってできるでしょう。このように、不動産の利回りは、その土地をどのように利用するかによって変わってきます。これが、「土地の高度利用」といわれるものです。

しかし、不動産の活用は「投資」の一種ですから、当然、ほかの投資と同様に、リスクとリターンの法則が働きます。

自分の土地を駐車場にしておくだけならたいした投資は必要ありませんから、これはローリスク・ローリターンです。失敗しても（駐車場として使ってくれる人が現れなくても）、大きな損失にはなりません。

それに比べて、超高級ハイテクビルを建設するためには、巨額の投資や借り入れが必要になります。入居者がどんどん集まって高い賃料を得ることができれば大きな利益を生みますが、昨今のように景気が悪化して借りてくれる企業やテナントが現れないと、損失額も膨らんで、下手をすると破綻してしまうおそれもあります。これは、ハイリスク・ハイリターンです。

市場金利でも利回りは変わる

利回りが変わる要因はそれだけではありません。

「投資」には、ローリスク・ローリターンの銀行預金からハイリスク・ハイリターンの株式投資や外貨建て投資まで、さまざまな種類があります。不動産投資もこうした「投資市場」のなかのひとつの商品だと考えれば、その利回りは、ほかの投資商品の利回りに影響されます。

ほかの投資商品のほうが不動産より利回りが高くなれば、お金がそちらに流れて不動産価格が下がり、利回りは高くなります。逆に不動産の投資利回りがほかの投資商品よりも高ければ、お金は不動産投資に流れて地価が上昇し、利回りは下がります（この場合、基準となる投資商品は長期国債になります）。

このことを、もう少し具体的に説明してみましょう。

たとえば不動産投資の利回りが5％として、長期金利（長期国債の利回り）が上昇して3％になれば、リスクがあってコストの高い利回り5％の不動産投資にメリットはなくなってしまいますから、利回りが8〜10％程度まで上昇しなければ投資する人がいなくなってしまいます。具体的には、賃料が上がってインカム・ゲインが増えるか、地価が下がって期待利回りが高くなるはずです。

逆に、長期金利が1％を割るところまで下がれば、利回り5％の不動産投資でも相対的に有利になりますから、今度は利回りを下げる力が働きます。具体的には、賃料が下がってインカム・ゲインが減るか、地価が上がって期待利回りが下がるかするはずです。

不動産の還元価値＝収益÷利回り

このように不動産の利回りはさまざまな要素によって変わりますが、ここでは利回りを5％として、あなたの不動産にいくらの価値があるのかを計算してみましょう。

まず、あなたが家賃月10万円（年間120万円）で人に貸しているマンションを持っているとします。これを、1年間に120万円の配当を生む、期間限定のない証券と仮定しましょう。マンションが老朽化してもまた建て直し、同じ家賃で賃貸することができると考えるわけです。当然、その建て直しのためのコストは利回りを下げる要因になりますが、ここではとり

〔図⑥〕賃貸マンションの現在価値

年　数	年間賃料	現在価値
1年目	120万円	114万2857円
2年目	120万円	108万8435円
3年目	120万円	103万6605円
4年目	120万円	98万7243円
5年目	120万円	94万 231円
6年目	120万円	89万5458円
7年目	120万円	85万2817円
8年目	120万円	81万2207円
9年目	120万円	77万3531円
10年目	120万円	73万6696円
⋮	⋮	⋮
n年目	120万円	120万円÷$(1+0.05)^n$

あえず無視します。30年も先のことを想定しても、あまり意味がないからです。同様に、ここではインフレ率も考慮しませんから、インフレによる家賃の上昇も計算に入れません（EXCELなどの表計算ソフトを使えばインフレ率や建て替えコストを織り込むシミュレーションも簡単にできますから、興味のある方は自分で試してみてください）。

では、先ほどと同じように、利回り5％としてこの賃貸マンションの現在価値を計算してみましょう（図⑥）。

1年目からn年目までの、これらすべての現在価値の合計が、収益還元法で導き出されたあなたのマンションの還元価格ということになります。

現在価値＝n年後の価値÷（1＋利回り）^{n}

ですから、1年後からn年後までの現在価値の合計は、

＝{収益÷（1＋利回り）}＋{収益÷（1＋利回り）^{2}}＋{収益÷（1＋利回り）^{3}}……＋{収益÷（1＋利回り）^{n}}

となります。で、説明を省《はぶ》きますが、これを整理すると、

＝収益×｛1／（1＋利回り）＋1／（1＋利回り）^{2}＋1／（1＋利回り）^{3}……＋1／（1＋利回り）^{n}｝

で、またまた説明を省きますが、これを「等比級数の和の公式」を使って整理すると、

n年後までの現在価値の合計＝収益÷利回り×｛1－1／（1＋利回り）^{n}｝

となります。n＝∞の場合、1／（1＋利回り）$^\infty$≒0ですから、土地のような無期限に収益を生む投資商品の現在価値の合計（還元価値）は、

不動産の還元価値＝収益÷利回り

となります（数学の得意な人は、自分で検算してみてください。そうでない人は、結論だけ覚えておいてください）。

で、結論をいってしまうと、不動産の還元価値を求めるためには、**1年間の収益を利回りで割ればいい**のです。このシンプルさが、簡易型収益還元法のいちばんの魅力です。

あなたのマンションの還元価格

たとえば、利回りを5%として、あなたが家賃10万円の賃貸マンションに住んでいるとすると、そのマンションは1年間で120万円の収益を生むわけですから、その「還元価格」は2400万円ということになります。

〔図⑦〕賃貸マンションの価格を試算

賃貸料(月)	年間収益	還元価格(5%)	還元価格(4.5%)
5万円	60万円	1200万円	1333万円
10万円	120万円	2400万円	2667万円
15万円	180万円	3600万円	4000万円
20万円	240万円	4800万円	5333万円
25万円	300万円	6000万円	6667万円
30万円	360万円	7200万円	8000万円

120万円÷0・05＝2400万円

逆に、あなたが3000万円でマンションを購入して、それを賃貸に出そうとした場合、収益還元法から算出した年間賃料は150万円、月12万5000円の家賃が基準だとわかります。

3000万円×0・05＝150万円

これは、なかなか便利です。

現在、東京地区の賃貸マンションの還元利回りは、だいたい4・5〜5％くらいだと思われます。そこで、この数値であなたの住んでいる賃貸マンションの価格を試算してみましょう（図⑦）。

このように収益還元法は、持ち家の不動産価格評価に活用できます。自分の住んでいるマンションのどこかの部屋が賃貸に出ている場合、その賃料から還元価格を算出することができるからです。

たとえば、あなたが3000万円で購入したマンションの隣の部屋が賃貸に出ているとしましょう。その賃貸

〔図⑧〕マンションの価格から妥当な賃料を試算

価　格	月額賃料（5%）	月額賃料（4.5%）
1000万円	4万2000円	3万7500円
2000万円	8万3000円	7万5000円
3000万円	12万5000円	11万2500円
4000万円	16万7000円	15万円
5000万円	20万8000円	18万7500円
6000万円	25万円	22万5000円
7000万円	29万2000円	26万2500円

料が月10万円だとしたら、あなたのマンションの還元価格は利回り5％で2400万円（10万円×12ヵ月÷5％）、利回り4・5％で2670万円（10万円×12ヵ月÷4・5％）となりますから、10～20％ぐらい下落していると考えられます。マンションが老朽化してさらに賃料が下がるようだと、ますます還元価格は安くなってしまいますから、早めの転売を考えたほうがいいかもしれません。

あるいは逆に、マンションの価格から妥当な賃料を試算してみましょう（図⑧）。

あなたが賃貸住まいなら、上の表から、自分の払っている家賃が適正かどうか判断することができます。新聞の折り込みチラシに入っている不動産広告のなかから、自分の借りている住まいに比較的条件の似ているものを探して、その売り出し価格に還元利回りを掛けて、適正家賃を算出してみればいいのです。

このように、収益還元法の基本を理解しておくと、賃貸マンションや分譲マンション、あるいは一戸建て住宅などを、新築・中古を問わず同一の条件で比較することができるようになります。ここではこれ以上の例は挙げませんが、自分の身近な物件を使っていろいろと比較検討してみるとおもしろいでしょう。

7.「土地神話」の栄光と悲惨

不動産投資と株式投資のパフォーマンス

ここまで、持ち家を買う（不動産投資をする）ことと、賃貸生活をする（不動産以外の金融商品に投資をする）ことに優劣がないことを説明してきました。住宅ローンがどういうものかも、わかりました。「収益還元法」という、不動産価格を算出する新しい道具も手にしました。

では、これらの知識や道具を組み合わせて、不動産を買うべきか買わざるべきかという最初の疑問を、もういちど考えてみましょう。

＊

金融商品への投資といってもいろいろあるので、ここでは代表的なものとして、株式投資を考えてみます。ただ株式投資といっても、個別株はパフォーマンスが大きく異なるので、市場連動型のインデックス・ファンドに投資することにします。要するに、日本市場とか、NASDAQとか、エマージング市場とか、世界中のマーケットに分散投資するわけです。そのうえで、賃貸派がこうしたインデックス・ファンドで国際分散投資をした場合と、持ち家派が日本の不動産を購入した場合のパフォーマンスの条件を、簡単に比較してみましょう。

①地価（賃料）と株価

地価の上昇率が株価の上昇率を上回れば持ち家派が有利。逆に株価の上昇率が地価の上昇率を上回れば賃貸派が有利。地価および株価がともに下落した場合、下落率の低いほうが有利。国際分散投資をしている場合は、ポートフォリオのパフォーマンスを円建てにして、地価の上昇率（下落率）と比較することになる。

②為替

為替が円高になれば、日本円で投資している持ち家派が有利。為替が円安になれば、資金の一部を外貨建てで投資している賃貸派が有利。

③金利

金利が下がれば、住宅ローンを組んでレバレッジをかけている持ち家派が有利。金利が上がれば、レバレッジをかけていない（借金をしていない）賃貸派が有利。

賃貸派が借り入れを起こして投資している場合は、住宅ローン金利と信用貸し金利の低いほうが有利。

④インフレ率

インフレ率が上昇すれば、基本的に地価も株価も上がる。デフレになれば、基本的に地価も株価も下がる。また、住宅ローンを組んで金利を支払っている場合、インフレはお金の価値を下げて実質負担を軽減する（賃貸派が借り入れを起こして投資している場合も同じ）。したがって、インフレ率の上昇は借金をする側に有利。逆にデフレになると、借金をしているほうが実質負担が重くなる。

＊

それ以外に、マネーサプライや景気循環、阪神・淡路大震災のような特殊要因など、挙げていけば切りがありませんが、とりあえず、以上の4つが代表的なパフォーマンス指標と考えることができるでしょう。

「土地神話」はなぜ成立したのか？

こう考えると、戦後の日本でなぜ「土地神話」が成立したのか、よくわかります。

まず①の「地価と株価」ですが、戦後、地価の上昇率は一貫して、株式をはじめとするほかの金融商品より圧倒的に高かったという事実があります。**日本社会では、できるだけ早く不動産を手に入れた人が、大きなキャピタル・ゲインを手にすることができた**わけです。

さらに、持ち家派は住宅ローンを借りて資産運用にレバレッジをかけていますから、自己資金に対する投資利回りもずっと大きなものになります。こうしたことが何十年も続き、目の前で濡《ぬ》れ手で粟《あわ》の大金を手にする人を見ていれば、「地価は永遠に上昇する」という迷信の虜《とりこ》になったとしても仕方ありません。

また②の為替ですが、1ドル＝360円の時代から、戦後一貫して円高が続いてきました。外為法改正以前は個人の海外投資そのものが制限されていたわけですが、そのことが逆に、日本人の資産を守ることに役立っていた面もあるわけです。

さらに、戦後の高度成長を受けて、④のインフレ率が一貫して高かったということもあります。10％のインフレは、金利負担が10％軽減されるのと同じことです。一方、ただ現金を持っているだけでは、現金の価値は10％下がってしまいます。賃貸派のほとんどは自己資金を銀行預金などに預けるだけですから、ここでも借り入れを起こしてレバレッジをかけた持ち家派のほうがずっと有利だったわけです。

人生の勝利者

このように1960年代までは、人生のできるだけ早い時期に、できるだけ大きな住宅ローンを銀行から借りて不動産を取得することが、成功する資産運用の条件でした。ただしその当時は国内に資金が余っていたわけではなく、かぎられた原資を輸出産業に投資して外貨＝ドルを稼ぐというのが国家の基本戦略でしたから、誰でも気軽に銀行から住宅ローンを借りられるわけではありませんでした。

そこで、**住宅ローンを借りることができる一部の職業の人が、そのほかの職業の人に比べて、資産運用面で圧倒的に有利になる**ということが起こりました。「住宅ローンを借りられる職業」とは、医師・弁護士・高級官僚・銀行員・大企業のサラリーマンなどです。彼らは特権的に、銀行から優先してローンを借りることができましたから、レバレッジ効果もあって、賃貸生活者には手の届かないような生活水準に短期間のうちに到達することができました。

こうした成功を見ていた一般庶民は、自分の子どもを、住宅ローンを借りることのできる職業に就《つ》かせようと躍起になりました。特権的職業には高学歴や困難な資格試験合格が必要でしたから、学歴社会や受験戦争が始まりました。

ところが、厳密にいえば、1980年代以降、こうした不動産中心の資産運用の優位性は徐々に薄れてきました。地価があまりにも高くなりすぎたためにリスクが大きくなり、そこから得られるキャピタル・ゲインも、株式などと比べてさほど魅力のあるものではなくなってしまったからです。この時期、はじめて「賃貸生活だって悪くない」と主張する人が現れました。今にして思えば先見の明に溢《あふ》れた提案ですが、「土地神話」を信じきった人たちから見れば、ただの貧乏人の寝言にすぎませんでした。

「持ち家至上主義」に対するこうした異議申し立ては、80年代後半のバブル経済によって、もののみごとに消し飛んでしまいました。暴騰する地価を目の前にして、人々は一瞬でも早く不動産を手に入れようと狂奔《きょうほん》しました。都心から遠く離れた公団分譲の抽選に何千人もが集まったのも、この時期です（こうした物件は現在、大きく値下げして販売されており、高い値段で買った住民との間で摩擦が起きています）。

その意味で、日本における不動産投資のパフォーマンスは、1960年代までに購入した人は大きなプラス、70年代に購入した人はプラス、80年代前半に購入した人はプラス・マイナス・ゼロか若干のプラス、80年代後半から90年代に購入した人は大きなマイナス、ということになります。「土地神話」が崩壊したのはつい最近ですが、パフォーマンス自体は、じつは**20年くらい前からたいしてよくはなかった**わけです。戦後の歴史を現在から冷静に振り返れば、このような事実が見えてきます。

高値で不動産を購入したら？

では次に、バブル期に高値で不動産を購入した人が、現在、どのような状況に置かれているかを見てみましょう。

たとえば、バブルの絶頂期に1000万円の頭金で5000万円のローンを組み、6000万円で分譲マンションを買った人がいたとします。仮に、名前を次郎さんとしましょう。

この次郎さんのマンションは、現在、2000万円でしか売れません。高値の物件をつかんだ人の、典型的なケースだと思います。で、インフレやマンションの老朽化を考慮せず、今から20年後のローン完済時点でもこのマンション価格が2000万円だとしたら、いったい次郎さんはどうなるでしょう。

5000万円を30年ローンで借りて、平均金利を仮に4％とすると、総支払額は8600万円（毎月約24万円）、平均金利が5％だと総支払額は9700万円（毎月約27万円）。現在は歴史的低金利でローン金利も3％前後に下がっていますが、30年というレンジで平均化すれば、だいたいこんなものでしょう。借りたお金の1・5〜2倍を返済しなければならないわけです。

さらに、次郎さんが不動産を購入しなかった場合の逸失利益を考慮する必要があります。たとえば、頭金の1000万円を30年間、平均年5％で運用できたとすれば、30年後には約4300万円、4％でも3300万円になっています。ということは、不動産に投資しなければ得ることができたはずの3000万〜4000万円が隠れた損失になっています（年10％で運用できれば2億円近い資産になっています）。もちろん、この逸失利益の計算には、「捕らぬ狸《たぬき》の皮算用」的なところがあります。

逆に、持ち家を保有することで次郎さんは家賃分を節約できますから、隠れたキャッシュ創出効果があります。2000万円のマンションを5％の利回りで賃貸すれば年100万円の収入があります（2000万円×5％＝100万円）。これが30年として、約3000万円の隠れた利益となります。

そうすると、不動産の売却価格が2000万円。それに対して投入した資金が自己資金＋ローン返済額で1億円、得るべき投資利益の逸失分が3000万円、家賃分の隠れた利益が3000万円として、計8000万円の損失となります。ふつうのサラリーマンの場合、**生涯で8000万円の損失を被《こうむ》ったら、挽回《ばんかい》することはまず不可能**でしょう。

このように考えてみると、バブル期に高値で不動産を購入してしまった人の資産内容がいかに破滅的な事態になっているか、はっきりと見えてきます。こうした問題を日本政府は現在、公庫融資の返済期限延長などの姑息《こそく》な手段でなんとかごまかしていますが、今後、さまざまな悲惨な出来事とともに本格的に顕在化してくるはずです。

8．地価が下がる理由

売れない商品

持ち家派の家計に壊滅的な打撃を加えた地価の暴落は、なにも地震や台風のように、理不尽な神の暴力として現れたわけではありません。下がるものには、下がるなりの合理的な理由があるわけです。

先にも述べましたが、不動産はほかの投資商品に比べて取得コスト、保有コスト、売却コストが高いため、それだけで大きなハンディを背負っています。「金融ビッグバンのあとには不動産ビッグバンがやってくる」などとよくいわれますが、不動産業界の旧態依然とした体質は急には変わりそうもなく、こうした高コスト構造が改善されるのは、まだまだ先のことになりそうです。

それ以外にも、日本の不動産市場は新築物件中心で、中古市場が成熟していないという問題もあります（アメリカなどでは、メンテナンスさえしっかりしていれば、中古物件だからといって価値が下がるようなことはありません）。こうした市場性（流動性）の欠如によって、何らかの事情で物件を売却しなければならない事情が生じたときに、不動産の所有者は、足元を見られてさらに売却価格を引き下げられるという、大きなリスクを抱え込むことになります（上場株式など流動性の高い商品では、売り手の事情で価格が変わることはありません）。

プロの不動産業者の間では、「不動産の中古市場が成立しているのは、東京圏のファミリー・タイプのマンションだけ」というのが常識になっているようです。最近の低金利で、「これからは不動産投資の時代」などといってワンルーム・マンションのオーナーを募集する広告が目につくようになりましたが、こうしたワンルーム・マンションは目先の利回りはよくても中古市場が成立していないため、いざ売却しようとすると二束三文でも売れないという悲惨な事態に陥る危険性があります。

それに、いくら広告の文面上の利回りが高いとはいっても、それはただの予想でしかありません。設定した賃料で借りてくれる人がいなければ、当然、利回りは下がってしまいます。いつまで経っても入居者が決まらなければ、目も当てられません。販売業者が賃料保証をする場合もあるようですが、保証期間はたいてい1年くらいですし、あまりに空室率が高いと販売業者自体が破綻してしまいますから、保証も何もあったものではありません。

新築至上主義は環境破壊の温床

日本の不動産市場では、新築不動産は購入したとたんに価格が下がってしまいますから、常識的に考えれば、中古不動産を購入したほうが有利だということになります。ところが、日本の住宅税制は新築物件に手厚く、中古物件に不利なようにできているため、中古不動産を購入しようとする場合は税制面で著《いちじる》しく不利になります。一例ですが、都内で自分の居住用に1億円クラスの新築マンションを購入する場合は、登録免許税・不動産取得税など合計300万円弱ですむものの、同価格の中古マンションを投資用に購入した場合は、3倍近い850万円もの税金がかかるといいます（居住用に中古マンションを購入する場合は、一定の条件で新築並みの軽減税率が適用されます）。

このような新築優遇の税制が、ウサギ小屋を大量につくって大量に廃棄するような、日本の歪《いびつ》な住宅事情の背景にあります。これでは、喜ぶのはゼネコン、住宅メーカー、産業廃棄物処理業者だけです。こうした「新築至上主義」こそが、環境破壊の温床になっているのです（日本の住宅の耐用年数は平均30年くらいですが、アメリカでは80年、イギリスでは１４０年という統計もあります。質が悪い住宅を大量に供給して回転させるというメーカー側の販売戦略が、日本人の劣悪な居住環境の最大の原因です）。

このような新築物件中心のマーケットでは、売却の際には、中古物件をそのままにしておくよりも、更地にしてしまったほうがはるかに価値が高くなります。ところがマンションなどでは、居住者全員の合意がないかぎり、建て替えは不可能です。50～１００世帯の居住者全員が、多額の費用を負担しなければならない建て替えに合意するなどということはほぼ不可能ですから、老朽化したマンションは、資産価値がかぎりなくゼロに近くなっていくだけ、ということになります（阪神・淡路大震災のとき、こうした問題があちこちで発生しました）。

資産価値のない老朽化マンションは、売却することもできなければ、新たに購入する人もいませんから、格安で賃貸に出すほかありません。こうなると、せっかくのマンションが**スラム化**していきます（今後10年以内に、80年代以降、大量供給されたマンションのスラム化が確実に問題になってくるはずです）。もちろん、こうしたマンションを購入した人は、自分の資産の大半を失うことになるわけです。

欠陥住宅にご用心

それ以外にも、マンションの購入には、さまざまな問題があります。

ひとつは、これも最近話題になった、欠陥住宅問題です。

阪神・淡路大震災でのコンクリート建造物の無残な崩壊（1995年）や、山陽新幹線のトンネルでの剝落《はくらく》事故（99年）を契機に、断熱方法を含め、日本のコンクリート建造物の安全性に大きな疑問符がつけられています。しかし最近のマンションの場合、そんな構造的な問題以前の段階でトラブルが発生するケースが増えています。いわゆる、欠陥住宅問題です。

バブル崩壊以降、不動産価格は下落の一途をたどっていますが、これには地価下落と同時に、住宅の建築価格が値下がりしているという理由もあります。マンションや住宅の価格が急速に値下がりしているのは、不動産市況の低迷で、販売業者が建設業者に卸価格の引き下げを要求するからです。仕事の欲しい建設業者は赤字を覚悟で受注しますが、やはり赤字のままでは経営が立ち行かないので、どこかで手抜きをしてコストを落とし、利益を確保しようとします。こうした「経済合理性」によって欠陥住宅は増え続け、ついには大きな社会問題にまでなったわけです（各地の消費者生活センターに寄せられる住宅に関する苦情は、この10年で5倍に増えたといいます）。

さらに最近では、決算期までになんとしても物件を引き渡すために無理やり工期を圧縮し、コンクリートが半乾きのままで内装工事を進めた結果、室内の壁に大きな亀裂《きれつ》が走るなどの重大なトラブルが続出しています。柱が歪んでドアが閉まらなかったり、床が傾いていたり、結露《けつろ》で部屋中がカビだらけになったり、遮音材を手抜きしたために隣家の物音がつつぬけになったりするわけです。なかには、トイレの配水管の取りつけミスで汚水が逆流するなどという、考えられないことも起きています。しかしこれまでの法律では、いかにトンデモない欠陥住宅であっても、被害者側が欠陥原因を立証しなければ建設業者に賠償させることはできませんでした。

住宅版PL法

秋田県木造住宅（秋住）は「秋田杉を素材にした良質な木造住宅を安価に提供する」ことを目的に、秋田県などが出資して設立された第三セクターの会社です。県の職員の天下りも積極的に受け入れていたようですが、ご多分に漏《も》れず、半官半民の放漫経営の結果、182億円もの負債を抱えて倒産してしまいました（97年）。そればかりか、倒産のあとに、秋田県出資のこの住宅メーカーが建てた新築物件の大半が欠陥住宅だったことが明らかになり、大騒ぎになりました。

あちこちで報道されたように、秋住のつくった住宅は土台そのものが歪んでいたり、柱と柱がつながっていないようなすさまじい欠陥商品ですが、肝心の会社が経営破綻してしまったため、被害者側は修理や賠償を求める相手がいなくなってしまいました。そのため、出資者であり、かつ秋住の物件を積極的に宣伝・支援してきた秋田県に賠償を求めたものの、「民間事業者のトラブルに県は一切関係ない」と一蹴《いっしゅう》されてしまいました。何人もの県幹部を天下りで送り込んでおきながら、都合が悪くなればこの有り様です。

このような欠陥住宅トラブルの急増に建設省（現・国土交通省）も重い腰を上げ、ようやく、住宅版製造物責任（PL）法の制定作業が始まりました。この法律制定後は、基準を超える欠陥が見つかった場合、立証責任は業者側に課せられることになりますから、被害者にとっては大きな進歩です。業者が自分たちに過失責任がないことを立証できなければ、被害者側の申し立てに沿って修理や賠償に応じなければならなくなるからです。

※〔著者注〕住宅版PL法は「住宅品質確保法」という名前で2000年4月に施行されました。

欠陥住宅以外に、最近問題化してきたものに、マンションの管理費や修繕積立金にまつわる業者と住民とのトラブルがあります。

築年数の古いマンションは、定期的に修繕を行わなければ、資産価値が大きく下がってしまいます。その意味で修繕費の積み立ては、自分の不動産資産を維持・管理するために絶対必要なコストなのですが、販売時点での値頃感を演出するために、この修繕積立金を異常に安く設定する業者が出てきました。こうしたマンションは、一見すると管理費・修繕積立金が安くてリーズナブルなようですが、10年くらい経つと、修繕のために多額の費用が必要になります。

また、管理費・修繕積立金をマンション管理会社に預けていたところ、その管理会社が負債を背負って倒産し、これまでの積立金が銀行に差し押さえられてしまった、というトラブルも起きています。ビル・マンション管理の世界では、管理費・修繕積立金の預金口座が管理会社の社長名義になっている、などという信じられないことが当たり前に行われているとも聞きます。こうした預金を担保に管理会社の社長が銀行から融資を受ければ、修繕積立金を差し押さえられても文句はいえません。

このように、日本の不動産業界・不動産市場に存在するさまざまな理不尽なルールや慣習が、昨今の底なしの地価下落の大きな原因のひとつになっているのです。

9．競売物件は魅力的か？

不動産固有のリスク

不動産というのはその名のとおり、動かすことができない資産ですから、そこに何かのトラブルが起きたときは、対処するにも限界があります。

たとえば、新建材などの使用による「シックハウス症候群」で子どもが喘息《ぜんそく》やアトピーになってしまったとしても、購入したばかりの不動産をすぐに売却して買い換えることは容易ではありません。近所に変質者がいたり、隣の奥さんが夫を誘惑したりしても、荷物をまとめて出ていくというわけにもいきません。

埼玉県所沢市のように、住宅を購入したあとで、ダイオキシンによって土地が汚染されていたことがわかった場合なども悲惨です。当時、一連のダイオキシン報道によって不動産価格は下落してしまいましたから、売却すれば大きな損失が出てしまいます。だいいち、売値を下げたとしても、猛毒のダイオキシンで汚染されているかもしれない土地に、購入希望者が現れる保証はありません。

経済的な損失以上に、自分や家族の健康も不安です。スーパーで野菜を買うのにも躊躇《ちゅうちょ》してしまいます（「ニュースステーション」のダイオキシン報道で、埼玉県の農家が大きな被害を受けたことは記憶に新しいところです）。若い夫婦が子どもをつくるのをあきらめた、などという話も聞きます。これもまた、ほかの投資商品にはない、不動産固有のリスクです。

同様に、阪神・淡路大震災や台湾地震のような災害に対しても不動産は大きなリスクにさらされています。最悪の場合、一瞬にしてすべての資産価値が消滅してしまうことにもなりかねません。もちろん、**こうした大きなリスクを避ける最良の方法は、不動産を所有せず、貸借す**

ることです。

「そんなことはもうわかった。だが、いい物件を人より安く買えれば、問題はぜんぶ解決じゃないか」という人も、なかにはいるかもしれません。そういう人は、ほぼ間違いなく、競売《けいばい》物件の購入を検討します。

競売物件というのは、住宅ローンを借りていたり、不動産を担保に融資を受けていた人が経済的に破綻したあとに、債権者である銀行など金融機関が、裁判所に売却を依頼した担保物件のことです。ときどき新聞の夕刊に裁判所公告として、競売物件一覧が掲載されるので、見たことのある人も多いでしょう。

競売を依頼された裁判所は、調査官を派遣して物件を調査するとともに、地元の不動産鑑定士に物件の価格を査定してもらい、最低入札価額を決め、物件明細を一般に閲覧できるようにします。東京地裁の「物件明細等閲覧室」には、プロアマ含め、連日多数の人がつめかけて大盛況です。

※〈著者注〉現在、競売関連の業務は目黒区の東京地裁民事執行センターに移転。

なぜ、競売物件がそれほど人気なのかというと、最低入札価額がおおよそ市価より30％程度安く設定されているからです。持ち家を探している人にとっては3割も安い物件が手に入るわけですし、不動産業者にとっては、落札した競売物件を右から左に売りさばくだけで、30％もの利益を得られることになります。おまけに、売却するのは裁判所ですから、通常、売却価格の3％とされている売買手数料も必要ありません。まるで、夢のような話です。

ヤクザが仕切る競売会場

ところが、「ウマい話にはウラがある」というのが世の常です。残念ながら、競売物件もその例に漏れません。

バブル崩壊で不良債権が溢れ、本格的に競売が始まった初期の頃は、入札者を全員、同じ会場に集め、オークション方式で落札者を決めていました。すると、入札会場に一目でその筋とわかる黒スーツ、黒サングラスの人たちがやってきて、格安物件に応札した素人に対し、「お兄ちゃん、火遊びはいい加減にしときな」とお説教をするようになりました。これでは、怖くてとても入札なんかできません。そこで裁判所は、郵送での入札を認めるようにして、この問題を解決しました。

もうひとつ、競売物件の購入資金も問題になりました。

競売物件を入札するためには、あらかじめ入札価格の20％を裁判所に納めなくてはなりません。4000万円で物件を入札するなら、800万円の保証金が必要になるということです（落札できなかった場合、もちろん、この保証金は返してもらえます）。落札したのに残額を払えなかった場合は、権利を放棄したと見なされて、この保証金は没収されます。

ところで当初、競売物件を購入する際に、それを担保として銀行や住宅金融公庫から融資を受けることができませんでした。つまり、800万円の保証金で4000万円の競売物件を落札した人は、期日までに残りの3200万円をキャッシュで支払わなくては800万円の保証金を失ってしまうことになるのです。そのため実際に競売に参加できるのは、不動産業者か一部の富裕な個人投資家にかぎられていました。この問題も、競売物件にも銀行や公庫の住宅ローンが使えるようになって、かなり改善しました。

買ったはいいけど、他人が住んでいた！

このように、なにごとにも動きの遅い裁判所が、不動産の競売に限ってサクサクと改革を進めているのには、もちろんワケがあります。不良債権処理は今や日本国の最重要課題なので、競売物件の売却を進めるべく、最高裁判所が政府や法務省から強い圧力を受けているからです。

裁判所に持ち込まれる競売物件は、1990年には年間1500件くらいでした。それが99年現在では、1万件に達しようとしています。さらに、銀行の不良債権処理はまだ始まったばかりですから、競売物件の数は、今後ますます増えることが予想されます。これだけの競売物件を処理するためには、裁判所としてもなりふり構ってはいられないわけです。

ところがここに、いかに最高裁判所といえども容易には解決できない、大きな問題が立ちふさがりました。競売物件を落札した人が自分の物件を訪ねてみると、そこに人が住んでいたというトラブルです。

バブル崩壊直後によく見られたのは、借金で首が回らなくなった不動産のオーナーが、自分の物件を競売にかけられたくないばかりに、暴力団にビルの一室を貸してしまうというケースでした。暴力団員が入居している不動産を好きこのんで購入する人はいませんから、このビルを競売に出そうとすれば、債権者はまず、暴力団員に立ち退《の》いてもらわなくてはなりません。お坊ちゃん育ちの銀行員に、こんな交渉はとても無理です。

暴力団員を入居させたまま無理に競売に出したところで、こんどは、落札者自らが立ち退き交渉をしなければならなくなってしまいます。無事に退去してもらえたとしても多額の立ち退き料を支払わなければならず、立ち退いてもらえない場合は、せっかく落札した物件を二束三文で当の暴力団に売り渡さなければならない羽目に陥ることもあります。こうして、競売価格よりもさらに安く物件を手に入れた暴力団は、労せずして大きな利益を手にすることができるわけです。当時は、短期賃借権を悪用したこうした手口がよく使われました。

民事不介入の原則

もちろん、こんな無法が横行してはたまりませんから、裁判所もさっそく、担保設定後の短期賃借権では債権者に対抗できないようにしました。それでもなおかつ居座る人間に対しては、仮処分による強制執行も可能になりました。しかし、この問題ばかりは簡単には解決しません。

なぜかというと、日本の民法では借地人・借家人の権利が異常に強く保護されているため、実際に住んでいる人間をちょっとやそっとでは立ち退かせることができないからです。短期賃借権ではなく、正式な賃貸契約を交わした借家人が住んでいるような場合、多額の立ち退き料を用意してさえ、転居してもらうのは簡単ではありません。

そのうえ、たとえ債権者（落札者）の側に入居者を立ち退かせる法的権利があったとしても、現実に住んでいる人間を出て行かせるのはたいへんです。理屈のうえでは、入居者は他人の住居を不法に占拠しているわけですから警察が処理してくれそうなものですが、「民事不介入」の原則を盾にとって、警察は「当事者同士で解決してくれ」というばかりです。そこで、弁護士やヤクザ屋さんに頼んで立ち退き交渉をするわけですが、入居者が住宅ローン破産した債務者だったような場合、あまり強く脅《おど》すと、こんどは首をくくったり、ヤケクソになって自宅に火をつけて不動産と心中してしまったりします（どちらも実際に起きた話です）。これでは、マトモな神経の人はとても堪えられません。

もちろん、こうした問題が広く知られるようになったため、現在では、物件明細書に「短期賃貸借あり」とか「賃借権あり」などと書かれているものには、みんな近づかなくなりました（マンションなどで「管理費等の滞納あり」の記載があれば、新たな所有者が滞納した分を支払わなくてはなりません）。そのため、数少ないきれいな物件に応札が集中し、けっきょく、価格が上がって街の不動産屋から購入したのとたいして変わらなくなった、などということにもなってしまいます。

作業着姿で水道メーターをチェック

競売物件における最大の問題は、現在の制度では、入札希望者が事前に物件内部を見ることができないとされていることです。これればかりはプライバシー権や借地・借家権など、さまざまな問題がからんでいるので、さすがの裁判所も一刀両断で解決するわけにはいきません。

そのため、裁判所の調査官が調べた時点ではわからなかったり、調査後に誰かが入居したりするようなことになると、入札者にはお手上げです。競売物件を購入しようという人は実際に現地に足を運ぶでしょうから、誰かが住んでいることが外からはっきりわかれば、事前に取りやめることもできます。しかしそれも、入居者が人に知られないよう、夜も電気をつけずに暮らしていた場合にはどうしようもありません。そのためプロの業者は、入居者が隠れ住んでいないかどうか確認するために、作業着姿で水道メーターや電気メーターのチェックまでするようです。さらに、入札者は物件内部を見ることができませんから、実際に落札してみると部屋の中が荒廃していて、多額のリフォーム費用が必要になった、などということも起こりえます。

そんなこんなで、競売不動産を落札した個人のうち、40％が何らかのトラブルを経験しているというデータもあります。これだけリスクが高ければ、価格が30％割安でも、元がとれるかどうかは微妙です。

10・借地・借家権という大問題

底地権と借地権

ではここで、不動産所有者と入居者（賃借人）の関係について、もう少し考えてみましょう。

この問題のポイントは、よく知られているように、日本における借地・借家人の権利が必要以上に過度に保護されているところにあります。いったん賃貸契約を結んでしまうと、不動産オーナーは、めったなことでは借地・借家人に出ていってもらうことができなくなります。自分の不動産を売ろうとしても、借地人や借家人が同意しない以上、どうしようもありません（この場合、不動産を所有しているオーナーの権利を「**底地権**」、その土地を借りている人の権利を「**借地権**」、その土地に建てられた家を借りている人の権利を「**借家権**」といいます）。

常識で考えれば、その土地をお金を出して買ったのは不動産所有者ですから、「底地権（所有者）」のほうが「借地・借家権」よりも優先しなければ理屈に合いません。ところが日本では、なぜか「借地・借家権」のほうが、「底地権」よりもずっと強い権利になっています。ここに、日本の不動産の最大の問題があります。

「地上げ屋」は悪くない？

バブル最盛期、大金をカバンにつめ込んだ「地上げ屋」たちが街を徘徊《はいかい》し、地価暴騰の元凶として、マスコミの批判を一身に浴びました。しかし考えてみれば、これはおかしな理屈です。「地上げ屋」たちの多くは、べつに非合法な仕事をしていたわけではありません（なかにはダンプを建物に突っ込ませたり、ビルに放火したりする悪質なケースもありましたが）。彼らの主な仕事は、不動産の所有者や開発業者に依頼されて、借地・借家人と立ち退き交渉を行うことです。このとき、不動産所有者と借地・借家人との間で立ち退きの際のルールがきちんと決まっているならば、なにもわざわざ高い報酬を払って「地上げ屋」に交渉を依頼する必要はありません。政府や行政がそうしたルールを一切つくらず、当事者間の交渉に任せたまま無法状態に放置しているからこそ、多少強引な方法であっても、自らの交渉能力でルールをつくることができる「地上げ屋」が必要になるわけです。

このように、「地上げ屋」はたんなる交渉代理人であり、彼らに不動産相場を動かす力があるわけではありません。

バブル期に地価が高騰した理由のひとつは、明らかに借地・借家人が巨額の立ち退き料を要求したからです。不動産所有者としては、いくらコストがかかっても入居者に立ち退いてもらわなければ再開発も転売もできませんから、法外な要求にも従わざるをえません。こうして、借地・借家人が濡れ手で粟で手にした立ち退き料の分だけ、地価は上がるわけです。

しかしこの国ではなぜか、こんな単純な事実をあからさまに指摘する人は多くありません。借地・借家人は「社会的弱者」と考えられており、マスコミなどでは、「社会的弱者」は絶対に批判してはいけないことになっているからです。バブル期に「地価暴騰の犯人は借地・借家人だ」などといおうものなら、袋叩きにされるのが落ちだったでしょう。

高額立ち退き料に根拠はあるか？

ところで、借地・借家人に高額の立ち退き料を手にする権利はあるのでしょうか？

これは、ちょっと考えてみればすぐにわかります。

不動産を購入した人は、その時点でリスクを取ったわけですから、のちにその不動産が値上がりした場合、売却してキャピタル・ゲインを得る権利を持っています。これは、資本主義の原則に則《のっと》った正当な経済行為です。私的所有権に関するこの原則が否定されれば、資本主義は満足に機能しません。

ところが、借地・借家人はただたんに賃借契約を結んだだけで、何らリスクを取ったわけではありません（大地震でビルが倒壊すれば不動産所有者はすべてを失いますが、借家人は引っ越しすればいいだけです）。その借地・借家人が、自分のものでもない土地の価格が上昇したことで大きな利益を得るなどということは、どう考えても理屈が通りません。その金額が借家人の年収の何十倍にもなるなど、「本末転倒もここに極まれり」という感じです。何の努力もせずに何千万円もの大金を手に入れる「社会的弱者」が、いったいどこの世界にいるでしょうか。

　このように書くと、「それは一部の借地・借家人のことで、大半は貧しい人たちだ」という反論があるかもしれません。

　しかし仮にそうだとしても、貧しい借地・借家人のために、資本主義の根幹である私的所有権を制限する、などということがあっていいはずはありません。所有権が一部しか認められないような社会では、誰も怖くてリスクを取ることができません。正直者がバカを見るだけだからです。

　現在の借地借家法は、終戦直後に、外地からの引揚者や、夫を失った母子家庭などが家主の横暴で住む場所を失わないようにとの配慮から生まれたものでした（その意味では、当時は意味があったでしょう）。このような戦後混乱期の臨時立法が、半世紀を経て高度経済成長を遂《と》げてからもまだ残っていること自体、誰が考えても異常です。こうして、日本の不動産市場は一種の無法地帯になってしまいました。

　どんな社会にも、貧しい人はいます。しかし、そうした貧しい人たちは社会福祉によって支えるべきであって、「立ち退き料」という名の宝くじに当たるチャンスを与えることでは、問題は何も解決しません。

無限に拡大された私的所有権

ところで、日本という国が不思議なのは、不動産を賃貸する場合の私的所有権を制限する一方で、持ち家として不動産を所有する人の権利を、ほぼ無限に認めていることです。東京都内を車で走れば、道路の一角に1軒だけ民家がぽつんと立っていて、そのために道幅を拡張することができず、渋滞を起こしているような場所をいくつも見つけることができます。行政当局の説得に地権者が応じず、自分の土地と家にしがみつくことで、都市交通を麻痺《まひ》させているわけです。

戦後日本では、なぜか、このようなワガママが100%認められてきました。どのような社会においても、公共性と私的利益がぶつかることはあります。その際に私的利益がまったく無視されて、公共性だけが実現されるのであれば、それは全体主義社会にほかなりません。かといって、私的利益が100%認められ、公共性がまったく実現できないような社会は、「社会」というよりは、たんなるエゴの集合体です。

ここでも必要なのは、**私権と公共性を調整するルール**です。そのルールに則って、明らかに私権よりも公共性が優先する場合は、地権者のワガママを認めず、正当な対価を支払って立ち退かせるべきです。社会を運営するうえでは当たり前のことですが、戦後、この国ではなぜか、こんなことすらできませんでした。

これはもちろん、かつて、天皇の名のもとに理不尽な「公共性」が押しつけられたことへの反動でしょうが、その結果として、戦後のリベラルな思想家たちは、公共性に一切の価値を認めず、私権を１００％保護することが、「いつか来た道」を防ぐ最良の方法だと考えるようになりました。現実には、戦後日本はアメリカ軍が常時駐留する半植民地で、国家として自立することすら覚束《おぼつか》なかったにもかかわらず、こんな空論（暴論）が某大新聞や某一流出版社を通して垂れ流されていたわけです。

11．定借住宅と定期借家権

貸し不動産はレンタル・ビジネス

ところで、こうした強すぎる借地権・借家権を制限することで、もっと安価に不動産を利用することができるようにしようという試みも始まりました。これが定期借地権、定期借家権と呼ばれるものですが、最後に、これら新しいタイプの不動産取得方法も含め、賃貸生活全般について考えてみましょう。

*

親元から離れて一人暮らしを始めるときに、まず最初にやらなければならないことが、「家を借りる」ことです。いっしょに暮らす相手を見つけたり、子どもが産まれてもう少し広い部屋が必要になるなど、あなたの人生におけるさまざまな局面で、「家を借りる」という商行為は発生します。しかし、こんな身近にある重要な出来事でありながら、これまで不動産の賃貸借について、ちゃんと考えた人はほとんどいませんでした。

もちろん、賃貸住宅情報誌のようなものはいくつもあるし、若者雑誌では、人気スポットを取り上げた「この街に住め」というような企画も行われます。しかし、これらはたんに賃貸住宅やその周辺の情報でしかありません。

家を借りるということは、金銭（家賃）を支払って商品（住宅）の使用権を買うわけですから、レンタルビデオ屋でアダルトビデオを借りるのとまったく同じです（家を借りるのは不動産のレンタルですから、当たり前です）。ところがこれまで、家の賃貸借をレンタル・ビジネスの一種と考えることは、この国では暗黙のうちに忌避《きひ》されてきました。

今でも街の不動産屋に行くと、「家を貸すのは大家の好意だから、入居者はちゃんと感謝しなければならない」などと説教するオヤジがいくらでもいます。

しかし、あなたがレンタルビデオ屋で7泊8日300円のアダルトビデオを借りたとき、ビデオ屋の店員に向かって、「貴重なビデオを貸していただいてありがとうございます」というでしょうか。そんな馬鹿丁寧な人は、日本中探したって、まずいないでしょう。それどころか、ビデオ屋の店員が「ありがとうございました」といわないと、失礼な奴だとか、店員の教育がなっていないと思うのがふつうです。レンタカーを借りるときも、コピーなどのOA機器をリースで借りるときもいっしょです。ところが同じ賃貸借（レンタル）であるにもかかわらず、家を借りるときだけは、なぜか入居者が大家に感謝しなくてはならないことになっています。

なぜ日本で、不動産レンタルにかぎってこんな特殊な風習が生まれたかというと、いうまでもなく、土地はビデオや車と違って、特権的な資産だと考えられてきたからです。「俺の貴重な資産を貸してやるのだから、礼をいわれて当たり前だ」というわけです（もちろん、江戸時代以降、慢性的な住宅難だった日本の都市部において、借家人よりも家主の立場がずっと強かったということも影響しています）。しかし、こんな時代はとうに終わってしまいました。

収益還元法によって土地の価格が合理的に算定されるようになると、不動産はたんなる投資商品と同様に扱われることになります。不動産を賃貸するのは純粋なビジネスであり、そうである以上、家主の側が顧客に対してよりよいサービスを提供しないかぎり、入居者は現れませんし、高い家賃を取ることもできません。今後、日本の不動産賃貸ビジネスも、資本主義経済の原則に則って、長期的にはこのように変わっていくと思われます。

借家権のリスク・プレミアム

ここであえて「長期的には」と述べたのは、この国の不動産賃貸市場には、前述の借地・借家権という大きな問題があるからです。

家主にしてみれば、いったん誰かに不動産を貸してしまえば、次にいつそれを取り戻せるかわかりません。たまたま部屋を貸した人間が異常性格者で、ずっとそこに居座ったまま家賃の値上げ交渉にも応じない、などということになっても、長い裁判を覚悟しないかぎり、立ち退かせることは容易ではありません。こんなにリスクが高ければ、その分のリスク・プレミアムを上乗せしなければ、とても採算は取れません。

さらに、入居者が長期で居住するような、ファミリー・タイプの快適なマンションなど、怖くて他人に貸すことなどできません。そこで日本の賃貸住宅は、確実に入居者の退去を見込むことのできる、学生向けの賃貸アパートや単身者向けのワンルーム・マンションばかりになってしまったわけです。

こうなると、結婚して子どもができた家庭は、そのまま賃貸生活を続けようと思っても適当な物件がありませんから、多少無理をしても持ち家を購入するほかありません。こうした人生のライフサイクルがたまたまバブルの最盛期に当たってしまった人が、現在、資産崩壊の危機にさらされているわけです。考えてみれば、これも日本の歪《いびつ》な借地借家法が生んだ負の遺産です。

強すぎる借家権なんていらない

　このように考えてみると、一見賃貸生活者に有利なように思える借地借家法も、じつは百害あって一利なし、ということがわかります。

　まず、**日本の賃貸住宅は、家主側のリスク・プレミアムの分だけ割高**になっています。こうしたリスク・プレミアムは関東地区では「礼金（通常、家賃の2ヵ月分）」「更新料（通常、2年に1回、家賃の1ヵ月分）」などというわけのわからないお金として上乗せされ、入居者の家計を圧迫します。

　次に、**日本の賃貸住宅は入居者に確実に出ていってもらえるよう、意図的に不快に設計**されています。もちろん、内装などはきれいにしないと借りてもらえませんからそれなりのことはしますが、実際に使ってみると部屋が狭すぎて家族で暮らすには窮屈だったり、階上や隣室の物音がつつぬけだったりして、2～3年で転居を考えるようになります。なぜなら、そう思わせるように意図的につくられているからです（そうとでも考えないかぎり、賃貸住宅のあまりに貧しい実態は説明できません）。

　このように考えると、強すぎる借地・借家権で得をしたのは戦後初期に都市部の一等地を賃借し、その後ずっと、格安の家賃や地代でそこに居座り続けた一部の既得権者だけだということがわかります。こうした既得権者の利益を守るために、多くの賃貸生活者が現在まで不遇をかこつことになったわけですから、その罪はあまりに重いといわざるをえません。

定借住宅の登場

このような借地・借家権の乱用による不動産賃貸市場の歪みを是正するために考えられたのが、1993年に導入された「**定期借地権付住宅**（定借住宅）」です。これは、借地権者に無限に近い権利を認めるのではなく、契約によって借地期間を制限する代わりに、これまでよりも地代を安くして長期に貸し出すという制度を利用した住宅です。こうした定借住宅は、標準的な50年の借地契約で、不動産を購入して所有権を得るのに比べて、同じ住環境を手に入れるのに、だいたい40～50％程度安くなるようです（このあたりは個別物件によって変わります）。

こうした定借住宅は、50年後には更地にして土地を地権者に返さなければならないわけですから、その時点で資産価値はゼロに戻ってしまいます。一見、「持ち家」の代替案のように思われがちですが、そこが所有権とは異なります。

ところで、この定期借地権付住宅の適正価格も、先に説明した収益還元法によって合理的に導き出せます。

たとえば、毎年250万円の賃料収入のある不動産物件の価格は、還元利回りを5％とした場合、5000万円でした。

〔図⑨〕毎年250万円の賃料収入がある定借物件の収益還元価格（還元率5%）

借地期間	収益還元価格	割引率
所有権	5000万円	0%
50年	4560万円	8.8%
40年	4290万円	14.2%
30年	3840万円	23.2%
20年	3120万円	37.6%
10年	1930万円	61.4%
1年	240万円	95.2%

250万円÷5%＝5000万円

同じ物件を、50年の定期借地権で購入した場合、地代も含めた適正価格はいくらになるでしょうか？

通常の収益還元法の場合、これまで説明したように、賃料の250万円が永遠に支払われることを前提に、不動産価格が決められます。それに対して定期借地権付住宅は50年で賃料支払いが終わってしまいますから、期間50年、毎年の利払い250万円、償還時の価格はゼロ、という債券と同じと考えて、現在価値を求めればいいということになります。この債券の価格をEXCELのFV関数で求めると、約4500万円となります。所有権を購入するのに比べて、10%割り引かれているわけです。

定借住宅の場合、借地期限が近づくにしたがって、この適正価格はゼロに向かって下がっていきます。この関係をまとめると、図⑨のようになります。

これを見るとわかるように、50年という長期の借地契約を結ぶ場合、理屈のうえでは、所有権を購入するのとたいした違いはないということになります。ところが、実際に販売されている借地期間50年の定借住宅は、分譲価格よりも40%程度安くなるのがふつうです。そうなると、これでは計算が合いません。

この差がどこからくるかというと、いちばん大きな理由は、日本においてはまだまだ不動産の使用価値よりも所有価値（資産価値）のほうがずっと重視されているからだと思われます。地主側にすれば、定借住宅は不動産を手放すわけではありませんから、価格をディスカウントする余裕が生まれますし、購入者の側からすれば、所有権を放棄しているわけですから、分譲住宅の10%引きくらいでは、購入する気は起きません。その結果、定借住宅の価格は現在、収益還元法による理論価格よりも大幅に値引きされて、市場で取引されていると考えられます。

このように考えると、どうしても持ち家にこだわるのなら、定借住宅がひとつの有効な選択肢になります。将来、不動産資産が資産価値ではなく使用価値で評価されるようになると、現在の定借住宅は格安な買い物だった、ということになるからです。このディスカウント価格と収益還元法の理論価格の差が、不動産神話によってもたらされた心理的な「**所有権プレミアム**」というわけです（もちろん将来、地価が下落したり、賃料相場が下がったり、金利が上昇するようなことになると、定借住宅の理論価格も下落しますから、定借住宅が絶対に得だというわけではありません）。

定期借家権という試み

この「定期借地権」と同じ発想で、99年11月に成立したのが「**定期借家権**」です。これは強すぎる「借家権」を制限し、一定期間後に退去することをあらかじめ決めたうえで、通常の「借家権」に基づく賃貸物件よりも安く貸し出そうというものです。この「定期借家権住宅」も流通市場が整備されれば同種の賃貸物件に比べて20〜30％程度安くなると思われます（借家期間にもよります）。この20〜30％というのが、いうなれば「**借家権のリスク・プレミアム**」だったわけです。

ところで、現在と同じ住居を30％安く借りることができれば、資産運用の利回りは飛躍的に向上します。単純に考えて、５０００万円相当の住宅を年２５０万円で賃借していた人が年１７５万円（２５０万円×70％＝１７５万円）の家賃ですむようになるわけですから、差額の75万円がまるまる投資資金になります。この資金を年５％で運用できれば、30年後にはなんと５０００万円にもなります。20％安く借りられれば差額は50万円ですが、それでも30年後には３３００万円の資産が形成できます。このように考えてみると、賃貸生活にとって、賃料を下げることがいかに重要かがわかります。

礼金・敷金・更新料の根拠

先に述べたように、東京で家を借りようとすると、契約の際に敷金や礼金を支払わなければなりません。2年にいちど、1ヵ月分の家賃を更新料として支払うという習慣も、広く普及しています。私たちはこれが当たり前のように考えてきましたが、アメリカなどにはこのような制度はなく、1ヵ月分の家賃を前払いするだけで入居が可能です。

敷金・礼金・更新料のうち、敷金は保証金の一種ですからある程度の根拠はあるとしても、契約の際の礼金や2年に1回の更新料に関しては、法的にも経済合理性からみて、何の根拠もないことがかねてより指摘されてきました。礼金や更新料というのはじつは強すぎる借家権へのリスク・プレミアムだったわけですが、それは暗黙の了解事項であり、明示的な根拠として示すわけにはいかなかったからです（更新料というのは、いうなれば、2年に1回、強制的に入居者に転居を考えさせる制度です）。

定期借家権住宅になれば、このリスク・プレミアムは消滅しますから、礼金や更新料を取る必要はなくなります。このようにして、いずれはこの理不尽な風習もなくなることになるでしょう（それ以前に、不動産市況の悪化から、礼金を取らない賃貸物件も増えてきました）。

一方、敷金に関しても、問題がないわけではありません。法律上は、家主は入居者から保証金を預かるだけですから、そのお金は入居者のものであって、家主が自由に処分できるわけではありません（証券会社における顧客口座と同じで、「分別管理」しなければならないわけです）。もちろん、家主としては預かったお金を金庫に入れておいても仕方がないので、運用に回したりすることもあるでしょう。そのような場合も、厳密にいえばそれは入居者の資金ですから、どのように運用し、いくらの利益（損失）が生じたかを入居者に報告すべきです。そこまでしなくても、最低限、長期金利程度の運用益は、敷金を返却する際に入居者に還元するべきでしょう。

不動産物件を有料で貸した人間が、それだけを理由に入居者から無利子でお金（敷金）を借りられる、などということは、どう考えても理屈に合いません。しかしこれまで、敷金の運用益がすべて家主の利益になっているという問題は、ずっと無視されてきました。**敷金は入居者から家主への一種の融資**ですから、融資金利についても、契約時にはっきりと決めるべきです（とはいっても、そんなことを認める不動産業者はいないでしょうが）。

敷金をめぐるトラブル

このところ借り手側の意識が変わってきたこともあって、敷金の返還をめぐるトラブルが急増しています。契約上、家主は退去時に家の補修費用を敷金から引くことができるわけですが、この金額をめぐって家主と借り手が深刻な対立を起こすわけです。

こうした敷金をめぐるトラブルにはすでにいくつも判例が出ており、法的な基準は確立されています。それによれば、畳が擦り切れたり壁紙が色褪《あ》せたりするような、通常の使用で起きる程度の自然損耗は家主側が負担すべきであり、その補修費用を敷金から支払うことは許されません。一方、借り手側の不注意によって生じた床や壁のキズなどは、借り手側の負担で原状回復することが求められます。

敷金の返済をめぐっては、不動産業界の間で大雑把なガイドラインがあって、ふつうに暮らしていたとしても、解約時に敷金の20〜30%は取られるようです。家主と入居者の負担率を厳密に決めるのは面倒ですから、双方がしぶしぶ納得できる現実的な基準として生まれたものでしょうが、ここにも問題があります。

理屈のうえでは、退去時に家主ないしは不動産業者と入居者が現況確認を行い、どの箇所を入居者の責任で修繕するか決めたなら、あとは入居者が業者を選んで見積もりを取り、必要な修繕を行って物件を引き渡せばいいはずです。ところが、一般にそのようなことは認められず、家主側の指定した業者の言い値で修繕費用が決められてしまいます。その価格が相場よりずっと高くても、入居者にはどうしようもありません。

このようなことを考えれば、「敷金は金利分を上乗せして退去時に全額返済し、必要な修繕は入居者の責任で行う」としたほうが、家主と入居者の関係はずっとすっきりします。そのうえで、入居者が家主に修繕を任せたり、あるいは必要な修繕をしようとしない場合にかぎり、敷金からの充当を認めることにすればいいでしょう。これだけで、敷金をめぐる不毛な争いはずいぶん減ると思われます。

賃貸契約は不平等契約

最後にもうひとつ、日本の賃貸契約の大きな問題点を指摘しておきましょう。

たいていの賃貸契約書には、地価が上昇した場合など、家主側に家賃の値上げ交渉を行う権利があることが明記されています。一方、借り手側に家賃の値下げ交渉を行う権利を認めた契約書は、いまだかつて見たことがありません（近所の不動産屋に聞いても、「そんな話は聞いたことがない」といいます）。

こうした不平等な契約は明らかに法に反すると思われますが、こんな「違法契約」が日本の不動産業界では当たり前のように行われているのです（いちど、「入居者も賃料改定交渉ができる」という一文を契約書に入れてくれと頼んだことがありますが、「そんなことをいう奴はお断りだ」と、けんもほろろでした）。

こうした不平等契約から、日本の賃貸住宅には、家賃の下方硬直性という問題が生じます。要するに、昨今のように地価が大きく下がっても、それに応じて家賃が下がるわけではないということです（ただし、強い借家権に守られて、実際は家賃の値上げ交渉も容易ではありません）。

こうした家賃の下方硬直性があるために、借り手側としては、地価の下落に応じて賃料コストを下げようとするならば、そのたびに転居しなければならないという、不合理な事態に陥ります。ただし転居した場合、引っ越し費用や賃借契約時の費用（敷金・礼金・仲介手数料など）が別途必要になりますから、少なくとも10～15％は家賃が下がらなければメリットはありません。

一方家主の側も、今の入居者が出ていってしまえば、家賃を下げて再募集しなければ新たな入居者は獲得できませんし、空室リスクも生じることになります。

このようなことを考えれば、地価下落局面においては、経済合理的な範囲で家賃を下げたほうがお互いにとって有利なことは明らかです（オフィス用物件などでは、同様の理由から、借り手側の値下げ要求に家主側が抗しきれず、大幅な賃料のディスカウントが行われています。家主が断れば借り手は出ていくだけですから、あとは入居者のいない幽霊ビルになるだけです）。不動産神話の崩壊とともに、いずれは一般の賃貸住宅でも、地価に応じた価格交渉が可能となる時代がやってくるでしょう。

12. すばらしき賃貸生活

不動産は値上がりするのか？

さて、ここまでずっと日本の不動産事情について考えてきたわけですが、最後に私たちの結論を述べておきます。

住宅ローンを借りて不動産を購入すれば必ず儲《もう》かるという「不動産神話」は、じつは1970年代で終わっていました。バブル期はいうに及ばず、地価が大きく下落した現在でも、理不尽な日本の不動産市場を考えれば、不動産投資に大きなメリットがあるとは思えません。

もちろん今後、日本経済が回復し、インフレ率も高くなって、地価が再上昇する可能性もなくはありません。しかし、もしそうであれば株価も上昇しますから、日本株のインデックス・ファンドを買っておいても、同じ程度のパフォーマンスは期待できるはずです。そうであれば、取得コスト、保有コスト、売却コストが高く、欠陥住宅などの商品固有のリスクがある不動産を投資対象として選ぶ理由はありません。

そのうえ、長期的には少子化による人口の減少、中短期的には金融機関が抱え込んだ不良債権の放出や、税制面で特典がなくなった農地の宅地転用などで不動産の供給増が続きますから、地価の下落圧力にはまだまだ強いものがあります。また、一足先に収益還元法が浸透したオフィス用地の下落率よりも、いまだに取引事例比較法で値段が決められている宅地の下落率がはるかに小さいという事実もあり、今後、住宅地に本格的に収益還元法が導入されるならば、地価はもっと下がる可能性があります。

金利が上がれば地価は下がる

「そうはいっても、こんな低金利は二度とない。今ローンを組まなければ大きな損失だ」と、不動産販売業者はいうでしょう。たしかに、資本主義始まって以来のこんな低金利は、もはやありえないでしょう。今後、金利は上昇するほかないことは、誰の目にも明らかです。

しかし、金利が上昇するからといって、不動産を買い急ぐ理由になりません。もういちど、収益還元法の基本を思い出してください。

収益還元法においては、金利が上がると、賃料が上昇するか地価が下落するかして、還元利回りも上がることになります。ところが借地・借家権問題などがあり、賃料には価格の硬直性がありますから、金利が上がったからといって、すぐに家賃を上げるわけにはいきません。ということは、地価が下がるしかありません。

大雑把にいって、1％金利が上がったとしても10％地価が下がれば、収支は変わりません。

こうした金利と地価の関係を考慮に入れるならば、将来の金利上昇が現在の不動産購入を正当化することにはなりません。「明日には金利が上がるから、今日不動産を買いなさい」というセールストークに踊らされてはいけない、ということです。

明治人のライフスタイルを見よ

このように考えていくと、現在の経済環境では、賃貸生活を続けながら金融商品を中心に資産運用するほうが、多額の借金をしたうえで有り金を残らず不動産に注ぎ込むよりも、ずっと健全だという結論になります。定借住宅はディスカウントされている分だけ魅力的かもしれませんが、これにしても地価が下がれば物件価格が下落しますし、借地期限が短くなるにしたがって資産価値は減少します。

とすれば、現時点では、ライフスタイルや不動産市況に合わせて、割安で快適な賃貸物件に効率的に転居していくほうがずっと合理的です。持ち家を購入するのは、余裕資金ができてからでも遅くはありません。

日本のサラリーマンは都市部（とくに住環境がもっとも劣悪な首都圏）に偏《かたよ》って暮らしていますが、こんな割高な不動産をわざわざ買う必要はどこにもありません。これは人生設計の項であらためて説明しますが、それなりの資産を蓄えて経済的に独立すれば、キャッシュで郊外の不動産を購入することもできるし、田んぼや畑もいっしょに買って田舎暮らしを始めることもできるでしょう。これなら無理な住宅ローンを組む必要はありませんから、はるかに健全です。

さらにいえば、経済的に独立してしまえば、日本の不動産にこだわる必要すらありません。国外資産をより有効に活用するため、海外に不動産を取得し、そこに居住するという選択肢もありうるからです。場所にもよりますが、3000万円もあれば、高級リゾート地にプールつきの豪邸が建てられます。

私たちは、不動産を購入すること自体に反対しているわけではありません。ただし、30代、40代という人生でもっとも出費の多い時期に、多額の住宅ローンを組んで、世界でもっとも劣悪な日本の都市部に狭い家を買うのは、バカバカしいだけです。そんなことはさっさとやめて、フローの資産でフレキシブルな資産運用をしつつ、さまざまな人生の可能性を探っていったほうが、ずっと賢明ではないかと考えているわけです。

＊

夏目《なつめ》漱石《そうせき》の小説を読むとよくわかりますが、明治時代は、生涯を賃貸生活で終えるのが当たり前でした（明治時代には不動産市場に流動性がほとんどなく、地価の上昇率がゆるやかだったということもあります）。永遠のモラトリアム青年である長井《ながい》代助《だいすけ》（『それから』）も、人生に疲れた知的サラリーマンの宗助《そうすけ》（『門』）も、漱石の小説の魅力的な主人公たちはほぼすべて賃貸生活者です。私たちは「持ち家こそが人生最大の目標」などと考えていますが、それはべつに永遠不滅の真理などではなく、たかだか戦後50年の間にかたちづくられた一片の妄想にすぎません。不動産が神秘的な輝きを失ってただの投資商品となった現在、不動産の所有権にこだわらない明治人の生き方のほうが、持ち家探しに狂奔する私たちより、ずっと健全で合理的かもしれないのです。

第2部　6歳の子どもでもわかる生命保険

STEP4 生命保険の仕組み

1. 定期保険と宝くじ

生命保険の単価はいくら?

あなたは不動産や自動車を買うときに、その値段がいくらかわからないまま、ローンを組んだりするでしょうか?

そんな人はどこにもいないと思います。

ところが、この世の中でただひとつ、顧客に単価を知らせずに、分割払いで販売されている商品があります。それが保険です。

これは、中古車販売店のお兄ちゃんから、「この車は10年払い毎月5万円で買えるからどうだい?」といわれて、値段も知らないままに、契約書にハンコを捺《お》すようなものです。こんなヘンな商品、ほかにはどこにもありません。

もちろん、保険も商品である以上、単価というものはあります。それが、一括払いで加入した場合の保険料です。

たとえば、死亡時に1000万円が支払われる10年もの定期保険の保険料が、一括払いで100万円だったとします。これが、この保険の販売単価です。自動車でいえば、値札についている金額みたいなものです。

これを10年間の年払いにすると、たとえば毎年11万円の支払いになります。支払い保険料の総額は110万円（＝11万円×10年）ですから、一括払いに比べて10万円、支払額が多くなっています。分割払いにしたのだから、当たり前です。

さらに10年間の月払いにすると、毎月1万円になったりします。すると、保険料の支払額は毎年12万円（＝1万円×12ヵ月）、10年間で120万円（＝12万円×10年）となり、一括払いより20万円、年払いと比べても10万円、支払額が多くなります。支払う側にとってみれば、毎月1回（年12回）に分けて保険料を支払うほうが、毎年1回、年初にまとめて1年分の保険料を払うよりも楽チンですから、その分、金利が高くなるわけです。

このように、保険という商品も、洋服やテレビゲームや靴や万年筆と同様にちゃんと単価がついていて、ただ、その値段がちょっと高いばかりに、分割払いが一般的になっているだけです。ところが保険販売の現場では、分割払いの額は教えてくれますが、単価（一括払いの額）

はふつう秘密のままです（というか、客のほうも訊《き》こうとはしません）。先ほどの例でいえば、「保険料は月額1万円」と説明されますが、「この保険の単価は100万円」とはまずいわれません。

ところで、保険ではなぜ分割払いが当たり前になっているかというと、ふつうはそのほうが有利だからです。そこに、ほかの商品と異なる保険の大きな特徴があります。

たとえば先ほどの例で、単価100万円の生命保険を購入して1000万円の死亡保障（という商品）を購入したとします。この人がその翌月に死亡すれば、約束どおり、指定した遺族に1000万円の保険金が支払われます（これは当たり前です）。

ところが、同じ人が月1万円の分割払いでこの保険に加入し、1ヵ月以内に死亡してしまったとしても、やはり1000万円の保険金が支払われることになります。考えてみれば、これはおかしな話です。

この人は10年間で120万円の保険料を納めるはずですから、死亡した時点では、商品価格の120分の1の代金しか支払っていません。ということは保険金の額も、1000万円の120分の1である8万3333円になったとしても不思議はありません。ところが実際には、それまでに納めた保険料の額にかかわらず、死亡すれば満額の保険金が支払われます。

この一見不合理な仕組みこそ、保険商品が銀行預金やファンドなどのほかの金融商品と大きく異なる、**保障性**と呼ばれるものです。ここに、保険商品の最大のポイントがあります。

ところが、一部の保険商品にはもうひとつ、**貯蓄性**という要素があります。貯蓄性のある保険の場合、分割払いの保険料（商品の購入代金）は一転して銀行の積立預金と同じようなものになり、何年かあとの満期日になれば、積み立てた保険料に利息を上乗せして返してもらうことができます。一方、保障性だけの保険の場合、保険料は掛け捨てになりますから、保険期間が終わってもお金が戻ってくることはありません（買った商品を使い終わったからといって、お金を返してくれないのと同じです）。

生命保険の場合、保険独自の保障性にこうした貯蓄性を加えた商品が主流になっているため、保険加入者が混乱する原因になっています。生命保険の代表的な商品である定期保険は保障性を買うもので、貯蓄性はほとんどありません（損害保険や医療保険なども同じです）。一方、養老保険は保障性よりも貯蓄性をメインにした商品で、終身保険というのは、保障性も貯蓄性もあるその中間形態です。

このような、性格の異なる複数の商品が渾然一体《こんぜんいったい》となっているために、保険の世界は、ほかの金融商品と比べてさらに複雑になっています。「生命保険は貯金と同じだ」と頭から信じ込んでいて、何の貯蓄性もない掛け捨ての定期保険の保険料を、積立預金のつもりで毎月払っている人も世の中にはいっぱいいます（さすがにこの本の読者には、そんな人はいないでしょうが）。

この第2部では、そんな保険の謎《なぞ》をできるだけわかりやすく説明していこうと思います。

金融機関ごっこをしてみよう

友達が10人集まって、金融機関をつくるというゲームをやってみましょう。出資金はひとり10万円、合計１００万円が集まるものとします。

あなたは、この１００万円をどうしますか？

ひとつには、出資した仲間のうちのひとりに、貸してしまうという選択肢があります。お金を借りた人は、それを元手に商売を始め、儲《もう》けたお金で元金に利子をつけて返します。仮に利子が20万円とすれば、返済総額は１２０万円、それを出資した10人で割ればひとり当たり12万円ですから、仲間のひとりにお金を貸すことによって20％の利益を得たことになります。ただしこの場合、借りた人が利子をつけてお金を返してくれなければ丸損ですから、その人間が信用できるかどうかが最大のポイントになります。すなわち、信用リスクがあるわけです。

みんなから集めた出資金１００万円で、投資をすることもできます。投資先は株でも不動産でも競馬でも何でもいいのですが、たとえば「金 Gold」を買ってみたとしましょう。金の価格が20％上がれば、出資者もまた20％の利益を得ることになります。これは、ファンド（投資信託）の仕組みと同じです。この場合、金の市況が悪くて20％値下がりしてしまえば、出資者も20％の損失を被《こうむ》ることになります。つまり、**市場リスク**があるわけです。

最後に、この10人のなかで最初に死んだ人間の家族に、１００万円全額をあげると決めることもできます。この場合、残りの9人は10万円が丸損になってしまいますが、出資した時点では誰が最初に死ぬかはわかりませんから、確率は平等です。いうまでもなく、これが保険の原型です。

保険は宝くじと同じ？

では、保険のリスクはどこにあるのでしょう？

じつは、この条件では保険には何のリスクもありません。１００万円を金庫か何かに入れておいて、誰かが死んだらそれを支払うだけですから、外部要因で支払金額（保険金額）が変わるようなことはないからです。

さて、もうお気づきでしょうが、こうした**保険の理屈は宝くじと同じ**です（保険評論家と呼ばれる人のなかには、「保険はギャンブルと同じだ」と指摘すると激怒する人もいるようですが、その仕組みだけを見れば、そうとしかいえません）。

宝くじの場合、みんなからお金を集めておいて、決められた数の当選者に、それを分配します。１００人からひとり1万円ずつ１００万円集めて、当選者が20人だとしたら、当選金額は5万円、当選確率は5分の1（20％）ということです（経費などは考慮しません）。

宝くじと保険のどこが違うかというと、宝くじの場合は当選するとうれしいけれど、保険で「当選」した人は、死んでいるか、病気になっているか、車にはねられているか、家が火事で焼けているか、ともかくヒドい目にあっていることです。このことをわかりやすくいうと、**同じ宝くじの仕組みをお金儲けに使えばギャンブルになるし、リスクヘッジに使えば保険になる**、ということです。

確率のリスクと大数の法則

ここで、「その話はちょっとおかしいんじゃないか?」と疑問に思う人もいるかもしれません。先ほどの例では、保険金をもらうのは、最初に死んだひとりだけでした。その時点でみんなから集めたお金はすべて支払われてしまいますから、2番目に死んだ人は1円ももらえません。ところが生命保険の場合、こんな契約にはなっていません。あなたが何番目の死亡者(あるいは疾病《しっぺい》者)であろうとも、規定の保険金が支払われるはずです。「残念ですが、今年の保険金支払いはもうお終《しま》いです。来年になってから死んでください」なんてことにはなりません。こうなると、死亡者がどんどん増えてくれれば、保険金の支払いばかりが増えて、保険会社は倒産してしまいます。

ここが、保険が宝くじと異なる、もうひとつのポイントです。

宝くじの場合、あらかじめ賞金総額が決まっていますから、予想外に賞金額が増えすぎて日本宝くじ協会が破綻《はたん》してしまった、などということはありません。唯一の問題は宝くじが売れなかった場合で、極端な話、賞金総額1億円の宝くじの売り上げが5000万円しかなくても、約束した以上、その賞金を支払わなくてはなりません（そこで、宝くじのシーズンになるとテレビCMや新聞広告で一生懸命宣伝して、完売しようとするわけです）。このように、宝くじには**販売リスク**があります。

競馬などのギャンブルの場合は、もっと合理的です。集まった賭け金から主催者側の経費を除いた額を賞金総額とし、それを当選者で分配する仕組みですから、何が起きても破綻する心配はありません（とはいっても、まったく人気がなくなってしまって、賭け金の総額が経費を下回るようだと続けていけなくなります）。

それに対して保険の場合、保険金の受取人（宝くじでいうところの当選者）が予定よりも大幅に増えてしまうと、収支が赤字になってしまいます。これが、保険に特有の**確率のリスク**です。当然、リスクがある以上リターンもあって、保険金の受取人が予定より少なければ、それが利益になります。

ところが、保険加入者が一定程度増えて、なおかつ死亡率（疾病率、損害率）などの過去のデータが揃《そろ》っていれば、支払わなければならない保険金額がかなりの精度で予測できます（このように、対象が増えれば確率の精度が上がることを「大数《たいすう》の法則」といいます。すべての保険商品は、この「大数の法則」を前提に設計されています）。

保険金の支払い予測さえ立てば、後は必要経費を乗せて保険料を決め、ガンガン売りまくればいいわけです。保険商品というのは、要するに、どれもこんな仕組みでできているわけです。簡単でしょ?

リスクと保険料

ここで説明したのは、**定期保険**に代表されるような掛け捨て型の保険の仕組みです。あらかじめ保険の有効期間を10年、15年と決めておいて、その期間内に死亡したり、事故にあったり、病気になったときだけ保険金が支払われるタイプです。生命保険のうちの定期保険や疾病保険、あるいは自動車保険や火災保険などの損害保険は、ほとんどがこのタイプです。10年のうちにすべての加入者が死んでしまったり、すべての家が火事になったりするはずはありませんから、必然的に、保険金を受け取る人と受け取らない人が出てきます。保険金を受け取らなければ(大過なく保険期間を終了すれば)、保険料は「掛け捨て」になるわけです。

ちょっと考えればわかりますが、こうした掛け捨て型保険の保険料は、保険金支払いの可能性(保険会社にとってのリスク)によって変わってきます。日本人の平均寿命が85歳だとすると、20歳の人はめったなことでは死にませんから保険料は安くても構いませんが、85歳の人は明日にでも死んでしまうかもしれませんから、高い保険料をとらないと割が合わない、ということです。このように、**保険料は事故率(リスク)に応じて決まります**。

これは最近流行りのリスク細分化型自動車保険などではさらに徹底され、事故を起こす確率の高い20代の保険料を引き上げ、安全運転をする人が多い中高年ドライバーの保険料を引き下げるばかりか、「西日本は運転が乱暴だが北海道は道が広くて事故が少ない」というような地域性や、ドライバー個人の運転歴、事故・違反の回数、車の種類などさまざまな要素が考慮されます（だから、「リスク細分化型」なわけです）。

こうした発想を生命保険（医療保険）に適用すると、「ノン・スモーカー割引」や「健康体割引」になります。タバコを吸わない人は吸う人よりも統計的に長生きするから、その分保険料は安くしてもいいという、なかなか合理的な制度です（ということは、これまでノン・スモーカーは、スモーカーの分の保険料まで負担していたということになります）。

このように、**自分のリスクに合った保険料に設定されている保険を選ぶ**というのも、大事なポイントです。

自分のリスクにあった保障を

ところで、こうした「保障性」重視の定期保険を考えるときのいちばんのポイントは「**保険金額**」になります。

生命保険の場合、「命の値段」などといわれてわかりにくくなってしまいますから、ここでは損害保険の一種である火災保険を例にとって考えてみましょう。

家を購入すると、たいていの人が火災保険に入ります。せっかく建てた家が火事で燃えてしまったら、元も子もないからです。ではこのようなとき、あなたはいくらの保険に入るでしょうか？

これは非常に簡単で、まず、あなたの家が全焼し、家具も何もかもなくしてしまったとして、まったく同じ家（と家具）を復元するのにいくらかかるかを考えます。仮にそれが２０００万円だとすれば、保険金２０００万円の火災保険を購入すればリスクは１００％ヘッジできるわけです（実際には時価で保険金額が査定されるので満額が支払われるわけではありません）。

一方、この保険金額が１０００万円なら50％、５００万円なら25％のリスクしかヘッジされませんが、その分、保険料は安くなります。ただし、万が一火事で家が燃えてしまった場合、保険金で賄《まかな》えない分を、自己負担で補わなければならなくなります。

このように一般の損害保険では、誰もがリスクと保険料のバランスを考えて、いくらの保険に入るかを決めています。保険というのは、将来起こるかもしれないリスクをヘッジするために利用するものですから、**リスクを１００％ヘッジできれば、それ以上の保険は必要ありません**。先の例では、２０００万円以上の火災保険は必要ない、ということです（当たり前ですよね）。

ところが生命保険だけは、同じ保険であるにもかかわらず、こうした常識が通用しません。そのいちばんの理由は、将来のリスク（自分が死んだ場合、いくらの保険金があれば家族が無事に暮らせるか）が、火災保険や自動車保険ほど簡単には計算できないからです。そのため、ごくふつうのサラリーマンが1億円以上の生命保険に入り、本人が死んだとたん、残された家族がいきなり王侯貴族（はちょっと大袈裟《おおげさ》か？）のような生活になるという、不思議なことも起きてしまいます。

もうひとつ、生命保険にはモラルハザードが起きにくいという理由もあります。火災保険なら、家に火をつけて保険金をだまし取ろうという誘惑も働きますが、生命保険の場合、保険金が支払われるときには自分は死んでいますから、自殺してまで保険金がほしいという特殊な事情がある人以外は、こんなことは考えません（和歌山の毒入りカレー事件のように、他人に保険をかけて殺してしまおう、と考える人間はいるかもしれません）。したがって保険会社としても、安心して高額の死亡保険を提供し、高額の保険料を受け取ることができるわけです（とはいえ、もちろん限度はあります）。

このような、①将来のリスクがわかりにくい、②高額保険でもモラルハザードが起きにくい、という理由によって、一般に生命保険の場合、加入者は100%以上のリスクをヘッジしているのがふつうです（自分が死んだほうが家族は得、という状態です）。火災保険などと同様に、生命保険でもリスク金額を超える部分は余分な保険ですから、よほど特殊な事情がある場合以外は、保険料を払うだけ無駄というものです。

みんなが保険金をもらえる仕組み

生命保険には、定期保険のほかにもうひとつ、**終身保険**というタイプがあります。これは保障が一生涯（終身）続いて、死亡した時点で必ず、一定額の保険金が支払われるという商品です。この世の中に永遠に生き続ける人はいませんから、最終的にはすべての保険加入者が保険金を受け取ることになります。宝くじの例でいえば、誰もが当選するわけです。

どんな仕組みなら、こんなことが可能なのでしょうか？

じつはこの終身保険の仕組みも、そんなに難しくはありません。

たとえば、あなたが10人から10万円ずつ預かり、20年後に倍の20万円にして返すことを約束したとします。年利5％で10万円を運用すれば、20年で26万5000円になりますから、利率5％の20年ものの債券を購入し（そんな都合のいいものがあれば、ですが）、20年後の償還時に出資者に20万円ずつ分配すれば、差額の65万円（＝〈26万5000円－20万円〉×10人）が利益になります。もちろん、5％以上で運用できれば、利益はもっと大きなものになります。これは、銀行の定期預金などに代表される、元金と利回りを保証するタイプの金融商品です。どこにも複雑なところはありません。

ところで、この場合は20万円を受け取るのが20年後になっていましたが（20年ものの定期預金）、そこをちょっとだけ工夫して、死亡したらいつでも20万円を受け取れるようにしたらどうでしょう。

誰でもわかるように、この場合は、出資者が20年以上生きればあなたの有利に、出資者が20年以内に死亡すればあなたの不利になります。ここでも、確率のリスクが生じるわけです。これが、終身保険の基本的な仕組みです。出資者が死亡するまでの平均期間が20年を超えていれば、全員に20万円を支払っても、損はしません。

予定利率と保険料

10万円を貯金して、20年後に20万円にするための利率は、約3・5％です。ということは、平均生存期間が20年の人たちから10万円の掛け金を集め、死亡時に20万円を支払う保険を販売するためには、預かった掛け金を3・5％以上で運用すればいいことになります。これが保険用語で「予定利率」と呼ばれるもので、契約者との約束を果たすために義務づけられた利率ですから、簡単にいえば定期預金の金利のようなものです（とはいえ、3・5％の利率で実際にお金が貯まっていくわけではありません。終身保険の貯蓄性については、解約返戻《へんれい》金のところでもういちど説明します）。

銀行預金の場合、金利が高いと満期時の受取金額が多くなりますが、保険の場合、受取額（保険金）はあらかじめ決まっているので、**予定利率が高いと保険料が安くなります**（逆に、**予定利率が低いと保険料が高くなります**）。

ここが、もうひとつのポイントです。

このように、生命保険の保険料は予定利率と事故率（および経費率＝コスト）によって、決まります（掛け捨て型の定期保険や損害保険の場合は、運用部分の影響は少ないので、主に事

〔図⑩〕3種類の「保険の性格」

保険の種類	保険料を決める要因
定期保険（疾病保険）	事故率（死亡率）
終身保険	予定利率＋事故率（死亡率）
養老保険	予定利率

故率と経費率によって保険料が決まります）。予定利率というのは保険の「貯蓄性」に、事故率というのは「保障性」にかかわる要素で、この2つが組み合わされることによって保険商品が複雑になるというのは、最初に述べたとおりです。

もうひとつ生命保険には、定期保険、終身保険のほかに、**養老保険**という、さらに貯蓄性の高い商品もあります。この養老保険は、あらかじめ満期日（運用期間）と償還額を決めておく商品ですから、それこそ定期保険とほとんど変わりません。ただ養老保険には、運用期間中に加入者が死亡した場合でも、満期償還金と同額の保険金が支払われるというオマケがついています。なぜオマケがつくかというと、これがないと保険ではなくなってしまうからです（保険ではないものは保険会社は売れません）。

養老保険は、「保険付定期預金」のようなものですから、保障性の比重が少ない分だけ、年齢による保険料の差があまりなくなってきます。養老保険の保険料は、主に予定利率によって決められるということです。

では、この3種類の保険の性格を、簡単にまとめてみましょう(図⑩)。

2. 配当と解約返戻金

有配当と無配当

保険商品というのは安全性を重視しますから、予想される保険金支払額に対して常に多めに保険料を徴収することになります。保険料を安くしたのはいいけれど、予想よりも保険金支払額が増えてしまい、経営破綻してしまったのではお話になりませんから、これはこれで合理的な根拠があります。

加入者から余分に保険料を徴収する結果、保険会社には利益がたまっていきます。これを保険会社の経営者や従業員で分けてしまったのでは加入者が納得しませんから、何らかのかたちで余分な利益を加入者に還元しなければなりません。それが**配当**で、通常は年2回、保険会社の決算時に加入者への配当額が決定され、通知されます。日本の生命保険会社は大半が相互会社（互助会みたいなもの。これに関しては後でもういちど触れます）形態をとっているので、保険契約者は株主（出資者）のような存在になります（法律上の扱いは「社員」になりますが、もちろん給料をもらえるわけではありません）。そこで配当の支払いも、株式に準じて行われるわけです。

保険相互会社の場合、保険業法によって利益の80％以上を配当として契約者に還元しなければならないと定められていますが、その配当を誰にどのように支払うかは、保険会社が自由に決めていいことになっています。現在は保険会社の運用成績が悪化しているので、加入者全員に充分な配当を出すことはできません。そのかぎられた資金を分配するのですから、各社ともさまざまな思惑がからみます。

どこでもやっているのは、バブル期の高い予定利率で契約した保険は配当率を下げ、現在の低い予定利率の保険には配当を手厚くするということです。過去の保険は予定利率と運用益が逆ざやで赤字になっていて、加入者が利益を得ています。それに対して予定利率が低い現在の保険は保険料が高いわけですから、両者の間で配当率を変えることにもそれなりの根拠はありそうです。現在販売している保険の配当を増やしておかないと、新規加入者の募集に差し障りがあるという営業上の問題もあるでしょう。保険会社によっては、重点的に販売している主力商品の配当を厚くしたり、あるいは、配当をなくすことで保険料を下げるなどの戦略をとるところも出てきます。

保険会社に利益が出れば配当が支払われる保険を「**有配当型**」、配当が支払われない代わりに保険料を安く抑えた保険を「**無配当型**」といいます。どちらが有利かはそれこそ結果論で、保険会社の運用成績と配当額次第ですが、個人的にはシンプルで保険料の安い「無配当型」のほうが好きです。

解約返戻金って何？

もうひとつ、保険には「**解約返戻金**《へんれい》」というのがあります。これがけっこうわかりにくいシステムで、加入者を混乱させる原因になります。

宝くじの場合、当選するか、外れるかで、結果はオール・オア・ナッシングです。抽選に外れた人は、何も得ることはできません。

ところが保険はギャンブルではなく、リスクを避けるための道具ですから、オール・オア・ナッシングでは（掛け金をすべて失うリスクを冒すのでは）あまりメリットがないと感じる人も出てきました。とくに長期で大きな金額を支払う生命保険の場合、「生きてました。はい、さようなら」では不満も出てきます。何らかの事情で、中途解約したいという人もいるでしょう。このような理由から、多くの保険で、中途解約のために払い戻し規定を定めています。これが、「解約返戻金」と呼ばれるものです（厳密にいえば解約返戻金は、保険期間中の死亡率の違いから生じるもので、保険期間後半の保険料支払いのために積み立てておいたお金といえます)。

この「解約返戻金」は、終身保険や養老保険のような貯蓄タイプの保険と、定期保険のような保障重視の保険では、扱いが大きく異なります。

終身保険の場合、考え方は比較的簡単です(図⑪)。

たとえば、1年間に10万円の保険料を30年間積み立て、死亡時の保険金が1000万円というシンプルな終身保険を考えてみましょう。

ここでは仮に保険料の半分の50%を中途解約のために積み立てるとし、それを年5%で運用してみます。1年目に解約すれば5万円(10万円×50%)が払い戻され、2年目に解約すれば、10万円+運用益が払い戻されるという商品です(実際はこんなに単純ではなく、さまざまな要因で返戻率も変わってきます)。この場合、5万円を5%で運用すると1年後には5万2500円になりますから、2年目の解約返戻金は10万2500円(5万2500円+5万円)になります。

この調子で5万円の解約返戻金を年5%の利率で運用していくと、5年後に27万6000円になります。このとき保険料の支払総額は50万円(10万円×5年)ですから、この時点で解約すれば、55・2%に当たる27万6000円が戻ってくるわけです。

さて、同じ計算で10年後の解約返戻金を計算すると、62万9000円となります。保険料の積立総額は10年間で100万円(10万円×10年)ですから返戻率は62・9%です。同様に20年

〔図⑪〕終身保険と定額積立貯金の違い

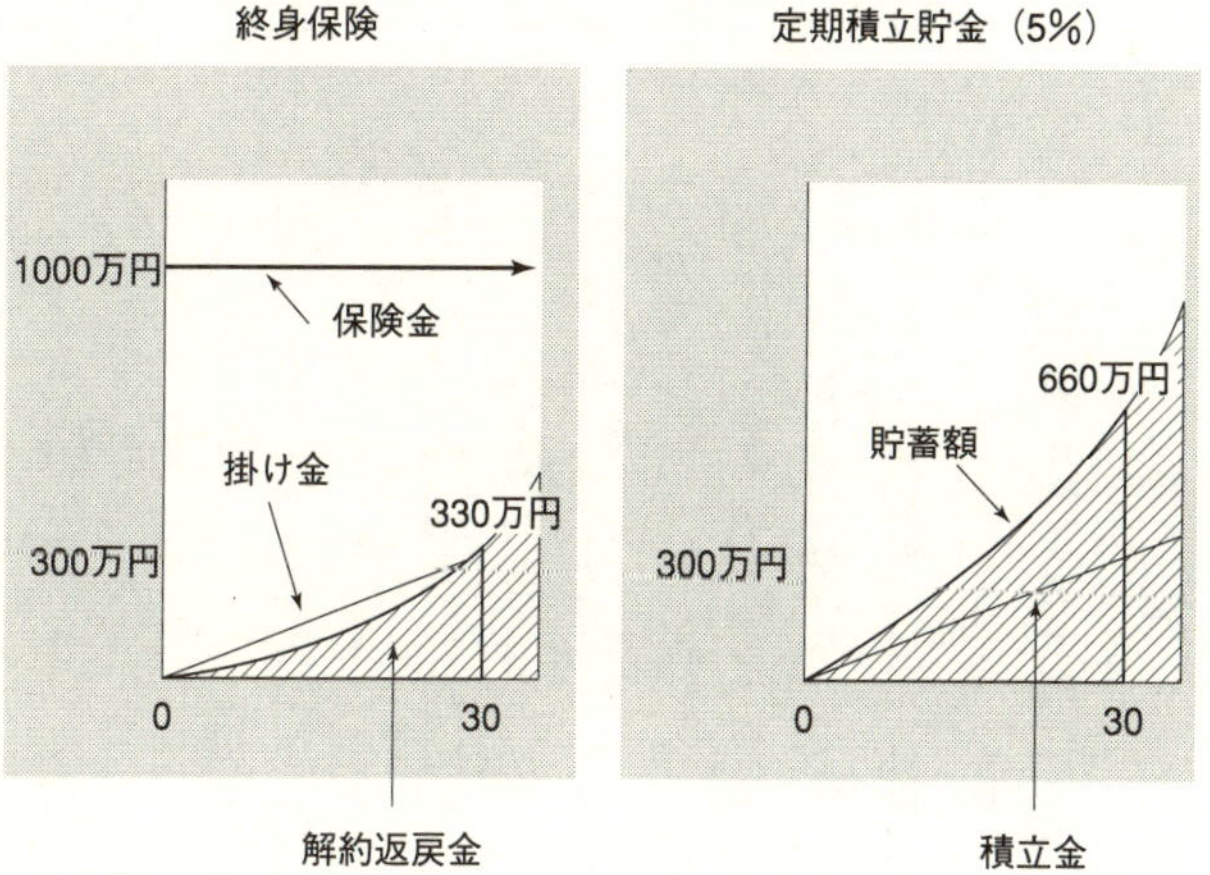

後の解約返戻金は165万3000円。払込総額（元金）200万円（10万円×20年）に対して、返戻率は82・6%になります。

さらに、この保険を満期日まで30年間、年10万円ずつ払い込み続けると解約返戻金は332万2000円になり、払込総額（元金）が300万円（10万円×30年）ですから、32万2000円の利益が出たことになります。これが、終身保険の貯蓄性といわれるものです。

ところで、30年間に300万円積み立て32万2000円の利益を得たということは、実質年利に換算すると、およそ0・7%です。加入者はこの終身保険に加入することで、一生涯にわたって死亡時に1000万円が支払われる保障を受けながら、同時に0・7%の利率の定期預金に30年間、10万円ずつ積み立てたのと同じ貯蓄ができたことになります。

このケースはずいぶん簡略化していますが、返戻率などは、バブル期の予定利率5・5%だった頃の保険とほぼ同じになっているはずです（もちろん、配当額などによって差は出ます）。

このシミュレーションを見ると、終身保険を貯蓄として考えるのが大きな誤りであることがわかります。同じ10万円を、この人が年5%で積み立てていれば、30年間で660万円（終身保険の解約返戻金の約2倍）になっているからです。貯蓄にはない「保障」というサービスを受けている以上、純粋な貯蓄よりも利回りが落ちるのは当たり前のことですが、終身保険の「貯蓄性」ばかりが強調されると、そのことを忘れてしまいます。

今でも生命保険の営業マンは（国内生保、外資系生保問わず）、「定期保険は掛け捨てでもったいないから、貯蓄性のある終身保険をお勧めします」というようなことをいいます。逆に加入者の側が、掛け捨ての保険を嫌い、生命保険に貯蓄性を求めているということもあるでしょう。しかしこのように考えてみると、中途半端な貯蓄性（現在の1%程度の予定利率では、30年間保険料を掛け続けても解約返戻金は積立総額を超えません）しかない終身保険よりも、必要な保障性は保険料の安い定期保険で確保し、貯蓄（資産形成）はコストの安い純粋な金融商品で行うという、**「保障と貯蓄の分離」**のほうがはるかに有利です。**終身保険に貯蓄性を期待してはいけない、**ということです。

〔図⑫〕定期保険の解約返戻金

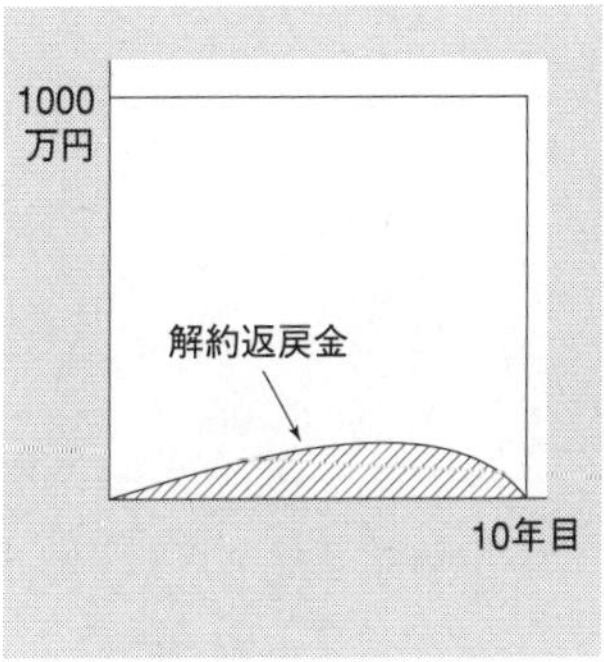

定期保険は満了時の契約者の取り分はゼロ

〔図⑬〕長期契約の定期保険を使った法人の節税対策

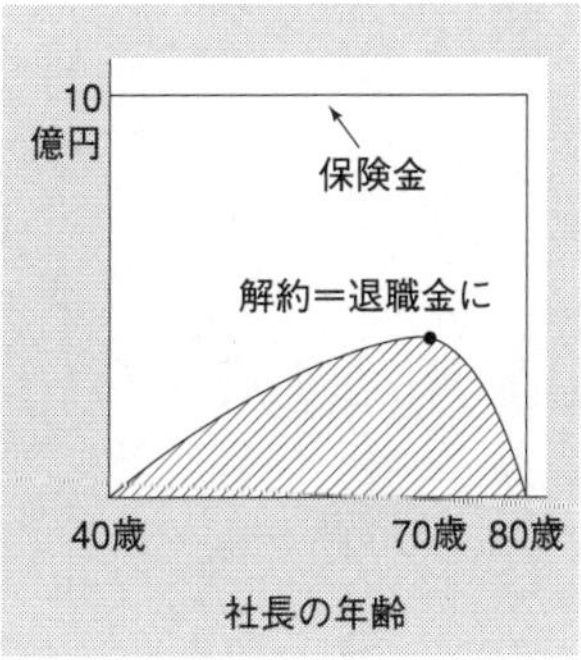

定期保険の解約返戻金

　ところで、この解約返戻金は掛け捨て型の定期保険にも存在します。もちろん定期保険の場合、貯蓄型の終身保険と同じような高い解約返戻金は支払われません。しかしいちばん大きな違いは、保険期間が終了すると同時に、解約返戻金もなくなってしまうことです。

　ふつうに考えれば、積立期間が長くなるにしたがって終身保険のように解約返戻金は増えていくはずです。ところが定期保険の場合、保険期間満了時の契約者の取り分はゼロですから、実際は図⑫のようになります。

　この図を見ればわかるように、定期保険の場合、**解約返戻金がいちばん多くなるところで解約する**という裏ワザが成立します（定期保険の解約返戻金もそれぞれの保険会社ごとに異なりますが、本社のサービスセンターなどに電話をすれば教えてくれます）。だいたい10年ものの定期保険で8年目、15年ものなら12年目くらいが解約返戻金のピークになります。

保険金額が少なく保険期間も短い個人加入の定期保険の場合、解約返戻金もたいした額にはなりませんから、中途解約にさほどのメリットがあるわけではありません。ところが、保険期間を長期にすると解約返戻金もそれなりの額になりますから、いろいろな使い道が出てきます。

よく知られているのは中小企業の社長向けに開発された大型・長期の定期保険です。この場合、法人名義で保険に加入すれば、保険料を損金で落とすことができます（かつては保険料の全額を損金算入できましたが、現在はケース・バイ・ケースで、2分の1や3分の1しか認められない場合もあります）。たとえば、保険に加入する社長が40歳として、死亡保障10億円、期間40年の定期保険に入れば、支払う保険料も高額になりますが、解約返戻金もたまっていきます。

で、解約返戻金のピークを社長が現役を引退する70歳として、その返戻金を退職金として支払えば、大幅な節税が可能になるという仕組みです（図⑬。退職金は、金額にかかわらず2分の1が控除されるなど、所得税のなかではもっとも恵まれた所得です）。掛け金は会社の経費、退職金を受け取るのは自分ですから、これはなかなかオイシイ話です。保険金額が年々増えて

〔図⑭〕4タイプの保険商品

配当	解約返戻金	保険料
有配当	有	高（終身保険）
有配当	無	中（このパターンはあまりない）
無配当	有	中（定期保険／格安終身保険）
無配当	無	低（格安定期保険）

いく逓増《ていぞう》定期を使うと解約返戻金も多くなるというさらなる裏ワザを使った外資系生保などの節税対策が一時期話題になりましたが、現在では税務署のチェックも厳しくなっているようです。

格安生命保険の登場

保険に「有配当」と「無配当」があるように、この解約返戻金を支払わないことによって、保険料を抑えたタイプの商品もあります。ということは、配当と解約返戻金の組み合わせで、保険商品には図⑭の4つのタイプが生まれることになります。

通販などを使った格安生命保険は、定期保険を無配当にしたうえで解約返戻金もなくし、終身保険の場合は配当をなくして、保険料を安くしているのがふつうです。

一方国内生保の場合は、配当を出すと同時に解約返戻金も支払うようにしていますから、必然的に保険料は高くなります。

3. 個人年金と変額保険

ここまでわかれば、生命保険の8割は理解したも同然です。

では、あとの2割は何でしょう？

保険金と個人年金

まず、保険金の支払い方で、異なる2つのタイプの商品が生じます。

定期保険であれ、終身保険であれ、養老保険であれ、通常は加入者が死亡した場合、保険金は一括で支払われます。この保険金を分割で支払うと、それが「**個人年金**」になります。加入者が死亡していれば個人年金は遺族に支払われますが、養老保険の満期償還金や終身保険の解約返戻金を分割払いにすれば、加入者本人が生きている間に個人年金を受け取ることができます。

個人年金の場合、支払われずに保険会社が預かっている保険金に対しては、運用益が加算されていきます（そうでなければ、みんな一括払いを選ぶに決まっています）。とすれば、保険金の支払い時に一括払いか個人年金かを選択する場合、個人年金の運用利率とほかの金融商品の運用利回りを比較して、有利なほうを選択すればいいことになります。

また、この個人年金に確率の法則を当てはめれば、「加入者が生きている間はずっと支払われる個人年金」という商品もつくれます。これが「**終身年金**」です。

あらためて説明する必要はないでしょうが、この場合、年金支給時から加入者が死亡するまでの平均生存年数が決めてあって、加入者がそれよりも早く死ねば保険会社の得、それよりも長生きすれば保険会社の損、となるわけです（ただ、個人年金を1回受け取っただけで死んでしまったのではこれまでの掛け金がムダになってしまいますから、「10年間保証」のようなかたちで、仮に本人が早く死亡しても、最低保証期間は遺族に年金が支払われるようになっています）。

定額保険と変額保険

保険にもうひとつ、支払う保険金を定額にするのか、運用成績によって変動させるのか（変額）で分類する方法があります。日本の保険はほとんどが、保険金の額をあらかじめ決めておく定額保険で、変額保険というのはほとんどありませんでした。これは、日本の変額保険に暗い過去があるためです。

その前に説明しておくと、定額保険か変額保険かで、商品そのものに優劣はありません。

定額保険の場合、あらかじめ金利（予定利率）は固定されていますから、実際の運用成績が予定利率を上回れば保険会社の利益となり、逆に実際の運用成績が予定利率を下回れば、保険

〔図⑮〕定額保険と変額保険

	リスクとリターン	金利低下（運用成績低下）	金利上昇（運用成績向上）
定額保険	ローリスク・ローリターン	有利	不利
変額保険	ハイリスク・ハイリターン	不利	有利

会社はその差額を補塡《ほてん》しなければなりません。一般に運用成績が下がるのは金利が低下した局面で、ほかの金融商品の利回りも下がっているはずですから、高い予定利率で貯蓄性の保険に加入した人は、保険会社の損失補塡分だけ、得をしたことになります（一時期、過去に加入した高い予定利率の保険が「お宝保険」などと呼ばれていました）。

一方、変額保険の場合、保険金の額は運用成績によって決まりますから、予定利率と運用成績の差によってどちらが得をしたとか、損をしたとかいうことはありません。定額保険が元本保証型の商品だとするならば、変額保険は元本の保証されないファンドのようなものだといえます。リスクが高い分だけ、高いリターンが期待できるということです。変額保険では、死亡保険金はもちろん、養老保険の満期償還金や終身保険の解約返戻金も運用成績によって変わることになります。

このように変額保険は、その商品の特性上、ボラティリティ（変動率）の大きな株式にも積極的に投資できます。一方定額保険は、リスクの少ない債券を中心に投資されます（図⑮）。

確定拠出型年金って何？

保険金（解約返戻金）の受取額を運用成績に連動させるのが変額保険なら、当然、運用結果によって年金の受取額を変える「変額年金」も可能になります。保険か年金かは、保険金（解約返戻金）を一括で受け取るか分割で受け取るかの違いですから、当たり前です（本人が死亡したあとに保険金を年金化すれば「遺族年金」、本人が存命で解約返戻金＝運用収益を年金化すれば「個人年金」になります）。そうすると、これまでの「定額年金」に比べて「変額年金」が登場してきてもおかしくはありません。

じつは、「日本版401kプラン（確定拠出型年金）」というのがこの「変額年金」に当たります（本家アメリカの「401k」は、この年金が法律の401条k項に規定されていることから名づけられました）。日本では、保険料（拠出金）だけが確定していて受取額は未確定（運用結果次第）なので、「確定拠出」の名称がつけられたわけです。これに対して給付額（年金の受取額）が確定している従来の年金は「確定給付型」と呼ばれます。

このように、「確定給付型」「確定拠出型」の2種類の年金を、それぞれ「定額年金」「変額年金」と読み換えるとずっとすっきりします。この「変額年金」を、税金や社会保障費を原資に国家が運営すれば「変額公的年金」、企業が従業員のために運営すれば「変額企業年金」、個人が生命保険会社の商品を購入した場合は「変額個人年金」です。加入者は、ローリスク・ローリターンの定期預金に預けるか、ハイリスク・ハイリターンの株式ファンドに投資するかを選択するのと同じ感覚で、定額年金に加入するか、変額年金に加入するかを選択するわけです。

変額保険の悲劇

ではなぜ日本では、この新しいタイプの年金に「確定拠出型年金」などという直訳調の名前をつけ、「変額年金」としなかったのでしょうか。詳しいことは知りませんが、その理由のひとつが、日本において、「変額保険」という商品が過去に大きな社会問題を起こし、訴訟の山になうなされた保険関係者が、二度とこの名前を見たくないという気分になっていたからに違いありません。

では、このようなスティグマを背負った「変額保険」とは、どのような商品だったのでしょうか。

バブル期には、地価が高騰したために、相続税の支払いが大きな問題となりました。日本の相続税は最高税率が70%と異常に高く（2003年以降は最高税率50%）、東京都内にまとまった土地を持っている人は、とうてい現金では相続税を支払えません。かといって、不動産を売却すればキャピタル・ゲインに課税されますから、相続税と合わせて、踏んだり蹴《け》ったりの事態になってしまいます。そのうえ日本人は不動産に対する執着が強いので、自分が死んでもなんとか子どもに不動産を残す方法はないものかと、誰もが必死に相続税対策を考えました。

そのとき、「いくら高額の不動産資産を持っていても、多額の借金をしていれば、相続税評価額から借金の額が差し引かれるから、相続税は安くなるじゃないか」と思いついた人がいました。10億円相当の土地を持っていても、9億円の借金があれば、相続税の対象になるのは差額の1億円だけだから、不動産を手放さずに納税することが可能になります。

ところが、次に借金をした9億円で何をするかが問題になります。このお金を銀行に預けたり、株を買ったりするのでは、資産が土地から金融資産に移動するだけで、相続税の対象になることに変わりはありません。おまけに借金の金利を支払わなければならないのですから、バカバカしいだけです。

そこで、この9億円で生命保険に入るという方法が考え出されました。一般の金融商品よりも生命保険のほうが相続税を安くできるからです。

家族を生命保険の受取人にした場合、保険金で借金を完済したうえで、法定相続人ひとりにつき500万円の非課税枠も利用できます。しかしそれよりも、父親を契約者および保険金受取人、子どもを被保険者として生命保険に加入する方法が好まれました。

父親が死亡しても保険契約は継続しますから、相続に当たってその価値を評価しなくてはなりません。相続税法26条は、こうした保険事故が未発生の生命保険契約を「既払保険料の合計額の70%から保険金額の2%を控除した額」で評価することとしています。9億円の保険料を支払っても、約7割＝5億6000万円程度しか相続税の対象にはならないのです。

これで、バブル期になぜ相続税対策に変額保険が使われたかがわかります。仮にバブルが崩壊せず、9億円の投資金額が時価20億円に膨《ふく》らんだとしても、相続税対象額は5億6000万円なので、残りの14億円超がまるまる非課税になります。当時は「日経平均10万円」説も真顔で唱《とな》えられていましたから、借金と変額保険の組み合わせこそが「究極の相続税対策」と考えられたのです。

※〈著者注〉2003年税制改正で「相続税法26条」の廃止が決まったため、この節税法は利用できなくなりました。

変額保険で金利を払う

ところが、この相続税対策にもひとつ問題がありました。被相続人がすぐに死亡すればいいのですが、そうでない場合、いつまでも9億円の借金が残ってしまうのです。

バブル当時は金利も高かったので、不動産を担保に借り入れを起こしても7〜8%の金利は取られました。借入金額を9億円とすれば、金利支払いだけで、7%で年6300万円、8%では年7200万円もの金額になってしまいます。

日本の場合、資産家といっても、その資産のほとんどは不動産で、自分たちは年金でつつましく生活をしている人が大半ですから、とてもこんな金利は支払えません。そこで、「ハイリターンの変額保険に加入させて、その運用益を金利の支払いに使えばいいじゃないか」ということになりました。

こうして、

①不動産を担保に銀行から借り入れを起こす。
②その借金で変額保険に加入する。
③変額保険の運用益で金利を支払う。
④本人が死亡すると相続人に解約返戻金が支払われる。
⑤相続人は、その資金で銀行に元本を返済する。

という、「風が吹けば桶屋《おけや》が儲かる」式の相続税対策が完成しました。

しかし、このスキームには大きな欠点があります。もうお気づきのように、変額保険はハイリスク商品ですから、運用益が保証されているわけではありません。運用成績次第では、借金の金利が支払えなくなる可能性もあるわけです。

ところが、不動産担保融資を勧めた銀行も、変額保険に勧誘した保険会社も、加入者にこのリスクを充分に説明してはいませんでした。加入者の多くが老夫婦だったこともあり、銀行や生命保険会社の営業マンの言葉にだまされ、ノーリスクの相続税対策だと信じて疑わなかったのです。

破綻したスキーム

この状態でバブルが崩壊し、株価が下落して変額保険の運用成績がマイナスになったらどうなるでしょう。

そうなると、変額保険の運用益を金利の支払いに充《あ》てることはできませんから、加入者は、年間何千万円もの金利を自力で支払わなくてはなりません。ところが、年金だけで生活している老夫婦にとてもこんなことはできませんから、借金の返済が焦《こ》げついてしまいます。すると、お金を貸している銀行としては、担保不動産を差し押さえて融資を回収しようとします。

さらに悪いことに、地価の下落で不動産の担保価値そのものも下がっていますから、たとえ差し押さえた不動産を売却しても、融資全額を回収することはできません。すると、その差額は家も何もかも失った加入者にさらに請求されることになり、不動産どころか、すべての資産を失ってしまうことになるわけです。これが、変額保険の悲劇です。

バブル期に日本を代表する大手銀行と大手生保は、もともとハイリスクな変額保険にさらにレバレッジを効かせて（借金させて）超ハイリスクにしたうえで、何も知らない老人たちに売りつけました。その結果、多くの自殺者と自己破産者を生み出したのですから、その「犯罪」は徹底的に追及されてしかるべきです。

ところが、こうした紛《まぎ》れもない犯罪行為を行政も警察も見て見ぬふりをし、当の金融機関は公的資金という名の税金によって救済されていくのですから、日本という国の根本には、度しがたい理不尽さが隠されているとしか考えられません。加入者への説明責任を充分に果たさなかったという理由で、最近になってようやく、金融機関に賠償を命ずる判決が出るようになりましたが、被害者が失ったものを取り戻すことは、もはや絶望的でしょう。

変額保険裁判の場合、原告の多くが老人ですから、残された時間もそう多くはありません。被告である金融機関とすれば、裁判が長引けば長引くほど、原告の数が減っていくわけです。本書では詳しくは触れませんが、日本の裁判制度というのは、こうした残酷な事態を、何ら解決する能力を持っていません（薬害エイズ裁判でも同じで、被告製薬会社の裁判戦略は、原告のエイズ感染者がみんな死んだあとに、遺族との間で有利な和解交渉を進めるというものでした。日本のように自由自在に裁判を長期化できる司法制度のもとでは、これがもっとも「合理的」な戦略なのです）。

こうした変額保険の悲劇が、日本における「変額保険」「変額年金」の認識を大きく誤らせ、その結果、「確定拠出型年金」などという、わけのわからない言葉を使わざるをえなくなったわけです。

ジグソー・パズル

ここまで述べてきたように、保険には、通常の金融商品と異なって、確率の要素が加わってきます。簡単にいえば、ギャンブル性があるわけです。

一方、生命保険会社は加入者から預かったお金を運用しますから、ふつうの金融商品と同様に、運用リスク（市場リスク）もあります。このギャンブル性（保障性）と運用リスク（貯蓄性）の組み合わせで、定期保険（掛け捨て型で保障性大）、養老保険（貯蓄性重視で保障性小）、終身保険（保障性と貯蓄性が同等）という3タイプの保険が生まれます。

次に、保険料の支払い方で、一括払い、分割払い、一括と分割の組み合わせ、の3つのタイプの保険ができます。同様に、保険金の受け取り方でも、一括払い、分割払い、一括と分割の組み合わせの3タイプができます。このうち、保険金を分割で受け取るタイプが「年金型」です（保険料の支払い方に月額払いや年払いがあるように、年金の受け取り方でも、月額年金や半年に1回、年1回払いなど、いろいろなタイプの年金ができます）。年金の支払いに確率の考え方を導入すれば、加入者の生存年数によって年金の受取総額が異なる「終身年金」も設計できます。配当や解約返戻金の有無でも、商品設計は変わってきます。

最後に、支払われる保険金（解約返戻金）をあらかじめ加入者に約束するか、運用成績によって決めるようにするかで、定額保険と変額保険の2種類の商品ができます。これが年金になると、定額年金（確定給付型年金）と変額年金（確定拠出額年金）になります。

これらの要素をジグソー・パズルのように組み合わせることによって、いろいろな種類の保険が設計できます。こうした多様性が、「保険は複雑だ」といわれる根拠になっているわけで

〔図⑯〕保険を構成する要素

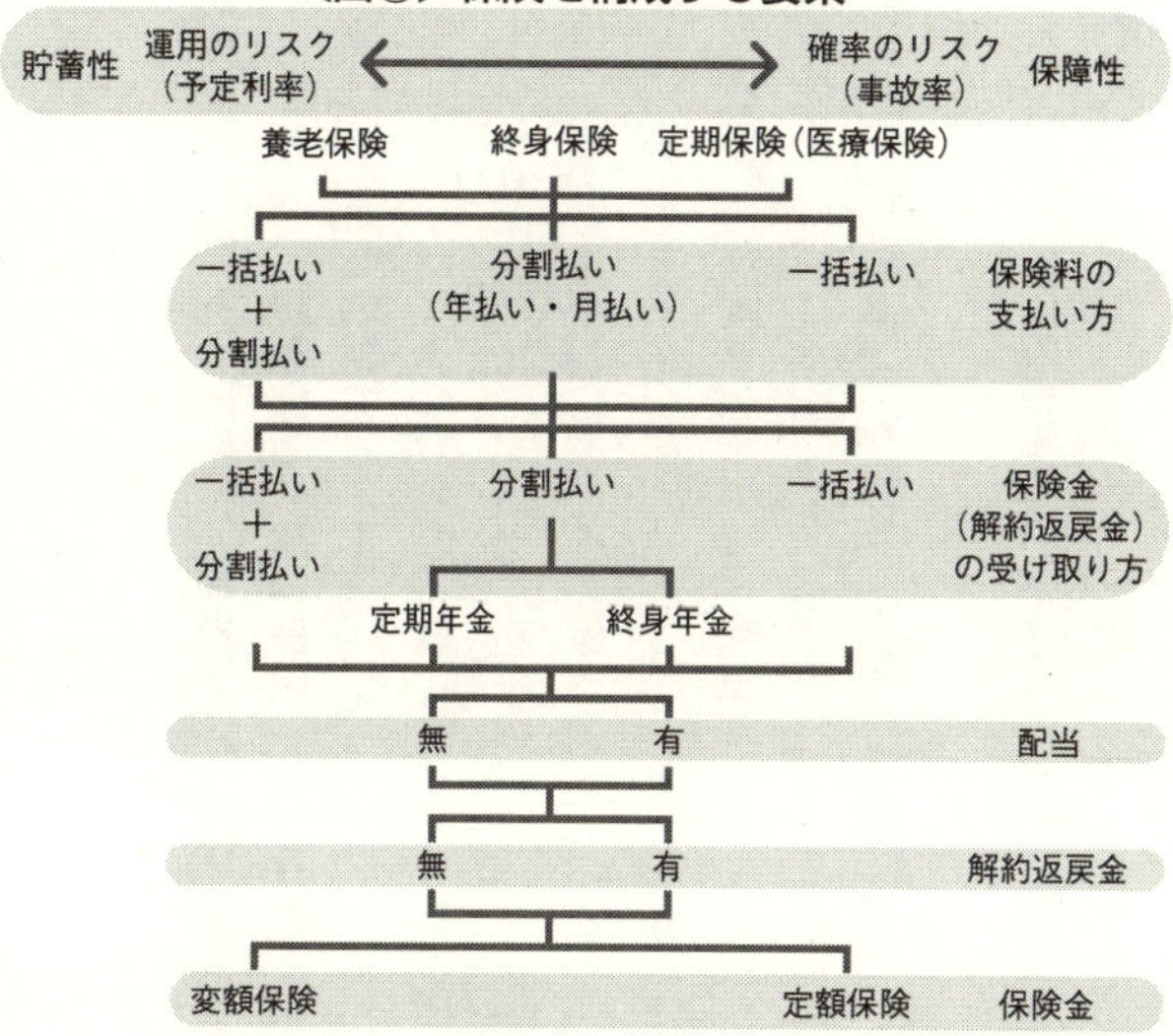

す。

ところで、ごくふつうの死亡保険は「定期保険―保険料分割払い―保険金一括払い―定額保険」の組み合わせですし、確定拠出型年金（日本版401k）の生命保険版である変額年金は「終身保険―保険料分割払い―保険金分割払い（年金）―変額保険」の組み合わせです。このように、保険を構成するさまざまな要素を分解していくと、商品の仕組みがわかってきます（図⑯。こう書くと面倒くさそうですが、それほど複雑なことではありません。興味のある方は、自分でチャートなどをつくって試してみてください）。

4. 医療保険とは何か？

公的保険と民間保険

ではここで、定期保険、終身保険、養老保険と並ぶ生保の主力商品のひとつである医療保険について、簡単に見ておきましょう。

死亡保険というのは、その名のとおり、一家の稼ぎ手が死亡するリスクをヘッジするために用いられる保険です。充分な死亡保険に加入していれば、たとえ明日、あなたが交通事故で死ぬようなことになっても、その保険金を運用することで、奥さんや子どもは安心して生活していくことができます。

一方、医療保険というのは、病気やケガで入院し、医療費がかさんだり、収入が得られなくなるリスクをヘッジするものです。こうした医療保険には、日本国が運営する公的医療保険（健保組合を含む）である国民健康保険制度と、民間の保険会社が提供する個人医療保険があります。

公的医療保険は治療費の一定部分（原則7割）を保険によって支払う制度ですから、多額の医療費が家計を圧迫するリスクをヘッジするためのものです。それに対して民間生保の個人医療保険は、入院1日当たり5000円とか1万円とかの給付金を支払うものがほとんどで（これ以外に通院給付金や手術一時金などが出る場合もあります）、これはどちらかというと、公的医療保険ではカバーできない差額ベッド代などの自己負担分を補ったり、入院によって収入が途絶えるリスクをヘッジするためのものです。もちろん貯蓄性はなく、掛け捨て型の定期保険が中心になります。

ところで、民間生保による医療保険というのは、日本においてはずっと不遇な運命を強《し》いられてきました。なぜかというと、日米保険協定によって、国内生保は医療保険などの「第三分野」の保険を単独では販売できないことになっていたからです。

日米保険協定についての賛否は本書では言及しませんが、要するに、日本政府や国内の保険業界が外資系保険会社の日本市場への参入に制度的障壁をつくっているとして、アメリカ政府が〝懲罰的〟に、利益率の高い第三分野の保険を外資系保険会社が独占できるようにさせていたわけです。そのため国内生保は、医療保険を特約のかたちで主契約（終身保険など）に加えることはできますが、がん保険のように、医療保険だけを単独で販売することはできませんでした。そのため長らく、医療保険は生命保険のなかで継子《ままこ》扱いされ、保障内容も貧弱なままだったのです。

その一方で、日本では国民健康保険制度の崩壊が急速に進行しています。そのため、これまで日の当たらなかった民間の医療保険が最近になって急速に注目され始め、公的医療保険制度の破綻を補完するものとして、その重要性が指摘されるようになってきたわけです。

※〔著者注〕第三分野の外資独占は廃止され、現在では国内生保も単独で医療保険を販売できるようになりました。

生き延びるリスク

医療保険がなぜ重要かというと、その理由はとてもシンプルです。

発展途上国などは別にして、日本のような安定した社会になると、死亡するリスクよりも生き延びるリスクのほうが高くなってきます。ところが日本の社会はこれまで、「生き延びるリスク」への対応をほとんど行ってきませんでした。「老人は国と家庭で面倒を見ればいい」と考えられていたからです。

老人になっても自立して生活していけるだけの充分な資産を持ち、いつまでも五体満足で、ある朝気がついてみたら眠るように死んでいた、などという一生を送れればいうことはないのですが、誰もがそんな幸福を手に入れられるとはかぎりません。

日本のような人件費の高い社会において、介護が必要な老人にかかるコストは、莫大《ばくだい》な金額になります。

専門の施設に入居させたり、プロの介護者をつけたりすれば、公的保険で賄われる部分を除いても、1年間にかかる費用は300万とも500万円ともいわれます。仮に年間300万円の支出として、寝たきり生活が10年間続けば3000万円、20年間なら6000万円の出費です。それぞれの家庭がひとりの寝たきり老人を抱えると、家を一軒買うのと同じくらいのコストがかかるわけです。

このようなことが起きると、たいていの家計は破綻してしまいます。それ以前に、家族関係が崩壊してしまうでしょう。こうして寝たきり老人は、劣悪な老人施設などに追いやられ、誰にも看《み》取られず、ひとり寂しく死んでいくわけです。

こうした事態は、じつはずいぶん前から医療関係者や介護体験者によって指摘されていたのですが、日本の人口構成の大きな部分を占める団塊《だんかい》の世代が老年期にさしかかり、世界でもまれな超高齢化社会への突入が秒読みに入るまで、現実の問題としては認識されませんでした（「考えたくなかった」といったほうが正確かもしれません）。それがいよいよ自分たちの番になって、破綻した公的医療保険と貧弱な民間医療保険の現実に気づき、大騒ぎが始まったわけです。

医療保険に意味はあるか？

民間生保の医療保険には、ほとんどすべての入院に対して保険金が下りる総合医療保険と、がんや生活習慣病など、かぎられた病気だけを保証する部分的な医療保険とがあります。

この医療保険というのは、保険のなかでも仕組みがとくに複雑で、それをすべて説明するのは容易なことではありません。無理やりポイントだけ挙げてみると、次のようになります。

*

①1日当たりの保障金額

入院1日当たり5000円、8000円、1万円など、商品によって保障金額が異なります。もちろん、保障金額が高いほど、保険料も高くなります。

②給付金が支払われる日数

これまでの医療保険は、ひとつの病気に対して入院給付金が支払われる期間を、たいてい最大180日（半年間）としていました（もっと短い120日タイプもあります）。半年以上の長期入院の場合、そこから先は入院給付金が支払われなくなってしまうわけです（同じ病気で入退院を繰り返す場合も、入院期間が通算されてしまいます。ただし、入院から再入院まで一定期間経過していれば、給付金が支払われる場合もあります。このあたりの規定は各社によって違うので、事前に確認しておくことが必要です）。

そこで外資系生保を中心に、長期の入院にも対応できる360日（1年）保障型や、720日（2年）保障型などの保険が売り出されるようになりました。これも保障期間が長いほど、保険料が高くなります。

③保障期間

国内生保の医療保険は65歳までの保障が大半でした（追加負担金を支払えば80歳程度まで延長できるものもあります）。それに対して一部の外資系生保から、生涯にわたって入院保障が確保される終身型の医療保険が販売され、人気を集めました。

④保険が適用される病名

がん保険では境界例などに対して、保険金が支払われるかどうか微妙なケースも出てきます。これも、事前に各社の規定を確認しておくことが必要です。

それ以外に、保険金が支払われない免責期間（通常、入院してから4〜5日間は保険金が支払われません）や、手術を行った場合の一時金、退院後に支払われる通院保険の有無など、各社によって商品性に違いがあります。

＊

では、このようにさまざまな商品特性を持つ医療保険のなかから、どのような基準で商品を選べばいいのでしょう？

これも一言で答えることはできませんが、ファイナンシャル・プランナーなどは「最低でも1日当たりの入院給付金5000円、保障日数180日は必要。できれば1日1万円、保障日数360日くらいはほしい」とアドバイスしているようです。そのうえ最近では、「歳を取れば取るほど病気になるリスクは高くなるのだから、65歳で保障が打ち切られては意味がない。保障期間は80歳か、できれば終身の医療保険のほうがいい」といわれています。これならいつ入院しても、差額ベッドの病室で充分な治療を受けられる、というわけです。たしかにそういわれれば、それなりに説得力はあります。

でも、ほんとうにそうでしょうか？

冷静になって考えてみると、日本の医療保険の保障性にどれほどの意味があるのかじつは疑問です。

たとえば、「入院給付金1日5000円、保障日数180日」という標準的な医療保険ですが、単純に掛け算すると、入院給付金の最高額は90万円（5000円×180日）にしかなりません。「入院給付金1日1万円、保障日数360日」という豪華版でも、給付最高額は360万円（1万円×360日）です。もちろんいったん退院してから違う病気で再入院すれば、あらためて入院給付金を受け取ることもできますが、そんなことを繰り返して多額の入院給付金を受け取る可能性よりも、死んでしまう確率のほうが高そうです。

この程度の保障なら、「高い保険料を払って終身医療保険に入るよりも、充分な貯蓄を準備しておいたほうがいい」と考えることもできそうです。ここでも、保険料を運用に回した場合と比較して、どちらが有利なのかを検討する必要がある、ということです。

このように、せっかくの医療保険にほんとうに意味があるのかどうかわからなくなってしまう最大の原因は、民間生保の医療保険が公的医療保険と完全に切り離されているため、充分なリスクヘッジ機能を持っていないからです。

個人医療保険がもっとも必要とされるのは、公的医療保険でカバーできない（いわゆる保険適用外）部分ですが、現在のような1日いくらの入院給付金では保険適用外の何千万円もする高額医療には何の役にもたたず、逆にたいした病気（ケガ）でもないのに給付金をもらって「入院太り」した、などということも起きてしまいます。要するに、**リスクと保障がマッチしていない**わけです。

では、リスクと保障がマッチした医療保険とは、どのようなものなのでしょうか？

残念ながら、こうした医療保険は、日本ではまだありません。一方、アメリカで試みられているマネージド・ケアなどでは、民間の保険会社が治療費の一部（場合によっては全額）を保障する代わりに、医療機関に対しても一定の権限を持つようになってきています（民間生保が公的保険を代行しているわけです）。こうした新しい試みについては、日本では多額の保険に入っていても充分な治療を受けられるわけではないというもっと大きな問題とも併せ、第3部であらためて検討します。

STEP5 不思議の国の保険会社

5. 保険会社の仕組みはどうなっているか？

「相互会社」は腐敗の始まり

保険の仕組みについてわかったところで、次に生命保険会社について考えてみましょう。

日本の生命保険会社は、日本生命や第一生命など、前述のとおり大手のほとんどが相互会社の形態をとっています。これは、「保険という相互扶助の事業には営利を追求する株式会社形態は似つかわしくない」と考えられたためで、日本だけでなく、欧米でも相互会社形態の生命保険会社はかなりあります。

ところが昨今、日産生命、東邦生命などが相次いで破綻するに及び、保険相互会社の抱える問題が明らかになってきました。

保険相互会社の場合、契約者（社員）が株主のような立場になり、株主総会の代わりに「社員総代会」が開かれ、取締役ならぬ「社員総代」が選出されます。契約している生命保険会社からときどき「社員総代会のお知らせ」のようなものが届くので、見たことのある人もいるでしょう。

しかし一見、株式会社と同じような制度を持っている保険相互会社も、実態は似て非なるものなのです。

まず、保険相互会社は株式を市場に上場していませんから、市場からチェックを受けることがありません。同様に、経営内容のディスクロージャーも上場会社に比べればゆるやかで、日産生命のように、何年も前から債務超過に陥《おちい》っていても平気で決算をごまかすこともできてしまいます。

次に、「株主」は何十万人もいる契約者ですから、保険相互会社には、利害を共有し、経営に関与する大株主がいません。「社員総代」は名誉職のようなもので、重要案件を否決したり経営者の首を切ったりすることなど、とうていできません。

また、保険相互会社は株式を発行していませんから、メインバンクというものも存在しません。株主による企業統治が行われてこなかった日本の企業では、長らくその役割はメインバンクに負わされていたのですが、保険相互会社にはそれすらもなく、経営陣は誰に遠慮することなく（監督官庁だった旧・大蔵省は別にして）やりたい放題ができました。

最後に、規制に守られた日本の保険相互会社では「最小コストによる最大利潤の追求」という、資本主義の根幹をなす市場原理が働きませんでした。競争の必要がない以上、わざわざそんな疲れることをする必要はどこにもありません。ほかの企業と同様に、日本の保険業界も戦後ずっと大蔵省保険局（現・金融庁監督局保険課）の庇護《ひご》のもとで業界団体が談合を続け、どの会社のどの商品も名前が違うだけであとはすべて同じという、顧客をバカにしたようなことをやってきたわけです。

このように、「企業統治（コーポレート・ガバナンス）」が正常に機能せず、経営内容が不透明でマトモなディスクローズもなく、そのうえ監督官庁にばかり依存して商品競争力を持たない会社がいったん経営危機に陥ったら、そこから先は、底なしの腐敗が始まるだけです。私たちは、拓銀・長銀・日債銀や山一證券の破綻に目を奪われていましたが、こうした上場会社の場合、あまりに経営内容が悪化すれば市場から強制的に退場を迫《せま》られることになります。経営破綻すれば、法に則《のっと》って経営責任が追及される制度もできました。それに比べて、経営内容がさらに不透明な保険相互会社の抱える闇は、じつはずっと大きいかもしれないのです。

死差益・利差益・費差益

ところで、保険会社はどのようにして利益をあげているのでしょう？

これまで述べてきたように、保険会社は、加入者から集めた保険料を運用しつつ、加入者の死亡や病気、事故など、一定の条件のもとに保険金を支払います。

このようなビジネスにおいて、保険会社に利益の出る要素は、大きく3つあります。

ひとつは、予定していたよりも保険金額の支払いが少なかった場合です（保険を設計したときに想定していた事故率よりも実際の事故件数が少なければ、その分が利益になります）。生命保険の場合、これを「**死差益**（死亡率の差から生まれる利益）」といいます。疾病保険や損害保険の場合も、同じように疾病率（損害率）の差から利益が生まれます。

日本のような安定した社会では、死亡率はだいたい一定していますから、急に死亡率が上がって死差損が発生するということはあまり考えられません（地震や戦争による死亡の場合、生命保険が支払われないという免責条項がつけられています）。保険は安定運用のため、死亡率（事故率）を高めに設定していますから、保険会社にはほぼ恒常的に死差益が入るようになっています。

次は当初に予定していた運用利回り（予定利率）より運用成績がよかった場合で、運用成績と予定利率の差がそのまま利益になります。これが「**利差益**（運用利回りの差によって生じる利益）」です。もちろん、予定利率よりも運用成績が悪かった場合は、利差損が発生します。この利差損の生じている状態を「逆ざや」といい、バブル期に高い予定利率の終身保険や個人年金、養老保険などを売りまくった国内生保が巨額の利差損を抱えて喘《あえ》いでいることは周知の事実です。

最初に説明したように、保険は基本的に、宝くじや競馬と同様、集まった保険料から経費を差し引いて、残ったお金を加入者の間で分配する仕組みです。ということは、最初に差し引いた経費よりも実際の運用コストが低ければ、それが利益になります。これが「**費差益**（費用の差から生じる利益）」と呼ばれるものです。

この「死差益」「利差益」「費差益」は、生命保険の「**三利源**」と呼ばれます。保険会社というのはどこも、この「3つの利益の源」によって運営されているわけです。

ところで現在は、運用成績の悪化によって、「利差益」は逆ざやでマイナスになってしまっています。その逆ざやを「死差益」と「費差益（リストラ）」で埋められれば収支はプラスですが、「死差益」と「費差益」の合計よりも「利差損」が大きければ、生保経営は赤字になってしまいます。この赤字があまりにも大きくなると、保険金や解約返戻金を支払う目処《めど》がたたなくなって、保険会社は破綻してしまいます（日産生命や東邦生命は、実際にそのようにして破綻していきました）。これが、「危ない生保」と呼ばれるものです。

生保会社が破綻したら……

死差益と費差益を注《そそ》ぎ込んでも逆ざや（利差損）を穴埋めできない生命保険会社は、運用収益を劇的に改善するか、予定利率の低い（保険料の高い）商品を大量に販売して予定利率の平均値を引き下げるかしなければ、経営は徐々に苦しくなってきます。そのうえ「危ない生保」

のレッテルを貼られれば解約も増えますから、解約返戻金の支払いが増えて、それが経営をさらに圧迫します。

保険会社というのは、簡単にいえば、先にお金を集めてしまって、請求があればその一部を払い戻すという商売なので、ふつうにやっていれば、めったなことではつぶれません。それが日産生命、東邦生命と、中堅の生保がふたつもつぶれてしまったわけですから、日本の生命保険会社の経営環境がいかに危機的な状況に置かれているかがわかります。

※〔著者注〕その後、第百生命、大正生命、千代田生命、協栄生命、東京生命が相次いで破綻しました。

では、生命保険会社が破綻してしまったら、どうなるのでしょう?

2001年3月までは特例措置として、死亡保険金、入院給付金、個人年金保険の給付金などが100%補償されていました。これは金融不安緩和のため、ペイオフ解禁前の特例措置の一部として決定された国際公約です。

問題なのは、この特例措置が終わった2001年4月以降の支払いです。

1998年12月に業界団体である「生命保険契約者保護機構」が発足し、保険業法では、生命保険会社が破綻してもここが受け皿となって、責任準備金の90%を補償することになっています。責任準備金というのは、保険会社が保険金支払いに必要な資金として確保しておくことを義務づけられている資金ですから、その90％が補償されるということは、保険金の90％までは支払われる、と考えていいでしょう。

ところが、ここでひとつ、難問が発生しました。

生命保険の信頼確保のために鳴り物入りで発足した「契約者保護機構」ですが、その財源は業界負担1000億円と国庫補助4000億円の計5000億円しかありません。国内の生保はどこも経営が苦しいので、「これが業界負担の限界。これ以上の負担を求められると破綻生保と共倒れしかねない」と頑強に主張しているからです。業界としては、「何が起きてもこれ以上ビタ一文払えませんよ」ということです。

ところでこの5000億円という金額は、総資産5兆円程度の中堅生保が1社、欠損率20％で破綻してしまうと消えてしまう、といわれています。日産生命・東邦生命クラスの破綻がもうひとつ起きたら、そこから先は何の補償もないということです。

金融システム改革法の附則には、「(保護機構の負担が4000億円以上となる場合) 政府は、保険業に対する信頼性の維持を図るために必要な措置を講ずるものとする」と定めてありますが、この「必要な措置」が何だかまったく決まっていません。もちろん公的資金（税金）の投入を念頭に置いた文面でしょうが、銀行に次いで生保にまで税金を投入する余裕は日本政府にはありませんから、実際はなかなか難しいでしょう。

※〈著者注〉こうした矛盾は現在でも解消しておらず、破綻しかけた生保を外資に買い取らせ

ることで一定の保険金支払いを確保する窮余《きゅうよ》の策《さく》が続いています。

予定利率引き下げの陰謀

もうひとつ、生命保険会社が破綻した場合に問題になることがあります。

当面の保険金はとりあえず補償したとしても、破綻の原因は運用の逆ざやにあるわけですから、これをそのまま放っておいたら赤字が積み上がっていくだけです。そこで、予定利率を強制的に引き下げて逆ざやを解消し、出血を止めることが急務になります。このようにして逆ざやがなくなれば、破綻生保のキャッシュフローは健全になりますから、買収をしようという保険会社も出てくるわけです。もちろん予定利率を引き下げてしまえば、保険料が値上がりするか、保険金（年金）が減額されますから、契約者にとっては大きな損失です。そのため、いったん契約で定めた予定利率の引き下げは財産権の侵害であるとして、現行法では、破綻した生命保険会社にかぎって特例的に認められているだけです。

しかし、このまま現在の超低金利が続けば逆ざやは解消しませんから、生保の体力は弱っていく一方です。そうなるといずれは破綻するわけですが、日産生命や東邦生命を見ても明らかなように、危ない生保は、破綻する前に必死にあがいて、超ハイリスクのデリバティヴ商品などに手を出して傷口を広げます（経営者にしてみれば、会社を破綻させてしまえば、刑事罰を含む責任追及が待っていますから、何だってやります）。そうなると破綻時の損害額が巨額になって、「契約者保護機構」の資金はあっという間に消えてしまい、そのあとは税金を投入するか、新たな業界負担を求めるか、契約者に泣いてもらうか、ともかく非常に面倒な調整が待っているのは間違いありません。

日本政府も業界団体もこんなことは真っ平ですから、そこで、「危ない生保はどうせ破綻するんだから、破綻前に予定利率を引き下げて健全化し、どこかに売却するなどして処理したほうが実質コストは少なくてすむ」という意見が出てきました。もちろん、加入者と保険会社が合意のうえで結んだ契約を、加入者の同意を得ずに一方的に変更するわけですから、「禁じ手」というか、ウルトラCであることは間違いありません。

もともと旧保険業法では、「大蔵大臣が認めれば保険金の減額を認めることができる」とされていました。それを96年の法改正で、財産権保護のためにその条項を削ったという経緯がありますから、そう簡単に「あなたの保険金は減額されました。残念でした」というわけにはいきません。しかし現実的には、日本の超低金利政策がまだまだ継続されることが明らかである以上、予定利率引き下げという禁じ手に頼るほかないのです。

※〔著者注〕2003年8月の保険業法改正で、破綻前の予定利率引き下げが可能になりました。ただし引き下げの検討が報じられた瞬間から解約が殺到するのは必至のため、実際に利用されるかどうかは疑問です。

早期是正措置とソルベンシー・マージン

99年4月より、保険会社に対する早期是正措置が実施されました。生保の健全性を示す基準にソルベンシー・マージン比率というのがありますが、これが200%を切ると「第1区分」に分類され、金融庁より「経営改善計画の提出・実行」が命ぜられるというものです。

ソルベンシー・マージンというのは、保険金支払いのために用意された責任準備金を超えて、突発的なリスクに対応できる「支払い余力」のことです。ソルベンシー・マージン比率は、この支払い余力がリスク相当額（保険リスク、予定利率リスク、資産運用リスク、経営管理リスクの合計）に対してどの程度あるのかを見る指標で、「ソルベンシー・マージン総額」を「リスク相当額」の2分の1で割って求めます。ソルベンシー・マージン比率200%というのは、支払い余力がリスク相当額に一致するということです。

この早期是正措置によれば、ソルベンシー・マージン比率が100%を割れば「配当または役員賞与の禁止・抑制」や「新契約の予定利率の引き下げ」が義務づけられ（第2区分）、0%を割り込むと「業務の一部または全部の停止」が命ぜられることになります（第3区分）。ただ、ソルベンシー・マージン比率が200%を割って早期是正措置（第1区分）が発動されると契約者の解約が殺到するでしょうから、破綻を免《まぬが》れるのは難しいでしょう。

生保の破綻が大きな社会問題になるのは、いうまでもなく、一般の損害保険などと比べて契約が長期にわたり、いったん契約が解除されると、年齢などの関係で再契約が難しくなるためです。加入していた生命保険会社が破綻し、60歳をすぎてから既存の契約が解約されたり、条件を変更されるようなことになると、せっかく積み立ててきた保険料が無駄になりかねません。生保の破綻で今すぐ保険契約がキャンセルされるようなことはないと思いますが、10年後はどうなっているかわかりません。それを考えれば、経済紙誌などで「危ない生保」と名指しされているような会社との契約は、避けたほうが無難でしょう。

生保会社はボロ儲け?

では最後に、巨額の利差益を補ってきた費差益、つまり保険会社のコストの問題について見てみましょう。

これまで何度も述べてきたように、保険というのは、加入者から集めた保険料から諸経費を引き、それ以外を分配するシステムです。だとすれば、保険会社の経費が少なければ分配額は多くなる(保険料が安くなる)し、経費が高ければ分配額が少なくなる(保険料が高くなる)ことは、子どもでもわかる理屈です。

では、生命保険会社の場合、この経費率(コスト率)はどの程度になるのでしょうか?

信じがたいことに、生命保険会社の経費率は「重要機密」扱いとされ、これまで一切、外部には公開されてきませんでした。

〔図⑰〕生命保険原価の秘密

（単位：円、％）

	養老保険		終身保険		定期保険		個人年金	
営業保険料	23,250	100	15,870	100	3,990	100		
	24,180	100	16,980	100	4,340	100	22,490	100
構成　純保険料	18,450	79.4	11,450	72.1	2,160	54.2		
	18,920	78.2	12,070	71.1	2,240	51.6	17,930	79.7
構成　付加保険料	4,750	20.4	4,390	27.7	1,820	45.6		
	5,210	21.6	4,880	28.7	2,090	48.2	4,490	20.0
構成　内訳　新契約費	1,520	6.5	1,170	7.4	440	11.0		
	1,520	6.3	1,170	6.9	460	10.6	1,320	5.9
構成　内訳　維持費	1,590	6.8	2,100	13.2	1,110	27.8		
	2,000	8.3	2,520	14.8	1,320	30.4	1,600	7.1
構成　内訳　集金費	1,640	7.1	1,120	7.1	270	6.8		
	1,690	7.0	1,190	7.0	310	7.1	1,570	7.0
構成　保険料免除費用	50	0.2	30	0.2	10	0.2		
	50	0.2	30	0.2	10	0.2	70	0.3
商品内容	男性30歳加入 30年満期 保険金額1000万円		男性30歳加入 保険料払込期間30年 保険金額1000万円		男性30歳加入 保険期間30年 保険金額1000万円		男性30歳加入 10年保証終身年金 （定額型） 60歳年金支払い開始 年金原資1000万円 年金年額約58万円	

注：1　上段が利差のみ配当商品（予定利率2.9％）、下段が一般の三利源商品（予定利率2.75％）で個別月払い保険料、個人年金は三利源のみ
　2　営業保険料＝契約者が支払う保険料
　3　純保険料＝保険金として支払われる保険料≒原価
　4　付加保険料＝営業職員、代理店の報酬・手数料、会社の経費に充てられる保険料≒粗利益
　5　営業保険料の構成は大手生保の商品をもとに保険計理人と東洋経済が推定

（『週刊東洋経済』1997年10月11日号より）

図⑰は、「週刊東洋経済」（97年10月11日号）に掲載され、業界内で大きな反響を読んだ生命保険会社の原価表です。ここまで明快に保険商品のコスト構造を示した資料は、ほかにはありません。

ここでちょっと説明しておくと、保険料（営業保険料）は大きく、純保険料と付加保険料に分かれます。純保険料というのは保険金として支払われる部分で、大雑把にいえば、保険商品の原価になります。

この純保険料はさらに、貯蓄保険料と危険保険料に分かれます。貯蓄保険料は将来の保険金支払いに備えて積み立てられ、その運用

益が利差配当の原資になります。危険保険料は死亡保険金として実際に支払われる部分で、予定死亡率と実際の死亡率の差から死差益が生まれます。

一方、付加保険料というのは保険会社の経費のことで、営業職員や代理店への報酬を含め、ここからすべてのコストが支払われます。

この資料によれば、30歳の男性が保険金額１０００万円、30年満期の養老保険（予定利率2・75%の三利源商品〈死差益、利差益、費差益の三利源から配当が支払われる一般的な保険商品〉。ほかの保険も同じ）に加入した場合の月額保険料は2万４１８０円。そのうち純保険料（≒原価）は1万８９２０円、付加保険料（≒粗利益）は５２１０円。営業保険料に対する粗利益率はなんと21・6%にもなります。このことを逆にいうと、この養老保険に加入し、１００万円の保険料を払い込むと、粗利《あらり》（経費）として20万円が差し引かれ、80万円から運用が始まるということです。

同様に、終身保険（男性30歳加入。保険料払込期間30年。保険金額１０００万円）に加入した場合の月額保険料は1万６９８０円。それに対する付加保険料は４８８０円ですから粗利益率は28・7%。保険料のうちじつに3割近くが、経費として消えてしまいます。

また個人年金（男性30歳加入。10年保証付終身年金〈定額型〉。60歳年金支払い開始。年金原資１０００万円。年金年額約58万円）に加入した場合の保険料は月額2万２４９０円。それに対する付加保険料は４４９０円ですから、粗利益率は20%。養老保険とほぼ同じです。

この表でもっとも驚くべきは、定期保険の経費率です。

ここで示された定期保険（男性30歳加入。保険期間30年。保険金額1000万円）の月額保険料は4340円。それに対する付加保険料は2090円。なんと粗利益率は48・2％！　納めた保険料の半分が、保険会社の経費に消えてしまいます。これでは、社外秘の重要機密として、なんとしても隠し通さなくてはならないのも当たり前です。

では、この潤沢な粗利を、保険会社は何に使っているのでしょう。

付加保険料の内訳を見ると、保険料全体のうち、「新契約費」が5・9％（個人年金）から10・6％（定期保険）、「維持費」が7・1％（個人年金）から30・4％（定期保険）、「集金費」がどれも7％となっています。定期保険の場合、保険料の10％が新契約費に、30％が維持費に消えていくわけです。今どき、こんなベラボーな粗利が保証された商売など、そうはありません。生命保険というのは、じつは「ボロ儲けビジネス」だったのです。超低金利以降、生保の逆ざやがずっと問題になってきましたが、生保にはこの巨額の費差益があったため、これまでなんとかやりくりできてきたわけです。

世界に冠たる「保険大国」のGNP

生命保険がこのような「高収益商品」である以上、生保の経営というのは簡単です。できるだけ多くの営業職員をかき集め、できるだけ多くの保険を販売すれば、自然と大きな利益が転がり込んでくるからです。経営というよりは、体力勝負の世界です。

よく知られているように、これまでの国内生保の営業は、「ニッセイのオバサン」などに代表されるセールス・レディによって担《にな》われてきました。どの生命保険会社も膨大な数の女性営業部隊を抱え、彼女たちがGNP（義理・人情・プレゼント）を武器に契約を取りまくってくるわけです。一方、生保の側は企業の株式を保有して大株主になることで、セールス・レディが社内を自由に営業できるよう、話をつけていきました（株式市場の大幅下落でこうした「営業株式」から巨額の損失が生まれたのは自業自得です）。こうしたオバサン中心の営業は、終戦直後、国策として生命保険会社に寡婦《かふ》を積極的に雇用させるようにしたことから始まったということですが、戦後半世紀を経てもなお、生保会社はその当時の営業手法を相も変わらず続けているわけです。

ところで、こうしたセールス・レディは、1年間で約3分の1が入れ替わるといわれています。要するに、大半のセールス・レディは自分の知人や親戚などにひととおり営業してしまうと行きづまって、辞めていくわけです。セールス・レディの世界は完全な歩合給《ぶあい》で（はじめの3年程度は収入の最低保証があるようです）、営業のために配るカレンダーから会社で使う電話代まで、すべて自費で賄わなければならない厳しい世界です。そのため、契約が取れなくなると、顧客の保険料を立て替えたり、自分が契約者になる「自爆契約」に走ったりすることにもなります。

一方、なかには営業の才能に溢《あふ》れたスゴ腕のセールス・レディもいます。こうした営業ウーマンは生保会社にとってはなくてはならない人材なので、成績優秀者には温泉旅行や海外旅行を用意するなど、引き止めるのに躍起になります。もちろん、こうした「接待費用」もすべて、私たちの保険料に含まれることになります（現在、営業職員ひとり当たり、月40万円のコストがかかっているともいわれます）。

生命保険会社は、一流大学を卒業した学生たちを新入社員として雇用します。で、こうした意欲に溢れた若い男性社員の最初の仕事が、営業のオバサンたちを接待することだったりします。今はどうか知りませんが、数年前までは、オバサンたちを集めた宴会の席で裸踊りをやらされて、ショックのあまり退社した、などという話もありました。

このように、生命保険会社というのは、いまだに半世紀も前の経営を行っている、天然記念物のような会社です。契約ひとつ取るのにこんなにコストをかけているのなら、50％近い粗利をとっても経営が苦しくなるわけです。

これが、世界に冠たる「保険大国」日本の現状なわけです。

生命保険に加入するな!?

このような生命保険会社の実態を見てしまうと、保険に入るのがバカらしくなってきます。

もちろん、保険商品は、ファンドなどのほかの金融商品に比べてコストがかかることは確かです。加入者に対しては、基本的に、営業職員が対面で契約を結ばなくてはならず（最近は通販で加入できる保険も増えてきましたが）、告知書を取ったり、場合によっては医師の診察を受けてもらわなくてはなりません。また保険金の請求があったときは、それが正当な請求であるかどうかを審査する必要もあります。したがって、顧客から預かったお金を運用し、解約時には顧客の取り分を払い戻すだけのファンドに比べれば、手間も時間も人手もはるかにかかることは理解できます。しかし、それにしたって、この粗利益率は法外です。

そうなると、答えは、非常に簡単です。

保険は高コスト商品であることを前提にすれば、いちばんいいのは、**保険に加入しない**ことです。そうもいかないということであれば、**必要最低限の保険にのみ加入する**ことです。保険に関しては、加入者が知っておくべき原則はこれだけです。

どうしても保険に加入する必要がある場合は経費率の低い保険を探しましょう。通販系の保険や生協・全労災が販売する共済は経費率を削って保険料をディスカウントしているので、テレビで宣伝している大手生保の商品よりずっと有利です。

STEP6 DIYで保険ポートフォリオをつくる

6. 定期付終身保険と転換セールス

Lの悲劇

日本の保険商品について述べるのであれば、まず最初に、「**Lの悲劇**」から語り始めねばなりません。すでにあちこちでいい尽くされた感のある「Lの悲劇」ですが、ここで簡単に説明しておきましょう。

「生命保険は複雑な商品」とよくいわれますが、じつは、日本の生命保険の大半は、「定期付終身保険」というパッケージ商品として販売されています。これは、終身保険を主契約とし、それに定期保険を組み合わせ、損害保険や疾病保険を特約として加えたもので、簡単にいうと、ひとつ買えば何でも揃《そろ》う「定食型生命保険」です。主食のご飯が終身保険、おかずのハン

〔図⑱〕6倍型定期付終身保険の仕組み

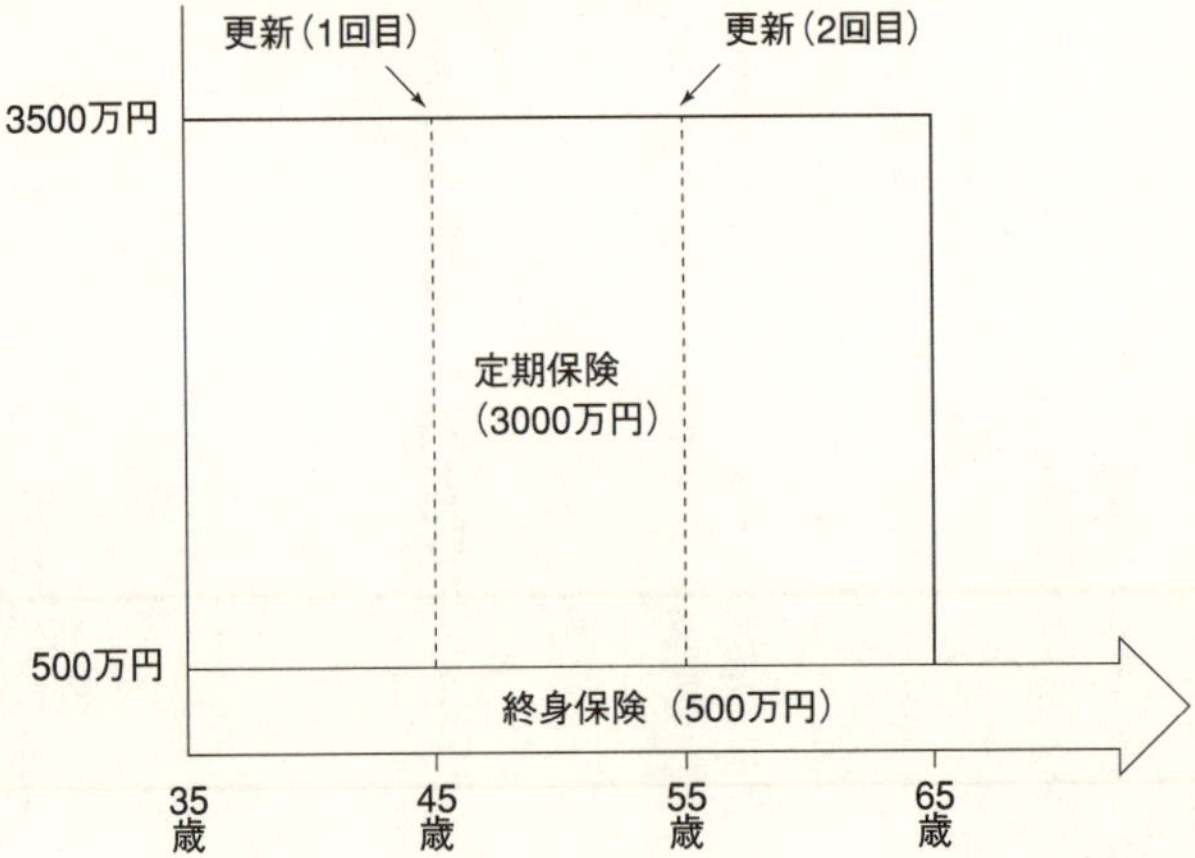

バーグが定期保険、味噌汁や漬物が損害特約や疾病特約、という感じでしょうか。この「定期付終身保険」は、その支払い保険金額を図にすると、アルファベットのLを横に倒したような形になります（図⑱）。ここから、「Lの悲劇」という業界スラングが生まれました（これはもちろん、エラリー・クイーンの名作『Yの悲劇』のパロディです）。

この定期付終身保険には、「6倍型」とか「10倍型」とか、いくつかの種類があります。これは終身保険と定期保険の保険金額の比率を示すもので、「6倍型」の場合、たとえば終身保険500万円の上に、定期保険3000万円が乗っかるかたちになります。「10倍型」の場合は、終身保険500万円に対し、定期保険は5000万円です。おかずの量が多くなって、一見豪華になるわけです。

おかず部分の定期保険は、一般に10年で更新されます。35歳で「定期付終身保険」に加入すれば、45歳で1回目の更新、55歳で2回目の更新が来て、両方とも更新すれば、65歳まで保障が続くわけです。それ以降は、定期保険はなくなってしまいますが（一般に定期保険が保障するのは65歳までです）、主契約の終身保険が残っているので、生涯、保障は続くことになります。そのうえ、「定期付終身保険」には、損害割増特約とか障害特約とか入院特約とか三大疾病特約とか家族特約とか、とにかくいろんな特約をつけられることになっているので、「いちど入ってしまえば一生安心」をセールストークに、生保レディたちがガンガン売りまくったわけです。たしかにこれだけであれば、そんなに悪くない話のようにも思えます。

おかずが多いのも困りもの

ところが、この「定期付終身保険」には、いくつか問題がありました。

ひとつは、誰もがハンバーグ定食を食べたいわけではないのに、ほとんどすべての人に1種類のメニューしか提供していないことです（ハンバーグの大きさが多少変わっていたり、つけ合わせにちょっとしたバリエーションがあったりはします）。こんな売り方をされれば、客のほうも、世の中にはハンバーグ定食しかないのかと思ってしまいます。同様に、多くの日本人が、生命保険といえば「定期付終身保険」のことだと信じ込んでいたわけです。

現実には、そのときどきの家族構成や資産状況などによって、必要な保険金額はかなり違っできます。しかし「定期付終身保険」の場合、そうしたプランニングを一切抜きにして、4000万円とか5000万円（ときには1億円）とかいう高額の死亡保障を、すべての人に押しつけます。これが粗利益率40％超の定期保険なのですから、保険会社は笑いが止まらないかもしれませんが、不要な保険料を支払わなくてはならない加入者にとってはいい迷惑です。「6倍型」の定期付終身保険は、まだ良心的なほうです。「10倍型」とか、ひどいものになると「15倍型」のように、終身保険に対して定期保険が異常に大きくなって、生保会社にボロ儲けをもたらします。

更新のたびに保険料が上がる

もうひとつの問題は、定期付終身保険についている定期保険が、多くの場合10年単位の短期間で自動的に更新されていくことです。なぜ保険期間を10年にするかというと、そのほうが最初の保険料が安くてすむからです。ところが、35歳では安く入れた定期保険も、45歳になると、そこそこの保険料を取られることになります。55歳になれば、かなり高い保険料を納めなくては、同額の保障を得ることはできません。そうすると、最初は月額1万5000円だった保険料が10年後には3万円、20年後には5万円になってしまったりするわけです（すべての保険料を比較したわけではありませんが、この「月額1万5000円」というのが、はじめての人を保険に加入させるポイントのようです）。

ところで、「定期付終身保険」を批判する人の多くは、この自動更新によって定期保険の保険料が大幅に上がることを問題にしています。しかし、これはちょっと的外れの議論です。その理由は、簡単です。

人は一般的に、歳をとるにしたがって必要な保険金の額が少なくなります。独身やDINKS（子どものいない共働き夫婦）の場合は、死亡保険はほとんど必要ありません。人生でいちばん大きな保険が必要になるのは子どもが生まれた直後で、あとは子どもの成長にしたがって必要保険金額も少なくなっていきます。先の例でいえば、35歳で子どもが生まれて保険に入ったとすると、2度目の更新の20年後には子どもは20歳ですから、もはや死亡保険はほとんど必要ありません。ですから、「55歳のときの保険料が3倍以上になるから欠陥商品だ」というのは、完全な誤解です。定期保険に加入する必要がない以上、保険料がいくらでも関係ないからです（「自動更新になっているから、知らずに高い保険料を払わされるおそれがある」という意見もあるようですが、これはもう自己責任の範疇《はんちゅう》でしょう）。

「定期付終身保険」の問題

では、「定期付終身保険」の問題はどこにあるのでしょう。以下に、簡単にまとめてみます。

①加入者に必要な保険金額に対して、定期保険の保険金が大きすぎる。子どもの成長と資産形成によって必要な保険金は減っていくはずだが、その視点が完全に欠落している。

②定期保険の期間が、一般に10年と短い。保険期間が15〜20年あれば、中途解約である程度の返戻金が戻ってくる。また、定期保険部分はパッケージ化されていて、終身保険に逓減《ていげん》定期保険を組み合わせたり、「1年更新」のような短期の定期保険で保険金額を調整するようなこともできない。

③バブル期に契約した「定期付終身保険」については、5〜5・5%の運用利回りを前提に設計書がつくられているため、解約返戻金の見積額が実際の3倍以上になってしまっている。

バブル期に保険に加入された方なら記憶にあると思いますが、その頃はどの保険会社も高い運用利回りと高配当を前提に、「解約返戻金を年金化すれば老後も安心」といって強引な勧誘をしていました。ところが、バブル崩壊後の低金利で生保の運用成績は見るも無残な状態になり、勧誘時に説明された老後プランは、どれも「捕らぬ狸《たぬき》の皮算用」になってしまいました（30歳で500万円の終身保険に加入した場合、65歳の払い済み時点での積立配当金累計額が1000万円、75歳では3500万円というトンデモない設計書をバラまいていました）。そこで怒ったお年寄りが生命保険会社に怒鳴り込むようになり、一時期、どの生保会社も入り口に屈強なガードマンを立たせて、怒れる老人たちの襲撃に備えていました（もちろん契約書には虫眼鏡で見なければわからないような細かい字で「将来の配当を保証するものではありません」と明記されていますから、怒鳴ったところで

「損失補塡」してもらえるわけではありません)。
④ほとんどの「定期付終身保険」に特約として医療保険が加えられているが、この保障が貧弱。
「定期付終身保険」の場合、医療保険も定期保険と同時に10年(あるいは15年)で自動更新され、保険料が上がっていくことが多いようです。医療保険は、定期保険と違って、歳をとるにしたがってますます必要になっていきますから、保険料が上がったからといって簡単に解約するわけにもいきません。

また、国内生保の医療保険特約は、これまで65歳までしか保障しないものがほとんどでした。なかには80歳くらいまで契約を延長できるものもありますが、65歳のときに200万~300万円くらいのまとまった保険料を一括で支払う必要があります。

「定期付終身保険」の加入者のなかで、老後の医療保険がなくなって途方に暮れている人が増えています。仮に加入できたとしても、60歳をすぎてからの保険料は高額なものになりますから、経済的な負担は厳しいものがあります。

定期付終身保険をリフォームしよう

定食型生命保険＝定期付終身保険のこのような特徴がわかれば、それをどのようにリフォームするか(組み換えるか)は簡単です。以下、ポイントだけを挙げておきます。

①定期保険は、子どもの成長にしたがって保険金額を見直し、不要な部分は解約する。

②あるいは定期保険を全額解約し、保険料の安い通販系の定期保険に乗り換える（解約返戻金が戻ってくる場合もある）。

③バブル期に契約した「定期付終身保険」の終身部分は予定利率の高い「お宝保険」なので、これはそのまま維持する（終身保険部分の安易な転換はしない）。

④家族特約や損害特約などは、ほんとうに必要なのかもういちど見直し、不要であれば解約する。

⑤「定期付終身保険」の医療保険は貧弱なので、必要であれば、新たに単独の医療保険などに加入して補完する。

＊

もうおわかりの方もいるでしょうが、これは外資系生保の営業マンが、国内生保の「定期付終身保険」から自社の保険に乗り換えさせるときのくどき文句と同じです。オーダーメイドの保険を理路整然と提案すれば、レディメイド（誰でもいっしょ）の定期付終身保険の貧弱さや不合理さは自《おの》ずと明らかになりますから、これまでの保険を解約させて、新たに自分のところの保険に加入させることも可能になるわけです。

このように外資系生保は、国内生保とたいして変わらない商品を販売しながらも（保険料を比較してみても、外資系生保の商品に際立って価格競争力があるというわけではありません。パソコンを持ち歩く男性営業マンに高率の歩合を支払っている以上、そんなに保険料をディスカウントできる余地があるわけではないからです）、定期付終身保険に含まれる余分なコストを削減することによって、自社の保険商品が魅力的に見えるようにしています。日本の保険商品が不合理であればあるほど、外資系生保の商品は「あばたもエクボ」で大きな利益をあげることができたわけです。

ところで、パソコン片手のライフ・プランナーたちの勧めに従って、定期付終身保険をリフォームして外資系生保に乗り換えるのがベストの選択かというと、そういうわけでもありません。なぜなら、現在の保険契約を維持したまま、保険料の減額や払い済みなどを利用して、自分のリスクにあった保険に調整することも可能だからです。結果的にこちらのほうが、加入者にとって有利なことも少なくはありません。

国内生保のセールス・レディがこのような、加入者のライフ・ステージに合った適切なコンサルティングをすれば、外資系生保も今のような「わが世の春」を謳歌《おうか》することはできなかったでしょう。しかし残念なことに、彼らが行ったのは、悪名高き「転換セールス」でした。

悪名高き転換セールス

1999年の春くらいから朝日新聞が生命保険の転換セールスについて大きな批判キャンペ

ーンを張りました。「定期付終身保険」の転換商法についてはバブル崩壊以降から問題になっており、保険関連の書籍のほか、あちこちのマネー雑誌や経済紙誌で指摘されてきましたから、「なんで今ごろ?」という気もしないではありませんでしたが、「国内生保のセールス・レディの指示に従って保険を転換するとたいていの場合不利になる」という単純な事実を知らなかった人もいたようですから、それなりの意味はあったのでしょう(ただしここでも、「定期保険を自動更新すると保険料が高くなるからケシカラン」という主張が見られました)。

この転換セールスの仕組みは、とても単純です。

「定期付終身保険」のうち、主契約の終身保険は、過去に高い予定利率を保証しているため、大幅な逆ざやに陥っています。生命保険会社としては、こうした終身保険はできるだけ解約してもらったほうがラッキーです。現在の低い予定利率の終身保険に乗り換えてくれるのならいうことはありません。

ただ、これはいうなれば、利率5・5%の定期預金を解約して、利率2%の預金に入り直してもらうようなものですから、よほどのお人好しかバカでもないかぎり、誰もそんなことはしてくれません。そこで目をつけたのが定期保険部分です。

この定期保険は、40%も粗利のある高収益商品です。しかしさすがに最近は、安い通販系生保の登場もあって、かつてのような暴利をむさぼることはできなくなりました。外資系生保や通販系生保との対抗上、ある程度の値下げはやむをえなくなったわけです。

このように、終身保険の保険料は予定利率の引き下げで高くなっている一方で、定期保険は費差益の圧縮によって保険料が下がっています。そこで、定期保険を現在の安い商品に変更することで保険料を減額し、その分の余ったお金で、終身保険を予定利率の低い商品に乗り換えさせるというアイデアが生まれました。これが、「転換商法」の基本的な仕組みです。

しかし、誰でもわかるように、こんなことをするなら、終身保険はそのままにして、定期保険のみ、安い商品に変えてもらったほうが絶対に得です。そのため、生保の転換商法はこの5〜6年、ずっと批判の対象にされてきましたが、逆ざやに苦しむ国内生保は、一向にやめようとはしませんでした。こうして加入者を裏切り続けた結果が批判キャンペーンへとつながったわけです。

このようにして、さしもの転換商法も、現在ではほぼ息の根を止められたようです（とはいえ、苦し紛れにまだ行っているところもあるようですからご注意を）。

7. Do It Yourself で保険ポートフォリオをつくろう!

割安な生命保険を探せ!

では最後に、DIYで保険ポートフォリオを組むときの工夫について述べておきましょう。

これまで何度も述べましたが、その際にもっとも重要なのは、「必要な保険にだけ加入する」ということです。世の中にはまだ、保険金額が大きければ大きいほどいいと思っている人もいるようですが、たとえ10億円の定期保険に入ったところで、保険期間満了まで無事に生きていれば、1円のお金も入ってはきません。自分が死んだときの心配よりも、生きて楽しむことを考えましょう。

誰でもわかるように、自分に必要な商品がわかったら、あとは同じ性能でもっとも割安なものを買ったほうが得です。保険は車やパソコンと違ってただの「契約」ですから、A社の1000万円の死亡保障とB社の1000万円の死亡保障では、何の違いもありません(両社とも、ちゃんと契約を実行してくれるとして)。パンフレットが豪華だとか、お土産をいっぱいくれるとか、営業のオバサンが美人だとか、そういうことは商品性には一切関係がないということです。

だとすれば、営業経費(人件費コスト)の高い国内生保や外資系生保の保険よりも、経費率を抑えて保険料を安くした通販系や共済系の保険を利用するという方法が考えられます。ノン・スモーカー割引や健康体割引など、使えるものはすべて利用して、必要な保障を最低の保険料で確保できるように工夫しましょう。これが、DIYの第1ポイントです。

ただし、定期保険を解約し解約返戻金を受け取ったうえで他社に乗り換える場合は、必ず、新しい保険に加入できたことを確認してからにしましょう。解約したはいいけれど、健康チェックなどに引っかかって新規の保険に加入できず、保障がなくなってしまったのでは元も子もないからです。

逓減定期と逓増定期

定期保険の仲間として、逓減定期保険、逓増定期保険というのも、よく見かけるようになりました。その名のとおり、逓減定期は保険金額が徐々に減っていくタイプ、逓増定期は保険金が徐々に増えていくタイプの定期保険です。

これまで述べてきたように、一般に、歳をとるにしたがって（子どもが大きくなるにしたがって）必要な保険金額は減っていきますから、逓減定期というのはなかなか合理的な商品です。保険金が一定のまま変わらない従来型の定期保険よりも保険料が安いので、終身保険と組み合わせるとDIYの「定期付終身保険」が簡単につくれます。

一方、逓増定期というのは歳をとるにしたがって（子どもの成長にしたがって）保険金額が増えていきますから、これはちょっと使い勝手がよくありません。これまでどういう人が逓増定期に加入するのかよくわからなかったのですが、最近になってようやく、逓増定期は、保険金が高くなるにつれて解約返戻金も多くなるという特徴を持っていることに気がつきました。

先に、定期保険を利用した法人の節税法をご紹介しましたが、解約返戻金を退職金として支払う場合、通常の定期保険よりも逓増定期にしておいたほうが、有利な場合があるということです。ただこの保険については、それ以外にちょっと利用法が思い浮かばないので、一般の個人加入者はあまり気にしなくてもいいと思います。

年払いを活用しよう

最初に述べたように、保険というのは、単価を明示しないままに、分割払いの値段だけが示される不思議な商品です。ある商品を分割払いで購入した場合、1回の支払額が少なければ少ないほど、総支払額は大きくなります。余裕資金があれば、キャッシュで支払ってしまったほうが安く買える、ということです。

保険もこれと同じで、月払いよりも年払い、年払いよりも一括払いにしてしまったほうが、保険料は安くなります。ただし最初に述べたように、保険の分割払いには「保障性」からくるメリットがあるので、どれを選ぶかは難しいところです。

ところで、保険会社にもよりますが、ローン金利に直せば、分割払いというのは保険会社から年3～4％でお金を借りることに相当します。まとめて払えばこの分の金利が節約できますから、年3～4％で貯金するのと同じ効果です。この超低金利時代に、こんな有利な運用方法はあまりありません。そう考えれば、少なくとも月払いを年払いに変えることには検討の価値がありそうです。

もちろんこのあたりの事情は、個々の商品によってかなり異なりますので、自分の入っている保険をリフォームするついでに、月払い、年払い、一括払いの保険料も出してもらって、そのうえで、もっとも有利な支払い方法を選ぶといいでしょう。また学資保険や養老保険など、積立型の貯蓄性生命保険の場合、保険料の残額をまとめて払い込んでしまうというのも、運用パフォーマンスを上げる有効な方法です。

保険金の減額と払い済み

保険というのは契約以外に実体のないヴァーチャルな商品なので（金融商品はすべてそうですが）、保険金の減額や払い済みという裏ワザが使えます。

たとえばあなたがローンを組んで車を買った場合、いったん購入してしまえば、「支払いが苦しいから、やっぱり半額の軽自動車に変えてよ」ということは通用しません。当たり前のようですが、じつはこれは、自動車という商品に実体があるためです。

ところが保険商品の場合、途中から保険料（ローン支払額）を引き下げても、それに応じて保険金額を小さくすれば何の問題もありません（契約書を書き換えるだけでいいということです）。それどころか終身保険などの場合、途中で保険料を支払うのをやめてしまっても、解約返戻金で一括払いの保険に入り直せば、保障を続けることも可能になります（これが「払い済み」です）。保険は誰かが使用しても価値が減りませんし（中古品にならない、ということです）、契約書を書き直すだけで商品のグレードを自在に変更できますから、支払える保険料や、そのときどきのライフ・ステージに合わせて好きなように組み直すことができるわけです。

「保険のリフォーム」というと、すぐに今ある保険を解約することを考えがちですが、さまざまな事情で新規の保険に加入することが難しい場合、保険金の減額などで対応することも充分に可能です。こうした方法も、覚えておくと便利です。

団体保険を活用する

割安な保険に入る方法として、団体保険の利用も検討に値します。

保険会社としては、どこかの団体がまとめて保険に加入してくれれば、営業経費などがかかりませんから、価格を大幅にディスカウントすることが可能になります。こうした団体というのは、企業の健康保険組合だったり、クレジットカード会社だったりするわけですが、どこも基本的な仕組みは同じで、生保会社からキックバックを受け取る代わりに、保険料を割り引いた商品を団体員（健保組合なら組合員、クレジットカード会社ならカード会員）に向けて営業するわけです。

こうした団体割引の利いた保険は、個人で生命保険に加入するより割安ですから、自分が加入しようと考えている保険が団体割引をしていないかどうか、事前に調べてみてもいいでしょう。

変額保険を利用する

終身保険のところで述べましたが、現在のような低金利下では、生命保険の貯蓄性を求めた場合、たいした魅力は期待できません。同じお金を銀行の定期預金に預けておくことに比べれば多少は有利ですが、それにしてもスズメの涙のような運用益です。

そこで、生命保険に貯蓄性を求める場合、定額保険ではなく、変額保険を選択するという方法が考えられます。国内生保がなかなか扱いたがらない変額保険ですが、一部の外資系生保が投資型の変額保険を積極的に販売しています。

同様に、円よりもずっと金利の高いドル建ての保険で貯蓄性を確保するということも考えられます（円預金をやめて外貨預金を始めるようなものです）。こうしたドル建て終身保険も一部の外資系生保が扱っています。

生命保険と税金

本書ではここまで、「保険に貯蓄性を求めるな」という主張を展開してきましたが、その一方で、現実にはさまざまな貯蓄性生命保険が販売されています。これらはすべて意味のないものなのでしょうか?

そんなことはありません。

もちろん、生命保険会社が扱う貯蓄型商品が、ほかの金融商品よりも優れているからではありません（そうであれば、運用の失敗による逆ざやなんてことが起こるはずがありません）。

とはいえ、生命保険にもひとつだけ自慢できることがあります。それは、税金面で大きなアドバンテージを持っていることです。

生命保険の場合、①保険料を支払う人（保険契約者）、②保険の対象になる人、③保険金を受け取る人、④解約返戻金（満期償還金）を受け取る人、の4人の当事者が契約書に登場します。図⑲を見てください。①の「保険料を支払う人」を本人とした場合、ここから次のような6つの組み合わせが生まれます（死亡保険の場合、もちろん本人が保険金を受け取ることはできません）。

もっともシンプルなのは、図⑲の1のケースです。

この場合、本人が死亡すれば遺族に保険金が支払われますから、当然、相続税の対象になり

〔図⑲〕生命保険の6つの組み合わせ

	保険の対象になる人	保険金を受け取る人*	解約返戻金を受け取る人**
①	本人	遺族（相続税）*	本人（一時所得）
②	本人	遺族（相続税）*	本人以外（贈与税）
③	本人以外	本人（一時所得）	本人（一時所得）
④	本人以外	本人（一時所得）	本人以外（贈与税）
⑤	本人以外	本人以外（一時所得）	本人（一時所得）
⑥	本人以外	本人以外（一時所得）	本人以外（贈与税）

*　保険金の受取人が相続の対象者でない場合は一時所得として課税。
**解約返戻金、満期償還金を年金化して受け取る場合は、雑所得として課税。同様に、保険金を遺族年金として受け取る場合も雑所得の対象になる。

ます。相続の場合、基礎控除5000万円と、法定相続人ひとりにつき1000万円の控除が原則ですが、生命保険金を相続する場合、こうした規定とは別に、「法定相続人ひとりにつき500万円が非課税」となります。妻に子ども2人の標準家庭の場合、3000万円の保険金を受け取れば、法定相続人3人で1500万円が非課税とされ、残る1500万円が相続税の対象となるわけです。ここから基礎控除などが引かれますから、不動産資産など大きな財産がある場合以外は、大半の遺族は満額の保険金を受け取ることができます。

なお、相続税を支払う人は全体の5％といいますから、100人のうち95人は、保険金を含め、税金を払わずに資産を相続していることになります（相続税に関してはとにかく複雑なので、詳しくは専門書をご覧ください）。

一方、保険金の受取人が相続対象者でない場合は、支払われた保険金は一時所得として処理されることになります（こういうケースはあまりないでしょうが）。

養老保険がトクな理由

終身保険や養老保険など貯蓄性のある生命保険で、本人が生存しているうちに解約返戻金や満期償還金を自分で受け取ると、一時所得として課税されます。この一時所得というのは、懸賞に当たったり、馬券を当てたりしたときの課税区分で、あらゆる所得のなかで、退職所得とならんで、税務上もっとも優遇された扱いを受けています。

一時所得の所得額は、「（総収入金額－その収入を得るために支出した金額－一時所得の特別控除額）×1／2」で計算されます。一時所得の特別控除額は現在50万円と定められていますから、たとえば10年前に200万円の養老保険に加入し、満期償還金が300万円になった人の課税対象額は、次のようになります。

（総収入金額300万円－その収入を得るために支出した金額200万円－一時所得の特別控除50万円）×1／2＝25万円

自営業者や個人事業主であれば、この25万円をほかの所得と合算して税務申告しますし、サラリーマンであれば、確定申告の際に、医療費控除などといっしょに申告・納税するわけです。

ところで一般のサラリーマンの場合、これを正直に申告したとしても、所得税額は10％（課税所得金額330万円以下）か20％（同じく900万円以下）でしょうから、養老保険の満期償還金の課税対象額25万円に対する税額は2万5000円（税率10％）、あるいは5万円（税率20％）となります。そうすると、実際の利益100万円に対する実質税率は2・5％ないしは5％ですから、利子や配当に対して20％が問答無用で源泉徴収されるほかの金融商品に比べて大きなアドバンテージを持っていることがわかります（実際には所得税以外に住民税がかかります）。もちろん、こうした税制上のメリットをもっとも大きく受けるのが、貯蓄性の高い養老保険であることはいうまでもありません。これが、バブル期に高利回りの養老保険が大量に販売された理由です。

なお、現在ではこうした養老保険の「節税商品」としてのメリットが広く知られるようになったため、税務署では、5年以下の短期の養老保険に対しては、ほかの金融商品と同様、利益に対して20％の源泉徴収課税を課すようになりました（そのため、今の養老保険は保険期間が6年以上になっています）。

また、養老保険の満期償還金を受け取った人がほとんど申告を行わないため、各生命保険会社に対し、支払い調書の提出も義務づけられるようになりました。たとえ源泉徴収されていなくても、税務署側は、誰がいくらの利益を得たのかを知っているということです。課税対象額が少額ならとくに問題になることもないでしょうが、まとまった利益を放っておくと税務署から「おたずね」が来ることになります（ただし現在の低金利下では、一時所得の特別控除50万円を超える利益を得るのは、よほど高額の養老保険に加入しなければならないでしょう）。

このように、生命保険を貯蓄性商品として利用する場合、その節税メリットをいかに上手に活用するかがポイントになるわけです（法人契約の場合、保険料を経費処理するというもうひとつの節税メリットが生じることは、先に説明したとおりです）。

雑所得と贈与税

では、保険金や解約返戻金（満期償還金）を一括払いで受け取らず、個人年金にした場合はどうなるのでしょうか？　この場合は相続税や一時所得ではなく、1年間に支払われた個人年金の総額に対し、雑所得として課税されることになります。

雑所得の場合、一時所得のような特別控除枠はなく、ほかの所得と損益通算することもできませんから、雑収入から経費を除いた額（これが雑所得）をそのまま加算して、総合課税で申告することになります。公的年金以外の収入がない高齢者の場合、民間生保から個人年金を受け取っていても、課税最低所得（基礎控除＋老年者控除＋公的年金等控除額）である年228万円を超えなければ納税の必要はありません（本人が65歳以上で年金給付額が年260万円未満の場合）。しかし給与所得やキャピタル・ゲイン、インカム・ゲインなど、ほかの所得がある場合、個人年金の額も合わせて課税されることになりますから、注意が必要です（実際に、こうした納税面の説明を受けずに個人年金を勧められた加入者と保険会社の間で、トラブルが起きることもあるようです）。

ところで保険の場合、理屈のうえでは、自分が生きているにもかかわらず、満期償還金や解約返戻金を第三者（妻や子ども）が受け取るようにすることもできます（図⑲の2のケース）。ただしこの場合は、贈与税として、110万円の基礎控除を除いた全額に対し10％（200万円以下）から最大50％（1000万円超）の税率で課税されることになりますから、メリットはほとんどありません。このように、満期償還金や解約返戻金の受取人を本人以外にした場合、面倒な課税関係が生じてくるので、どの生命保険会社でも、このかたちの契約を勧めることはないようです。

保険料の支払者と保険対象者が異なる場合

図⑲の3のケースは、親が子どもを保険対象にして学資保険に加入するような場合で、保険期間満了時に親が満期償還金を受け取ることになります。この満期償還金も一時所得として処理されますから、税務上、大きなメリットを受けることができます。このケースで満期償還金の受取人を子どもにしてしまうと（同4のケース）、親から子どもへの贈与とみなされて贈与税の対象になってしまいます（したがって、このパターンはあまりありません）。

なお、学資保険のようなケースでは、保険金の受取人を契約者本人（保険料を支払った人）にしておくのがふつうです。保険期間中に万が一子どもが死亡した場合は、親に保険金が支払われることになり、一時所得として申告・納税することになります。

当たり前ですが、子どもが自分の親に生命保険をかけても、その死亡保険金を相続税として処理することはできません。生命保険が相続財産として認められるのは、あくまでも本人が保険料を支払い、相続人が保険金を受け取った場合だけです。

同5、6のケースは、保険対象者と保険金の受取人をともに第三者にしているもので、たとえば夫が妻の保険料を支払い、妻が死亡すれば保険金は子どもに支払われるようにしているようなケースです。この場合もやはり、保険金は相続税ではなく、一時所得として処理されることになります。解約返戻金（満期償還金）は、本人が受け取る場合は一時所得、本人以外が受け取る場合は贈与税の対象となります。

ところで、「和歌山の毒入りカレー事件」などに代表される、死亡保険を利用したすべての保険金犯罪は、保険料を支払う人（契約者）と保険対象者が異なる3〜6のケースで起こります（1と2は本人が死亡しているのだから当たり前です）。したがって保険会社も警戒して、こうした契約は、親族以外あまり認めないようです（とはいえ、法人契約などを利用して、保険会社の営業職員自身が犯罪を計画した場合はほとんどチェック機能が働かないということが和歌山の事件で明らかになりました）。

なお、医療保険・損害保険などの治療保険金・入院給付金には所得税はかかりません。ただし、医療費控除を受ける場合は、支出額から給付額を引かなければなりません（とはいえ、治療保険金・入院給付金に支払い調書は出ませんから、税務署が実態を把握するのはなかなか難しいでしょう）。

第3部　ニッポン国の運命

STEP7 年金と医療保険について考えてみよう

1．公的保険とは何か？

国営保険は強制加入

日本という国に生まれ、日本という国に生きている私たちの人生に、公的年金と公的医療保険制度は大きな影響を及ぼします。

とはいっても、日本の年金も健康保険も、その制度は非常に複雑です。そのうえ、よく知られているように、両者ともにこのままでは破綻《はたん》必至という危機的状況に陥《おちい》っていますから、早晩、大きな改革は避けられません。ということは、現在の制度が続くことを前提にあれこれ議論しても意味がないということです。

ということで、ここでは年金と健康保険の基本的なシステムを概観しつつ、そのどこに破綻に至るメカニズムが内包されているのか、ざっと見てみることにしましょう（とはいっても、これがなかなかたいへんなのですが）。

生命保険のところで、年金とは何かという説明をしました（覚えていますか？）。年金というのは、ある時期までに積み立てたお金を元金にして、毎年（毎月）一定額を定期的に払い戻してもらうタイプの生命保険商品です（これを死ぬまでずっと受け取れるようにしたものが終身年金です）。

生命保険商品のなかには、もちろん医療保険もあります。こちらは、病気にかかって入院すると、1日当たり一定額の入院給付金が支払われる、というタイプの商品でした。

こうした民間生保の年金や医療保険は、個人が自分の判断で自由に加入するものですから、「個人年金」「個人医療保険」ということになります。

ところで、こうした年金や医療保険は、民間の生命保険会社が個人向けに販売しているもののほかに、国家が国民に向けて販売していたり、企業が社員に対して提供しているものもあります。

このうち、国家が〝国営生保〟を通じて販売するのが「公的年金」「公的医療保険」で、民間生保の商品とのいちばんの違いは、**法律によって加入（購入）が強制されている**ということです。私たちは日本人である以上（正確には、「日本国籍を持ち日本国内に居住する以上」）、日本国という巨大な保険会社が運営・販売する国営生命保険に加入しなければなりません。こ

〔図⑳〕運営主体別の年金と保険

運営主体	年金	医療保険
日本国	公的年金（国民年金・厚生年金）	公的医療保険（国民健康保険・政府管掌健康保険・介護保険）
法人（組合）	企業年金（厚生年金基金・税制適格年金）	企業医療保険（組合健康保険）
生命保険会社	個人年金	個人医療保険

れが、公的社会保障（公的保険）と呼ばれるものです。

企業年金って何？

この「公的保険」と「個人保険」の中間に、国家の事務を一部代行するかたちで、企業（法人）によって運営される保険があります。これが「企業年金」とか「組合健康保険」と呼ばれるもので、こうした「企業保険」も、公的保険に準ずる扱いを受けることがあります。このため企業保険は、従業員に対して、事実上の強制加入を強《し》いることになります（従業員が「この保険には入りたくない」と主張することは認められていません。これはこれで、理不尽な話です）。この関係を整理すると、図⑳のようになります。

このように、私たち日本人の大半は、運営主体別に、複数の保険に加入することになっています。たとえば大手企業のサラリーマンなら、「厚生年金―厚生年金基金―個人年金」「組合健康保険―個人医療保険」という組み合わせで保険に入っているでしょうし、自営業者なら、「国民年金―(国民年金基金)―個人年金」「国民健康保険―個人医療保険」となります。中小企業のサラリーマンは、「厚生年金―税制適格年金―個人年金」「政府管掌健康保険―個人医療保険」が一般的でしょう(個々の説明は後述します)。これに加えて、40歳以上になると、「介護保険」への加入が新たに義務づけられたわけです。

これまで、公的年金や公的医療保険と民間生保の個人年金・個人医療保険はまったく別のものとして扱われてきましたが、このように整理してみると、それが同じ生命保険商品の一種だということがわかります。これだけで、ずいぶんすっきり整理できたのではないでしょうか。保険会社に公営(国営)と民営があるのなら、日本国の経営する保険会社は、民間生保よりも優れているのでしょうか? 次は、そのことが問題になります。

賦課方式と積み立て方式

公的年金(医療保険)と個人年金(医療保険)のいちばんの違いは、先に述べたように、それが強制加入か自由加入かということですが、次に大きな違いとして、「賦課《ふか》方式」か「積み立て方式」かを挙げることができます。

じつは、これまで説明してきた民間生保の商品は、すべて「積み立て方式」でした。あなたが毎月積み立てたお金(保険料)を保険会社が運用し、それを原資に保険金を支払ったり、年金化したりするわけです。この場合、保険金（年金）の元になるのはあなたが積み立てた保険料ですから、積立金が多ければ保険金（年金額）は増えるし、積立金が少なければ保険金（年金額）も少なくなります（当たり前です）。

ところが「賦課方式」というのは、ぜんぜん違う仕組みでできています。

たとえば、ここに2人の老人がいるとします。あなたは、お世話になったこの人たちのために、年間100万円の年金を払ってあげたいと考えています。有志を募《つの》ったところ、あなたを含め8人が「お金を出してもいいよ」と応じてくれました。この場合、100万円の年金を4人で支払えばいいわけですから、ひとり当たりの負担額は年間25万円になります。これを「保険」と見なせば、あなたが毎年25万円の保険料を支払うことで、お年寄りは毎年100万円の年金を受け取ることができる、ということになります。

しかし、これではなんだかヘンです。あなたがお金を出して、別の人が年金を受け取るだけなら、ぜんぜん「保険」にはなりません。ただの寄付かボランティアです。

そこで「賦課方式」の保険の場合、「ここであなたが保険料を支払っておけば、あとから入ってきた加入者が、今度はあなたのために保険料を払ってくれますよ」と、保険会社が約束することになります。となると、こうした「賦課方式」の保険の場合、あとからやってくる加入者がちゃんと保険料を支払ってくれなければ、自分の分の年金を受け取れません。民間の保険会社がこんな奇妙な商品を販売しても、自分が年金を受け取る番になったときに充分な加入者がいる保証などどこにもないわけですから、契約する人は誰もいないでしょう。

ところが、この保険商品への加入を法律で国民に強制すれば、賦課方式の保険が成立します。これなら、日本人が絶滅しないかぎり自分のあとに加入者が続くことは疑いありませんし、保険料の徴収は国家権力によって行われますから、(理屈のうえでは)取りっぱぐれることはないからです(厳密にいえば、日本の公的年金は「積み立て方式を加味した賦課方式」ですが、話が面倒になるので、ここでは簡便化して説明します)。

誰でもわかる「公的年金危機」の理由

では、保険において「積み立て方式(民営保険型)」と「賦課方式(公営保険型)」は、どちらが優れているのでしょうか?

これは、ちょっと考えてみれば、すぐにわかります。

先ほどは、2人の老人の年金を、8人が年25万円の保険料を払うことで面倒を見ることができました。ここで、さらに賛同者が集まって保険料を負担する人数が10人に増えれば、必要な保険料は年20万円に減額されます(200万円÷10人＝20万円)。同様に、老人のひとりが大往生《おうじょう》を遂《と》げて、年金の受給者がひとりになれば、保険料は半分の12万5000円ですむことになります(100万円÷8人＝12万5000円)。

一方、賛同者が減って半分の4人になってしまえば、必要な保険料は年50万円に上がります

〔図㉑〕「賦課方式」と「積み立て方式」の違い

	加入者増	加入者減	老人人口増	老人人口減
賦課方式	○	×	×	○
積み立て方式	×	○	○	×

○＝有利　×＝不利

（200万円÷4人＝50万円）。面倒を見なければならない老人が4人に増えても、保険料は倍の50万円です（400万円÷8人＝50万円）。つまり、図㉑のとおりになります。

日本の場合、現在、「少子高齢化」という大きな社会問題が起きています。子どもの数が少なくなって、高齢者が増えるわけです。ということは、いうまでもなく、保険料を支払う人数が減って年金受給者が増えるわけですから、このままでは保険会社は破綻してしまいます。これが、「公的年金の危機」といわれるものです（単純な話でしょ？）。

定額年金と変額年金

ところで、「公営年金」と「民営年金」のもうひとつの違いは、民営年金の多くが保険料も給付額も一定の「定額年金」であるのに対し、**公営年金は、給付額ばかりか保険料まで変動する「変額年金」**であるということ

〔図㉒〕「公営年金」と「民営年金」の違い

	公営年金	民営年金
保険料	変額徴収	定額徴収
保険金（年金）	変額給付	定額給付（一部、変額給付の商品もあり）

です。

サラリーマンの場合、公営年金の保険料は収入に比例し、保険料率もときどき上がります（自営業者の場合は定額ですが、適宜、変更されます）。民間生保の個人年金にはこうした保険料変額型の商品は存在しません（保険料を勝手に増額されたのではたまりませんから、開発しても加入する人はいないでしょう）。国家権力によって強制加入させたうえに、加入者の給与所得を正確に把握する特権を持った国営生保だからこそできる芸当です。

民間生保の個人年金の場合、契約時に定められた条件によって定額の保険料を支払い、定額の年金を受給するのがふつうです。それに対して公営年金は、変額徴収・変額給付が基本です。原則は、インフレ率に応じて年金額を増やしていくということですが、それ以外にも、さまざまな条件によって年金額や支給開始年齢が変わります。

加入時に保険会社（日本国）と契約を結んでいるわけではありませんから、保険料や年金額は、そのときどきの政府の判断で自由自在に変更できてしまいます。そのうえ強制加入ですから、加入者側にキャンセルする権利は認められていません。保険会社は圧倒的に有利な条件で「経営」できるわけです（ただし、選挙を通じて政府＝国営保険会社の経営陣を更迭することはできます）。

この関係をまとめると、図㉒のようになります。

公営年金はインフレに強く、デフレに弱い

ところで、変額徴収・変額給付の公営年金は、定額徴収・定額給付の個人年金に比べて、有利な面も持っています。

あらかじめ給付額が決められている個人年金の場合、インフレになれば、年金の価値は目減りしてしまいます。

一方、インフレになればそれにつれて給与も上がりますから、変額徴収の公営年金の場合、保険料収入が増加します。そうなると、増加した保険料収入を原資として、インフレ分を増額した年金を受給者に支払うことが可能になるわけです。

ところが、最近のようなデフレ経済になってしまうと、インフレ時には威力を発揮する公営年金は、逆に危機に陥ります。

不景気になれば失業者が増え、リストラなどで所得も減りますから、「変額徴収」では保険料収入が減ってしまいます。それに対して支給額のほうは、そう簡単に減額することはできません。これが、近年になって公営年金の経営が急速に悪化してきたもうひとつの理由です。

戦後日本は、壮年男性の多くが戦地で死亡したところからスタートしましたから、年金受給者の数もそんなに多くはありませんでした。日本経済の高度成長につれて保険料収入が着実に増えていく一方で、支払うべき年金は少ないままですから、公営年金は大きな黒字を計上し、加入者（国民）に対して大盤振る舞いしても、まだお釣りがきました（そのため、全国各地に保養所をつくったりしました）。インフレ率もずっと高いままでしたから、「変額徴収」のメリットを最大限に生かすこともできました。

このように、戦後日本の経済状況を考えれば、「賦課方式・変額型」の公営年金が、結果的にもっとも優れた保険制度だったわけです。そのため、「積み立て方式・定額型」の個人年金は、長らく「オマケ」の地位に甘んじることになりました。

ところが戦後50年を経て、日本が成熟社会の仲間入りをするようになると、様相は一変します。バブル崩壊後の本格的な長期不況もあって、これまで隠されてきた「賦課方式・変額型」のマイナス面が突出し、公営年金は深刻な経営危機に見舞われ、「改革」が叫ばれるようになったわけです。

2．腐りゆく国民年金

日本の年金の仕組み

では、公営年金の基本的な仕組みがわかったところで、次はもうちょっと具体的に検討してみましょう。

図㉓は、年金問題で必ず出てくる、日本の公的年金の構造図です。

このうち、基礎年金に当たる部分を「1階」、厚生年金や共済年金の報酬比例部分を「2階」、「厚生年金基金」や「税制適格年金」を「3階」と呼び、「日本の年金制度は3階建て」などといいます。

まず「1階部分」の基礎年金ですが、これは加入者数7000万人という、超巨大生命保険です。加入者のうち、自営業者などは「第1号被保険者」（約1900万人）、サラリーマン・公務員は「第2号被保険者」（約3900万人）、サラリーマン・公務員の妻（専業主婦）は「第3号被保険者」（約1200万人）と区別されます。

この分類はどうなっているかというと、「第1号被保険者」というのは、「国民年金」に加入する人です。「第2号被保険者」というのは、「厚生年金（共済年金）」に加入するサラリーマ

〔図㉓〕公的年金と企業年金のイメージ

（数字は97年3月末現在の加入者数）

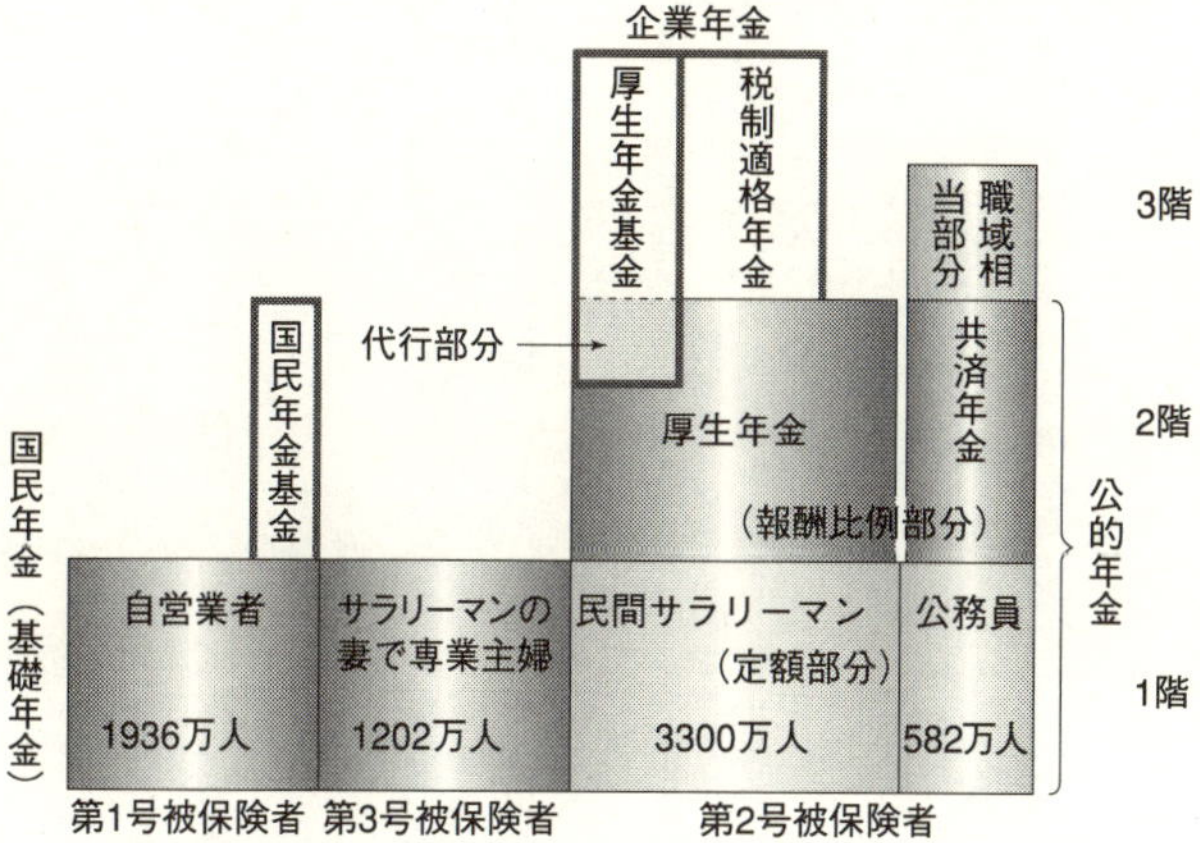

ンや公務員のことです（同じサラリーマンでも、中小企業では会社が厚生年金に加入していないことも多いので、この場合は「第1号被保険者」として国民年金に加入することになります）。「第3号被保険者」というのは、第2号被保険者の妻のうち、年収130万円以下の専業主婦のことです。

日本では、20歳以上の国民は強制的に年金に加入させられますから、すべての国民は、この3つの分類のどこかに入ることになります。このうち、第2号被保険者（サラリーマンや公務員）と第3号被保険者（専業主婦）は定義がはっきりしていますから、それ以外の人は、すべて第1号被保険者に分類されることになります（これを「バスケット・カテゴリー」といいます）。

自営業者以外にも、自営業者の妻や、学生

や、フリーターや、プータローからヤクザ・浮浪者に至るまで、ともかくさまざまな「業種」の人たちが第1号被保険者として、国民年金の保険料徴収と給付の対象となるわけです。これで、理論的にはすべての国民が保険料を支払い、年金を受け取れる、世界に冠たる「国民皆保険制度」が完成します。世界でも、こうした完璧な「皆保険制度」を持っている国は、あまりありません。

保険料を払わない人たち

ところが、日本が世界に誇る「皆保険制度」も、最近、あちこちでほころびが目立ってきました。

公的年金の1階部分は、3分の1を国庫負担(要するに税金)とし、残りの3分の2を、加入者からの保険料で賄《まかな》うことになっています。ところがこの1階部分が、すでに回復不能なほど腐り始めています。

ひとつは、第1号被保険者に「そのほかすべての人」をつめ込んだため、保険料を払いたくても収入のない学生や、もともとそんなものを払う気のないプータローや、「俺っちはお国の世話にはならねーよ」という確信犯的支払い拒否者まで含め、3人にひとりが保険料を支払っていないという、異常な事態になっているからです(保険料を免除されていたり、一部減額を認められている人も含む)。どんな保険だって、加入者の3分の1が保険料未納だったら、やっていけるはずはありません。

※〔著者注〕国民年金の未納率は2003年現在、40%まで上昇しています。

では、第1号被保険料未納者が増えると、ただちに公的年金は破綻してしまうのでしょうか？

そんなことはありません。じつは、3900万人もの加入者がいる第2号被保険者の保険料から、足りない分を補充することができるからです。第2号被保険者はサラリーマンで、保険料は強制的に給料から天引きされますから、第1号被保険者のように、支払いを拒否する自由はありません。国営生保にとっては、確実に保険料を払ってくれる、超優良顧客なわけです。

しかし、第2号被保険者であるサラリーマンは、べつに国民年金の保険料未納者の穴埋めをするために、毎月高い保険料を支払っているわけではありません。そこで、このような実態が明らかになるにつれて、「あんまり俺たちをバカにすんなよ」という声が大きくなってきました（当たり前です）。この件に関しては、宿敵である経団連と労組も利害が一致していますから、労使一体となって、自民党や民主党の議員に圧力をかけます。

困り果てた厚生労働省は、保険料徴収を担当する社会保険庁（厚労省の下部組織）に「国民年金未納者根絶運動」の推進を奨励しますが、年金は税金と違って徴収する側に強制力がないので、たいした成果は期待できません（国民年金の場合、「払いたくねえものは払わねえ」といわれると、説得するしかなくなります。一方、国税庁であれば、税金滞納者の資産を差し押さえることもできますし、どこかに資産を隠していないか、金融機関の口座を調べることすらできる、強力な権限を持っています)。

国民年金の保険料未納者はこうしてますます増加し、ついに「皆保険制度」の根幹を揺るがすに至ったのです。

「サラリーマンの妻」という問題

ところで、国民年金の保険料未納者問題では一致団結する「第2号被保険者（サラリーマン）」も、けっして一枚岩というわけではありません。それは、「第3号被保険者問題」があるからです。

第3号被保険者というのは、先に述べたように、「第2号被保険者」の妻（専業主婦）のことです。この人たちは、「専業主婦には収入がないんだから保険料は払えないだろう」ということで、保険料が免除されています。サラリーマンの専業主婦にさえなれば、1円の保険料も納めることなく、65歳になった時点で規定の基礎年金を満額、受け取ることができるわけです。これはまた、なんとも大盤振る舞いな制度です。

こんなお大尽なことをやっていて、基礎年金はほんとうに大丈夫なのでしょうか？

もちろん、大丈夫なはずはありません。

なんといっても、7000万人の加入者のうち、1200万人が「保険料免除」の第3号被保険者、さらに1900万人の第1号被保険者の3分の1に当たる600万人が保険料未納者ですから、まともに保険料を払っている人は5200万人、全体の74％しかいません。しかも、その5200万人のうちの75％、3900万人はサラリーマン（公務員を含む）なわけですから、公的年金における第2号被保険者の負担はあまりにも過大です。

ところが、この「第3号被保険者問題」に関しては、同じサラリーマンの間でも、利害が真っ二つに分かれます。専業主婦のいるサラリーマンは、ひとり分の保険料で2人分（夫婦）の基礎年金がもらえて超ラッキーですが、独身だったり、結婚していても共働きだったり、妻に先立たれたり、離婚したりしたサラリーマンは、第1号被保険者の未納分ばかりか、他人の奥さんの保険料まで肩代わりしなければならないからです。これもまた、どう考えても理不尽な制度です。

一方、フェミニズム運動の内部でも、「第3号被保険者制度は社会的に虐《しいた》げられていた主婦が獲得した権利だから絶対に譲れない」という人もいれば、「こんな制度があるから主婦の社会進出は進まないし、低賃金のパートに体《てい》よく使われる口実にもなる」と主張する人もいます。これも考えてみれば当たり前で、専業主婦にとってはタダで年金がもらえる極楽のような制度ですが、働く妻にとっては、他人の奥さんの保険料まで肩代わりさせられることになるからです。これもまた、絶対に妥協が成立しない、永遠の対立軸です（ただし「第3号被保険者制度」自体は、「サラリーマンの妻が離婚した場合、保険をもらう資格がなくなるのは国民皆保険の原則に照らしておかしい」というところから制定されたものですから、それなりの意味はあります）。

このように、公的年金のうちの基礎年金（定額部分）は、第1号被保険者の保険料未納問題と第3号被保険者問題でボロボロになってしまい、ほとんど回復不能の惨状になっています。厚労省は、そのツケをサラリーマン（とくに独身者と共働き夫婦）に押しつけることによって、これまでその実態を必死で糊塗《こと》してきたわけです。

3. 世にも不思議な厚生年金

最悪のドンブリ勘定

では次に、崩壊寸前の基礎年金を支えるサラリーマンたちが加入する、厚生年金について見てみましょう。これもまた、摩訶《まか》不思議な制度になっています（正確には、民間サラリーマンが加入する厚生年金と、公務員が加入する共済年金がありますが、ここでは便宜的に「厚生年金」にまとめます）。

この厚生年金というのは、「定額部分」と「報酬比例部分」に分かれています。1階に当たる定額部分は、国民年金などと同じ基礎年金に該当します。その上に、なんで「報酬比例部分（2階）」が乗っかっているかというと、「手に職がある自営業者と違って、サラリーマンは退職したら収入がなくなって可哀想だから、その分だけ余分に年金を支給してやろうじゃないか」という、ありがたい思《おぼ》し召《め》しがあったからです。ただし、余分に年金をもらう以上、余分に保険料を納めることになります。これだけであれば、なかなか合理的な話です。

ところがこの厚生年金は、とてつもなく理不尽な制度です。

その最大の問題は、全体がドンブリ勘定で、「1階」と「2階」が渾然一体《こんぜんいったい》となっていることです。

たとえば、現在の国民年金の保険料は、月額1万3300円（年額15万9600円）です。医者や弁護士のような高給取りの専門職だろうが、学生やプータローだろうが、年金制度を支えるために、これだけのお金を納めなくてはなりません。

ということは、日本国民の平等を定めた憲法の理念に則《のっと》れば、サラリーマンが定額部分に支払うべき保険料も国民年金と同じ、月額1万3300円ということになります。毎月5万円の保険料を厚生年金に支払っている人の内訳は、定額部分が1万3300円、報酬比例部分は残りの3万6700円で、この報酬比例部分は毎月積み立てられて、その人の将来の年金の原資になる、というのであれば、誰も文句はありません。

ところが、現実はぜんぜんそういうことになっていません。サラリーマンの納める厚生年金は、あっちこっちの欠損金の穴埋めに使われているため、ひとり当たりに換算すれば、国民年金の保険料である1万3300円をはるかに上回る額が、基礎年金（1階部分）に回されていることは間違いありません。ところが厚労省は、厚生年金をドンブリ勘定で処理しているため、いったいそのうちのいくらが基礎年金の穴埋めに消えているのか、明らかにしません（とはいえ、厚生年金の保険料と給付額から推計すれば、ごくふつうのサラリーマンが、超高給取りの医者や弁護士よりも多額の保険料を、基礎年金を維持するために納めていることは明らかです）。

厚生年金のこのフザけたドンブリ勘定によって、サラリーマンの報酬比例部分の年金は、基礎年金が破綻するとともに、減額されていくことになります。1階部分と2階部分が「分別管理」されていれば、基礎年金制度が崩壊しても、報酬比例部分の積立金には影響ありませんが、現実には報酬比例部分の積立金は基礎年金に無断で流用されていますから、保険制度の破綻とともに丸損になりかねないわけです。一時期、証券会社が顧客の口座にある現金を運転資金に流用していたことが問題になりましたが、世界の一等国である日本国の国営生命保険会社も、やっていることは同じです。

厚生年金の保険料

あなたは毎月、いくらの保険料を支払っていますか？

じつは、この質問に答えられる人は、それほど多くはありません。

サラリーマンが納める厚生年金の保険料は、年収の13・58％となっています。年収500万円（税引き前）のサラリーマンであれば、67万9000円（＝500万円×13・58％）の保険料を支払うわけです。ただし、この保険料は労使折半ということになっていますから、実際に給料から引かれるのは、33万9500円（＝67万9000円×0・5）、月額約2万8000円になります。これなら、国民年金の保険料1万3300円と比べても、なんとか納得できる範囲といえるかもしれません。

ところが、これは完全に数字のトリックです。世の中には、「サラリーマンになれば、会社が半分保険料を払ってくれるから得だ」などと考えている人もいますが、会社が払う保険料は、べつに社長がポケットマネーで出してくれるわけではありません。社員が働いて稼いだ利益から捻出《ねんしゅつ》するほかないわけですから、お金の出所は人件費といっしょです。

ということは、先ほどの例でいえば、年収500万円のサラリーマンは、じつは毎月5万6000円もの保険料を厚生年金のために支払っている、ということになります。しかし、これを給与明細にそのまま書いてしまうと、平凡なサラリーマンでも国民年金のじつに4倍もの保険料を支払っているという実態が一目瞭然《いちもくりょうぜん》になってしまうため、会社が半分払うというトリックを使って明細書の保険料額を減らしているわけです（次に説明する健康保険でも、同様のトリックが使われています）。

4．絶対にうまくいかない厚生年金基金

企業年金なのに公的年金

厚生年金におけるドンブリ勘定問題は、この厚生年金のうえに、「厚生年金基金」というわけのわからない年金（3階部分）が乗っかることで、さらに昏迷《こんめい》の度合いを深めます。この厚生年金基金（基金）というのは、名前は似ていますが、厚生年金とはまったく別のものです。

厚生年金は「公的年金」ですから、保険料は日本国に支払われ、日本国によって運用され、年金は日本国から支払われます。

一方、厚生年金基金は「企業年金」ですから、保険料は企業（実際には企業や業界団体によって設立された各厚生年金基金）に支払われ、企業によって運用され、年金は企業から支払われます。ということは、これは民間の生命保険と同じですから、公的年金のような賦課方式は

適用できず、積み立て方式を採用することになります。

これだけであれば、厚生年金基金には何の問題もありません。従業員が積み立てたお金をどこかの金融機関に一括で預けて運用し、退職時に解約して、返戻金《へんれい》を原資に年金化すればいいだけだからです。いたってシンプルな仕組みです。

しかしこの厚生年金基金は、じつは、常識ではちょっと理解しがたいような、トンデモない仕組みで運用されています。

企業が厚生年金基金をつくると、厚生年金の保険料を、3・2〜3・8%まけてもらうことができます。仮に3・5%とすると13・58%の保険料が10・08%に減額されるわけです。一方、このまけてもらった3・5%は厚生年金基金で運用し、その分の年金も、国に代わって基金から支払われることになっています。

さて、これがどういうことなのか、理解できた人はいましたか?

「代行部分」って何だろう?

あまりに荒唐無稽《こうとうむけい》な話なので、ひとつずつ解明してみましょう。

まず、どこかの企業に勤めていて、500万円の年収をもらっているサラリーマンがいたとします。この人を、仮に三郎さんとしましょう。

先に述べたように、三郎さんの会社が厚生年金に加入していたとすると、13・58%の保険料

〔図㉔〕厚生年金と厚生年金基金の関係

※代行部分を年収の3.5%とした場合

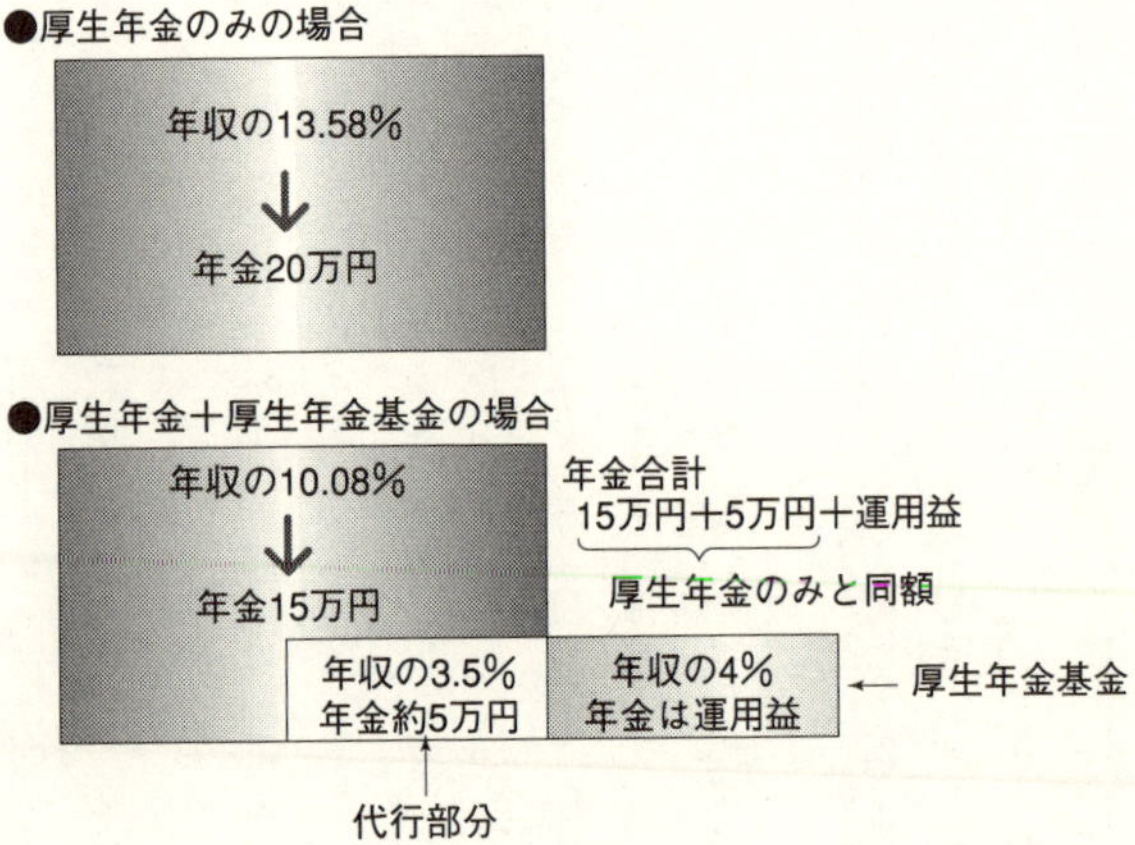

を労使で折半するわけですから、それぞれ33万9500円、合わせて67万9000円の保険料を支払うことになります。

ところが、この会社がさらに厚生年金基金を設立し、年収の4%を労使折半で積み立てることにしたらどうなるでしょう。

この場合、三郎さんの年収500万円の4%は20万円ですから、労使それぞれ10万円ずつ、厚生年金基金に積み立てることになります。この積立金は、完全に個人（三郎さん）のものですから、三郎さんの退職時に解約されて、年金化されることになります（一般の保険と同様に、一括で受け取ることもできます）。

ここまでなら何の問題もないのですが、なぜか厚生年金基金を始めると、厚生年金が3・5%分、くっついてきます。500万円の年収の3・5%は17万5000円ですから、三郎さんの会社の厚生年金基金は、先ほどの20万円（年収の4%）に、厚生年金から引っ越してきた17万5000円も加えて、総額37万5000円（年収の7・5%）を運用することになります。この、厚生年金からやってきた17万5000円というのが、世界にも類を見ない、日本独特の「厚生年金の代行部分」というものです。

厚生年金の保険料の一部を代行して徴収・運用するということは、当然、保険金（年金）の支払いも代行することになります。年収の13・58%の保険料を厚生年金に払い続けた三郎さんが、将来仮に20万円の厚生年金を受け取ることになったとすると、そのうちの3・5%分（約5万円）は、代行運用していた厚生年金基金から支払われます。厚生年金基金は、この5万円の代行部分に、さらに三郎さんが自分で積み立てた分を加えて、年金を支払うわけです（わかりますか?）。

この関係を、図示してみましょう（図㉔）。

このように図解してみても、やはり、この世にも不思議な制度を完全に理解できる人は少ないのではないでしょうか?

天下り先がいっぱい

ではなぜ、企業が運営する私的な年金に、公的年金の一部を運用させるような、わけのわからないことが始まったのでしょうか。

表向きの理由は、「企業（業界）ごとの基金では運用額が少なすぎて効率的な運用ができないから、公的年金の一部を移管して運用成績が上がるようにしてやろう」ということだとされています。しかし、これはあまりにも苦しい言い訳です。

ほんとうの理由は、私的機関である厚生年金基金に公的な役割を担《にな》わせることで、旧・厚生省の役人の天下り先確保を狙ったものでした。その証拠に、全国各地の厚生年金基金の理事長は、ほとんどすべて旧・厚生省OBで占められています。

自分たちの再就職がかかった事業である以上、旧・厚生省は、厚生年金基金を普及させるために、なりふり構わず何でもやりました。

厚生年金基金の保険料は、私的年金であるにもかかわらず、会社側は全額を損金として計上できますし、社員側も所得から全額控除することができます。いわば、無税で積み立てられる資金です。

そのうえ、厚生年金基金の積立金は課税されません（あとで説明しますが、同種の「税制適格年金」の場合、特別法人税がかかります）。

さらに、厚生年金基金を解約した場合、一括で受け取れば退職金と同じ、年金で受け取れば公的年金と同じ税務上の扱いとなり、所得税に関しても民間の保険商品よりはるかに優遇されています。

ここまでいろんなお土産をつけられれば企業としても文句はありませんから、競って基金を設立し、旧・厚生省OBを理事長に迎えて、無税の積み立てを始めました。これが、旧・厚生省と企業との蜜月《みつげつ》時代です。

大赤字の基金

ところが、この厚生年金基金にはひとつ、大きな問題がありました。公的年金である厚生年金の一部を代行運用しているため、自由な商品設計ができず、厚生年金の仕組みをそのまま使わざるをえなかった、ということです。

最大の問題は、予定利率です。

旧・厚生省は、1969年の「厚生年金規則」による制度発足以来、30年も、厚生年金の予定利率を5・5％のまま据《す》え置いていました。すると当然、厚生年金の一部を代行する基金の予定利率も、5・5％にしなければ話が合わなくなります。ところが、バブル崩壊後の株価下落と低金利で5・5％などという運用利回りは、逆立ちしたって出せません（この時期、年金資金を運用する生命保険会社が提示した保証利回りは1・5～2・5％でした）。

簡単にいえば、1・5％で運用したものを5・5％の利息をつけて支払うわけですから、基金の運用収支はこの逆ざやのために、巨額の赤字を計上するに至りました。ようやく、厚労省は基金の予定利率引き下げを認めましたが、ときすでに遅く、その赤字は回復不可能なところまで拡大してしまったのです。

もうひとつ、基金の構造的な欠陥というのは、やはり厚生年金との整合性を取るために、掛金率を、加入者が永久に続くことを前提とした「開放型方式」で算出していることです。こうした方式は公的年金には当てはまるかもしれませんが、それを私的な企業年金で使うのはどう考えても無理です。そのため、現在の基金は民間保険会社よりも保険料は割安になっていますが、同時に、加入者数が減ってしまうとすぐに赤字に陥り、破綻する危険性をはらんでいます。このように、旧・厚生省の天下り先として登場した厚生年金基金は、高すぎる予定利率と歪《ゆが》んだ商品設計のために、確実に消滅していく運命にあるわけです。

5．年金をいくら受け取れるのか？

国民年金の額

ここまで、日本の公的年金を構成する国民年金と厚生年金、および厚生年金の一部を代行運用する厚生年金基金について、その仕組みを簡単に見てきました。これだけでも、絶望的な気分になった方もいるでしょう。

しかし、愚痴《ぐち》をこぼしていても仕方ありません。気を取り直して先に進みましょう。

では、このような完全に破綻した年金制度を抱えた日本国に暮らす私たちは、いったい将来いくらの年金を受け取ることができるのでしょうか。

じつは、これはよくわかりません。なぜなら、日本の公的年金は「変額年金」であり、そのときどきのいろんな事情で給付額や支給開始年齢が変わってしまうからです。

しかしそれでも、いくつか確実だろうということはあります。

全国民に受給権がある基礎年金（国民年金＋厚生年金の定額部分）ですが、この給与額は現在、65歳から年額79万7000円（40年間にわたって満額の保険料を納めた場合）となっています。ということは、いわれたとおりにお国に保険料を納めていれば、夫婦で毎月約13万円の年金がもらえる、ということです。

ところでこの基礎年金ですが、将来にわたって決められた金額と考えてよいのでしょうか。

残念ながら、そんな楽観的な予想はできません。しかし、一方で悲観論者が主張するように、年金制度が崩壊して積立金はすべて消えてしまう、などということも起こりえないでしょう。もしそんなことになるのなら、日本には革命が起き、全体主義なのか共産主義なのか知りませんが、ぜんぜん違う国家になっているでしょうから、考えたところで仕方ありません。

年金額は1割減

年金問題の根本は、将来の給付額に対して保険料収入が少ないということですから、対処法は小学生にでもわかります。給付額を減額し、一方で保険料を値上げすればいいわけです。もちろん、厚労省の役人も小学生と同じことを考えました。そこで、給付の減額と保険料値上げのさまざまなシミュレーションがつくられたわけです。

ところが、「老後はお国に面倒を見てもらう」という信仰が根強く残る日本では、年金だけで生活している高齢者がいっぱいいます（ある統計によれば、高齢者のうちの5割が年金のみで生活している、ということになっています）。その年金を思い切って減額してしまえば、こうした高齢者が路頭に迷ってしまいます。それ以前に、今や老人というのは最大の政治勢力ですから、内閣は崩壊し、政権党は選挙で大敗してしまうでしょう（高齢者は数がいっぱいいるうえに、投票率が高く、政治的な利害も一致していますから、強力な圧力団体になる可能性を持っています。いずれは、創価学会に代わる一大政治勢力になるでしょう）。

ということは、年金の減額には限界があります。ただ、さすがに年金を満額支給して保険料だけを上げるわけにはいきませんから、そこはお互いさまで、1割くらいの減額は勘弁してもらおう、という話になる可能性はあります。基礎年金が1割減額されれば毎月の受給額は夫婦で約12万円、2割減額で約10万6000円。いちおう、このあたりの給付水準を想定しておけばいいでしょう。

ところで、これは蛇足ですが、現在、40年間保険料を納め続けた人の基礎年金の給付額は2人で約13万円、一方で、生活保護の支給額は2人で約14万円といわれています。真面目に働いて年金をもらうより、生活保護を申請したほうがもらえるお金が多くなるわけです。もちろん生活保護制度そのものは必要でしょうが、この支給額はどう考えても理不尽です（一時期問題になりましたが、九州の旧炭鉱地区などでは、五体満足な壮年男性が新車に乗って生活保護を受け取りにきていました）。

一方の保険料ですが、厚労省の試算によると、給付額を1割しか減額しなかった場合、国民年金の保険料は現在の1万3300円から2割以上、値上げしなければならなくなります。しかしこれでもまだいいほうで、政治的な圧力で給付の減額ができなければ、最大で2万4300円まで80％もの大幅値上げをしなくては積み立て不足は解消しないということになっています。もちろん、こんなベラボーな値上げをすれば国民年金の保険料を納める人はますます少なくなってしまいますから、いずれにせよ年金制度は崩壊してしまいます（基礎年金の3分の1を賄っている国庫負担は、2分の1までの引き上げを図ると法律に明記されていますが、消費税の引き上げ以外に財源の目処はたっていません）。

厚生年金の年金額は?

では、サラリーマンが加入する厚生年金はどうなるのでしょうか?

こちらのほうは、従順なサラリーマンが相手だけに、情け容赦《ようしゃ》ない給付の減額が可能になります。

厚生労省がまず最初に手をつけたのは、受給年齢の引き上げでした。

これまで、「高齢のサラリーマンはいったん退職してしまうと再就職が難しい」という理由から、厚生年金の報酬比例部分にかぎり、60歳からの受給が認められていました(それ以前は定額部分を含め厚生年金全額が60歳から支給されていました)。定年退職後、どこにも再就職口がなくても、報酬比例部分の年金だけで、なんとか暮らしていくことができるように配慮されていたわけです(現役時代の平均給与にもよりますが、標準モデルで毎月10万円くらいの年金額になります)。

ところが、年金財政の大赤字で尻に火がついた厚労省は、こんな施《ほどこ》しをサラリーマンごときにしてやる余裕はないと考え、厚生年金の受給年齢も、国民年金と同じ65歳まで引き上げることに決めました。もっとも、受給年齢をいきなり60歳から65歳に引き上げれば、いかにバカなサラリーマンでも騒ぎ出しますから、1953年4月2日生まれの男性から1年ずつ受給年齢を引き上げ、1961年4月2日生まれ以降は国民年金と同じ65歳受給にすることになりました。2003年現在で考えれば、50歳以上は60歳から年金をもらうことができますが、49歳以下は毎年1年ずつ受給年齢が上がっていって、42歳以下になると、65歳からしか年金をもらえなくなる、ということです（女性の場合は、移行期間は5年遅れになります）。

空白の5年間

ところで、一般の日本企業は60歳が定年です。一方、年金の受給は65歳から開始されるわけですから、誰でも気づくように、このままでは、サラリーマンは退職後の5年間、無収入となってしまいます。現在、40歳前後の世代が定年を迎える20年後には、このことが大きな社会問題になることは違いありません。

しかし、厚労省の官僚にはそんなことは関係ありません。受給年齢の引き上げで問題は20年後まで先送りされ、その頃には自分たちは、とっくにどこかに天下っているからです。

このように、**現在40歳以下のサラリーマンにとっては、60歳から65歳までの「空白の5年間」をどのようにすごすのかが、人生における最重要問題**となってきています。勤めていた会社がたまたま65歳定年制だったり、特殊技能や専門知識を持っていて、定年後も以前と同じ条件で再就職できるような幸運な人を除き、**60歳から5年間、無収入になる**という大きなリスクを前提に、人生を設計する必要が出てくるからです。これは、どれほど強調してもしたりないほど、重要なポイントです。

こうした前提に立てば、**住宅ローンは60歳までに完済しておく**ことは絶対条件です。不用意に35年ローンとか40年ローンを組んで、無収入になったときにまだローンの支払いが残っていたら、それだけで生活は破綻してしまいます。

次に必要なのは、60歳時点で、5年間無収入でも生活できるだけの貯蓄を持っておくことです。夫婦2人の1ヵ月の最低生活費を20万円としても（高齢者の標準的な生活費は1ヵ月25万円）、年間240万円、5年間で1200万円が生活費として消えていくことを前提にしておかなくてはなりません（賃貸生活の場合、これに住宅費が加わります）。もちろん65歳時点で貯金がゼロになってしまったのでは仕方ありませんから、少なくとも2000万円程度の貯蓄は必要でしょう。

最悪の場合は、年金受給を繰り上げ支給してもらうこともできます。ただし、60歳に繰り上げたとすると、受給額は生涯にわたって30％も減額されてしまいます（20万円もらえるはずだったものが14万円になってしまうわけです）。

報酬比例部分も減額対象

厚生年金の場合、冷酷無情に受給年齢を引き上げられるにとどまらず、報酬比例部分の年金額も削減の対象となります。

厚労省の発表しているモデルケースでは、現役時代の平均月収が30万円で妻が専業主婦のサラリーマン夫婦の場合、厚生年金の給付額は月額約23万円（プラス物価スライド分）となっています。このうち基礎年金部分は約13万円ですから、それに約10万円の報酬比例部分が加えられているわけです。で、これが減額されると、1割減額で20万7000円、2割減額で18万4000円となります。

※〔著者注〕2000年の年金改革で厚生年金の給付額は、国民年金に先んじて報酬比例部分が約23％減額されました。定額部分と併せても、約13％の大幅カットです。

しかし、給付額以上に大きな問題があります。それが、保険料です。

給付額を減額できない以上、保険料を値上げしなければ帳尻が合わないのは、基礎年金も厚生年金も同じです。

厚労省の試算によれば、現行の年金水準を維持するには、保険料を年収の20％まで引き上げる必要があるとのことです。こうなると、年金・健康保険などの社会保障費や所得税・住民税などの税金を合わせ、給料から天引きされる額は40％を超えてしまいます（会社負担を含みます）。

公的年金の収支

このように、将来の給付額が保険会社（日本国）の都合によって変わる変額年金の場合、経営が急速に悪化すれば、保険料値上げと給付削減によって、いずれ返戻率が100%を割ってしまいます。

2003年8月に公表された厚労省の試算では、1935年生まれの加入者は保険料負担額700万円に対し年金給付額5800万円で、負担と給付の割合は8・4倍にものぼります。それに対して1975年生まれでは3900万円の保険料負担に対し給付額は9300万円で、負担給付比率は2・4倍まで低下します。厚労省は2015年生まれでも負担給付比率は2・1倍で、公的年金への加入はどの世代にとっても有利な取引だと強調していますが、例によってここにはさまざまな数字の詐術が紛れ込んでいます。

ひとつは、先にも述べたように、事業者負担分を除いて計算していることです。事業者の支払う保険料も人件費の一部と考えれば、負担給付比率は1975年生まれで1・2倍、2015年生まれでは1・05倍と、支払った保険料しか戻ってこない計算になってしまいます。そのうえ厚労省は、事業者負担分を加えても負担給付比率が1倍を下回らないよう、利回り（割引率）を低めに設定したり、将来の出生率を楽観的な数値にしたり、さまざまな工夫をこらしています。

こうした点を考慮すれば、厚生年金に関しては、1960年生まれあたりを境に、給付額が支払った保険料を下回る逆ざやに落ち込んでいる可能性はかなり高そうです。見返りのないお金を払い続けるわけですから、あまりに虚しい出費です。

※〔著者注〕それに対して、保険料が定額で給付水準も据え置かれている国民年金は、2003年現在でも将来の給付額は保険料負担額を上回ると考えられます。

最近では、人材派遣業など一部の業種で従業員自らが、会社側に厚生年金に加入したくないと要望するようになりました。国民年金のほうがはるかに保険料が安いわけですから、余ったお金を民間の金融商品で運用したほうがずっと有利です。このように、みんなが合理的な行動を取り始めると、厚生年金は加入者がいなくなってしまいます（厚生年金の加入は企業の義務であって、従業員に義務はありません。ここにも厚生年金制度の矛盾が端的に表れています）。

※〔著者注〕厚労省は2004年の年金改革で、パート労働者への厚生年金適用拡大を実施する予定です。

6. 公的年金を立て直すには

保険料の行き先

では、この国営保険会社の実態はどのようになっているのでしょうか？

国民年金・厚生年金などの保険料は厚労省所管の社会保険庁によって徴収され、「年金特別会計」に組み入れられます。この特別会計は、03年現在で約150兆円の積立金を持ち、この巨額の資金を運用すると同時に、受給資格者に年金を支払うわけです。

民間の保険会社であれば、集めた保険金は株式や債券など、金融市場で運用されます。しかし公的年金の保険料は金融市場には流されず、大蔵省資金運用部（現・財務省財政融資資金）に預託されて、公団や政府系金融機関などに融資されてきました。国営保険会社が集めたお金は民間には使わせず、道路公団や住宅公団、住宅金融公庫、中小企業金融公庫などの「国営事業」に投資されていたのです。

こうした「国営事業」から順調に収益が上がれば、どこにも問題は起きません。ところが、ここであらためて説明するまでもなく、こうした国営事業は官僚の天下り先＋利権の温床《おんしょう》、おまけに放漫経営で、ほとんどが経営危機に陥っています。本州四国連絡橋公団のように、政治的圧力によって用もない巨大な橋を3つもつくらされたところもあります。こうした国営事業は、国際会計に基づいて正確に時価評価すれば大半が債務超過でしょうから、これまで貸したお金のほとんどは焦《こ》げついて戻ってはきません。このままでは年金特別会計に大きな穴があいてしまいます。

しかし、現実にはそういうことにはなりません。なぜかというと、郵便貯金などと同様、年金特別会計から貸し出されたお金は日本国によって元金と利息が保証されているからです。

したがって、国営事業がどんなに赤字でも、それを理由に年金財政や郵便貯金が危機に陥ることはありません。その損失は、税金によって埋められるのです。

年福事業団とは何か？

ところで、旧・厚生省は、年金特別会計の運用をすべて大蔵省に仕切られるのがずっとおもしろくありませんでした。そこで1996年から、積立金の一部が旧・厚生省の外郭団体である「年金福祉事業団（現・年金資金運用基金）」に預けられ、自主運用されることになりました（その額は02年度末で34兆円にのぼっています）。

この巨額の資金の大半は、信託銀行・生命保険会社・投資顧問会社など国内の金融機関に預託されていますが、運用の失敗で、同じく02年度末で6兆円以上の累積赤字を出しています（不思議なことに、国民から預かった公的年金資金の運用で巨額の赤字を出したことで責任を追及されたという話はどこからも聞こえてきません）。

こうした運用の失敗以上にひどいのが、年福事業団の住宅融資でした。これは国民年金や厚生年金の加入者を対象に、保険料積立金の「還元融資」の名目で始められた公的住宅ローン制度で、利息は住宅金融公庫とほぼ同じ。99年現在の融資残高は公庫72兆円に対し、10兆円に達していました。

住宅金融公庫がすでにあるのに、なぜこんなものが生まれたのでしょう。

その理由は、年福事業団の融資の流れを見れば、すぐにわかります。

年福事業団は、各地域に「年金住宅福祉協会」という名前の法人を設立し、そこにほぼ無利息で融資します。各地の年金住宅福祉協会は無利子で借りたお金を、住宅金融公庫並みの利息で貸し出すわけですから、確実に儲《もう》かります。しかし、こうした地方の法人は「独立採算」のため、利益が年福事業団に還元されることはありません……。

いったい誰が、この仕組みを理解できるでしょうか⁉

年福事業団は、各地の住宅福祉協会にお金を貸せば貸すほど、赤字になってしまいます。そのため「利子補給金」などの名目で、7000億円近くが年金特別会計から補塡《ほてん》されているという有り様です。実態は、住宅融資の名のもとに、年金財政から各地の住宅福祉協会に利益が横流しされていたのです。とても「健全な民主主義国家」で起こることとは思えない、とんでもない国家的詐欺《さぎ》です。各地の「住宅福祉協会」を運営する、地元選出の国会議員や地方銀行の頭取、県商工会議所会頭、労組幹部、元県庁幹部などなど、要するに地方利権を牛耳る権力者たちが、よってたかってこの甘い蜜に群がっていました。

これではいくらなんでもひどすぎるということで、橋本政権の97年6月、閣議決定により、99年の年金制度見直しに合わせて年福事業団を廃止することが決まりましたが、既得権を手放したくない勢力からの反撃はすさまじく、2001年4月になってようやく事業は解散されました。

基礎年金の税方式化で一挙解決

ここまで説明してきたように、国営保険会社の年金は、構造的に破綻し、なおかつ運用部分が腐り果てています。では、いったいどのようにしたら立て直すことができるのでしょうか？

これは一見難しい問題のようですが、意外に簡単な解決策があります。ただし、いつものことながら、この解決策を実行することは、既得権益にがんじがらめになった日本社会では、大きな困難をともないます。

まず、基礎年金をどうすればいいかを考えてみましょう。

基礎年金の問題は、第1号被保険者に3分の1もの保険料未納者を抱え、おまけに第3号被保険者からは保険料を徴収していないことでした。そのため厚労省は、躍起になって保険料未納者を減らそうとしていますが、たいした効果は上がっていません。第3号被保険者問題にいたっては、お手上げという状況です。

ところが、保険料を個人から別途徴収する現在の制度を改めて、基礎年金の財源を消費税にしてしまえば、このふたつの難問はたちどころに解決します。保険料の確信犯的未納者も、サラリーマンの専業主婦も、ものを買う以上、消費税は納めますから、全国民から満遍なく、基礎年金の保険料を徴収することができるからです。

そのうえで、厚生年金の定額部分と報酬比例部分を完全分離すれば、厚生年金のドンブリ勘定問題も一挙に解決します（要するに、民間の個人年金と同じようにするわけです）。こうなると、厚生年金を公営にしておく意味はなくなりますから、すべて民営化してしまいます。これで、腐り果てた運用部分はすべていらなくなりますから、この問題も解決します。

ウソのような話ですが、たったこれだけのことで、日本を揺るがす年金問題は消滅してしまいます（これはべつに私たちが勝手にいっていることではなく、緻密《ちみつ》なシミュレーションをもとにした経済学者の提言にも、同様のものは多くあります）。

省庁の利権のカベ

ではなぜ、こんな単純な解決策が実行できないのでしょうか。

それは、こうした年金改革が厚労省の利権を直撃するからです。

基礎年金を持つ国は、先進主要国のなかで日本を含めて11ヵ国あります。そのなかで、日本のように保険料を別徴収する「社会保険方式」を採っている国は3ヵ国、残りの8ヵ国は、「税方式」で保険料を集めています。これらの国では、社会保険料は税金の一部として認識されています。

残りの3ヵ国は日本、イギリス、オランダですが、日本以外は、無所得・低所得・一部の自営業者は参加しない部分年金です。「社会保険方式で、そのうえ無所得の学生などにも保険料を納めさせようとする全国民共通の保険制度はどだい無理な話」というのは、ずいぶん前から指摘されていました。日本の誇る「国民皆年金」というのは、もともと大きな矛盾をはらんでいたのです。

こうした矛盾も、基礎年金を税方式にすればたちどころに解決するわけですが、これには厚労省が猛反対しています。いちばんの理由は、「年金が消費税（福祉目的税）で徴収できるのなら、社会保険庁の仕事がなくなってしまう」ということのようですから、省益のためなら国が滅びても構わないという、恐るべき亡国行政です。しかし、一方の財務省も、「年金が福祉目的税になってしまうと、消費税が自由に使えなくなってしまうから反対」というのですから、どっちもどっちです。

この基礎年金の税方式への転換は旧・自由党が強硬に主張し、自民党や民主党のなかの、厚労省の改革案に見切りをつけた一部の議員を巻き込んで、国会のなかでも一定の支持を得つつあります。

それに対して厚労省は、「基礎年金を全額消費税で徴収すれば、2025年に消費税率は20%超になる」と叫んでいます。現行の社会保険方式を続けても保険料率は20%まで引き上げられるわけですからどっちもどっちみたいな話ですが、厚労省のシミュレーションというのは、どうも自分に都合のいいデータが多く、信用が置けません（データの根拠を調べたわけではありませんが）。ほかの問題（運用の失敗など）はすべて脇《わき》に置いておいて、「年金財政がたいへんだから保険料を上げて給付額を減らすしかない」とバカのひとつ覚えのように叫ぶばかりだからです。

保険料は引き下げるべき

それに対して、一橋大学の高山憲之《たかやまのりゆき》教授（公共経済学）は、「保険料は今よりも引き下げるべきである」と主張しています。「ほんとうにそんなことができるのか？」と思われる方もいるでしょうが、これはなかなか説得力のある主張です。

高山教授はまず、日本の国家財政において、税金よりも社会保険料が大きなウェイトを占めるようになった現状を指摘しました。

99年度の国家予算を見ると、所得税19兆円、法人税15兆円で、税収は合わせて34兆円になっています。それに対して社会保険料は、本人負担26兆円、事業主分29兆円で計55兆円。なんと所得税・法人税の合計の1・6倍にもなります。

当時、小渕内閣の景気対策というのは所得税減税や法人税減税が中心で、この34兆円の税収部分の税率を引き下げて消費を喚起しようというものでしたが、その一方で、税収の1・6倍にもなる社会保険料部分が拡大していくならば、減税効果などすべて吹っ飛んでしまいます。だったら、「減税をするなら、同時に公的年金の保険料も引き下げるべき」ということになります。ここまでは、非常に筋の通った理屈です。

では、保険料引き下げの原資はどこに求めればいいのでしょうか？　もちろん、これを国債の発行で補塡すれば財政赤字が拡大するだけですから、将来の増税で帳消しになってしまいます。

そこで、まず130兆円にものぼる年金特別会計の積立金を取り崩します。これは毎年の年金支払額の5・5年分に当たりますが、世界でも、こんな大きな積立金を持っている国はほかにありません。アメリカ、イギリス、ドイツなどのほかの先進国は、どこも1〜1・5年分です。年金システムを健全化すれば、20兆〜30兆円の資金があれば充分ということです。同時に、積立金を取り崩して国の運用額を減らせば、財投など国営事業に流れる資金パイプも細くなりますから、財政も健全化します。

いきなり積立金を取り崩すのは過激すぎるというのであれば、毎年の運用益を保険料引き下げの原資にすることもできます。高山教授の試算は、日本の公的年金は、総額で7・5兆円の黒字見込みなので、このうちの5兆円を還元すれば、厚生年金の保険料を4%引き下げることが可能、というものでした。労使折半として、月収ベースで2%の所得増のうえに企業の利益もかさ上げされますから、チマチマした所得税減税などよりはるかに効果が大きいことは明らかです。

このように、厚労省の手から既得権を引き剝《は》がせば、大幅な保険料引き下げが可能になるのです。

※〔著者注〕高山教授の指摘は、2003年現在でもそのまま当てはまります。高山教授は現

在、現受給者の給付を一部抑制すれば保険料を引き上げる必要はないと論じています。

企業年金大混乱！

公的年金システムは現在、企業年金（3階部分）からも崩壊しつつあります。これは先に説明したように、厚生年金基金に「代行部分」という、わけのわからないものがくっついているからです。

ところで、企業年金には厚労省所管の「厚生年金基金（基金）」のほかに、中小企業向けの「税制適格年金（適年）」というのもあります。こちらは国税庁に届け出ることが義務づけられているので、財務省の所管になります。この「基金」と「適年」の違いは、次のようになっています。

①「基金」は厚労省所管で、「適年」は財務省所管。
②「基金」には代行部分があるが、「適年」には代行部分はない。
③どちらも企業拠出分は損金の、従業員拠出分は税引前控除の対象になるが、「適年」は積立金に特別法人税が課税される（「基金」は無税）。
④「適年」は税務署に届ければ誰でも始められるが、「基金」は厚労省の認可が必要で、ハードルが高い。
⑤「適年」は企業の判断でやめることができるが、「基金」は厚労省の許可がなければやめら

れない。

⑥「基金」の予定利率は厚労省によって決められるが、「適年」は企業が設定。

⑦「基金」は大企業を中心に1800基金（約1200万人）、「適年」は中小企業を中心に8万8000件。

一口に「企業年金」というとき、「基金」と「適年」を区別しないことが多いのですが、両者はこのようにかなり違うものです。

企業年金が問題にされる場合、ふつうは「基金」のことを指します。従業員から預かったお金に会社負担分を加えて運用するだけの「適年」は財形貯蓄のようなものですが、基金と同様に利回りを保証していたために運用成績の悪化で積立金不足が顕在化し、こちらはひと足早く2012年3月末で制度の廃止が決まりました。

「退職給付債務」とは何か？

この「企業年金」でいちばん大きな問題になっているのが、「退職給付債務」に関する会計ルールの変更です。これは「企業の退職金支払い義務をちゃんとバランスシートに計上しよう」という主張に基づいたもので、85年にアメリカで本格的な導入が始められ、現在では国際会計基準として広く認められています。ところが、ひとりドメスティックな会計基準を死守してきた日本ではこの「退職給付債務」の存在をずっと無視し続けており、01年3月期から、ようやく年金積立不足額を負債としてバランスシートに開示することになりました。

ところが、ここでひとつ、困った問題が起きました。予定利率5・5%という、厚労省が決めた法外な予定利率で掛け金を設定していたことで、ほとんどの企業年金（基金）が大幅な積立金不足に陥っており、まともに計算すれば、日本企業の退職給付債務はとてつもない金額になってしまうからです（代行部分の予定利率を5・5%から4%に引き下げただけで、5兆円の積み立て不足が発生しました。しかも現実には、とても4%では運用できていません）。

「退職給付会計」というとなんだか難しそうですが、理屈は簡単です。

これまで説明してきたように、退職金（生命保険の解約返戻金）と年金は同じものですから、企業年金を考える場合でも、一時払いの退職金だけを問題にすれば事足ります（これはわかりますよね）。

同時に、その会社の社内規定などで、現在30歳のAさんが60歳で定年退職したとき、いくらの退職金を支払わなければならないかは、おおよそ見当がつきます。

それが仮に3000万円だとすると、これまでの日本の企業会計では、Aさんが退職する30年後の利益のなかから、この3000万円を出せばいいことになっていました。先のことは何とかなるだろう、という発想です。

ところが、新しい退職給付会計では、この将来発生するであろう3000万円の支出（負債）に対して、現時点で、その分を積み立てておかなければならなくなりました。とはいっても、3000万円の現金が必要なわけではなく、その分を現在価値に割り引いた資産があればいいわけです。

しかし、高い予定利率を一方的に押しつけられ、昨今の逆ざやで過去の含み益のほとんどを吐き出してしまった「基金」は、ほとんどが赤字です（99年現在、全国1800基金の65％以上の1200基金が赤字に陥っていました）。この状態で退職給付債務を計算すると、とてつもない金額になってしまいます。

一部の専門家の試算によると、日本企業の退職金債務の総額は80兆円にものぼります。それに対して、バブル崩壊後の不良債権の総額が40兆円（ほんとうはもっとあるかもしれませんが）とされていますから、理屈のうえでは、これからさらに、バブル崩壊の2倍以上の債務を処理しなければならないということになります。中堅以下の上場企業では、積立不足額が株主資本を上回り、実質債務超過の状態にあるところも珍しくはありません。これでは誰もが、日本経済は完全に崩壊し、海の底深く沈んでしまうと思ってしまうでしょう。

劇的な解決策

たしかに、企業年金に関する退職給付債務の問題は深刻です。しかしここには、不良債権問題とは違って、ちょっとした数字のマジックがあります。

退職給付債務を計算する際に、将来の債務を現在価値に割り戻すには、長期金利を基準にします。ところが、昨今の日本の超低金利で割り引くと、現在価値（債務）の額が異常に膨《ふく》れ上がってしまいます（たとえば30年後の3000万円を5％で割り引くと現在価値は約700万円ですが、2％で割り引けば1600万円になってしまいます。これだけで、負債額は倍以上になるわけです）。このように、将来的に金利が上昇すれば、それにつれて企業の退職給付債務も減っていきます（なぜか、このことはあまり指摘されません）。

企業年金の退職給付債務問題には、もうひとつ、劇的な解決策があります。厚生年金基金を解散して、代行部分を国に返上し、残ったお金を加入者の間で分配してしまうのです。余裕のある企業であれば、必要積立額の不足分を一括して補ってもいいでしょう。こうすれば、将来の負債はすべてなくなりますから、バランスシートは一気にきれいになります（ただし従業員は、基金から将来、受け取るはずだった年金がなくなってしまいます。もちろん、将来の年金に固執《こしつ》して会社が倒産してしまったのでは元も子もありませんが）。

基金が解散してしまうと厚労省は天下り先が減ってしまいますし、それになにより、監督官庁としての自分たちの責任が問われます。そこで最近までは、基金の運営主体である企業が倒産しないかぎり解散が認められなかったのですが（これもまたヒドい話です）、基金の財政状況がますます厳しくなって、このままでは次々と破綻していくことが明らかになるに及んで、しぶしぶ破綻前解散を認めるようになりました。今後、厚生年金基金は次々と解散し、いずれはこのわけのわからない年金もたんなる歴史的存在になるに違いありません。

ところで、厚生年金基金を解散してみたら、資産がほとんど残っていなくて代行部分まで赤字になっていた、という場合はどうなるのでしょう。日本紡績業厚生年金基金で実際にそのようなことがあり、最終的に、積立金の不足額を企業側が全額負担することになりました。企業（と従業員）にとってみると、基金の運用の失敗によって、企業年金がすべてなくなるばかりか、公的年金の保険料を余分に支払うハメになったわけです。

そこで、「これはあまりに理不尽じゃないか」と考えた一部の企業は、基金の運営責任者である元理事長と常務理事を訴えました。ところがここで、「代行部分は基金が運営しているが、実体は公的な年金である以上、公務員と同様に、個人に賠償責任を問うことはできない」とする摩《ま》訶《か》不思議な判決が出て、門前払いされてしまいました。厚生年金基金というのは、何をやっても責任を取らなくていい、最高の天下り先だったのです！（しかし、この判決に納得できる人はいますか？）

日本版401k

「退職給付債務問題」の究極の解決策として登場してきたのが、日本版４０１ｋ（確定拠出型年金）です。

日本版４０１ｋ（＝変額企業年金）の仕組みについては第2部で説明したので繰り返しませんが、個人年金とのいちばんの違いは、企業年金であるため税制面での特典があることです

（拠出額・運用益が非課税で、受給の際にも優遇措置が適用されるので、民間生保の商品よりも有利です）。

この日本版４０１ｋというのは、企業にとって悪い話ではありません。変額保険なので運用結果に責任を負わなくていいからです。もちろん、それを債務としてバランスシートに計上する必要もありません。企業年金制度を残したまま、退職給付債務を消すことができるわけです。

一方、従業員にとっても、４０１ｋ型企業年金はそんなに悪い話ではありません。従来型の企業年金はいずれ破綻するほかないわけですから、それなら資産が残っているうちに少しでも早く健全化してもらったほうがいいからです。

日本版４０１ｋというと、すぐに「加入者が一方的にリスクを負うのはおかしい」と騒ぐ人がいますが、これは完全な誤解です。加入者は複数の投資信託のなかから気に入ったものを自由に選択できるわけですから、リスクを取りたくない人は、「実質元本保証」のＭＭＦや公社債投信のようなものに預けておけばいいわけです。べつに４０１ｋになったからといって、みんながみんな株式投信に資金を注《そそ》ぎ込まなくてはいけないなんてことはありません。

もうひとつ、従業員側にとって有利なのは、日本版４０１ｋにはポータビリティ（持ち運び性）があることです。すべての加入者に個人口座を持たせ、別々に管理するようにしたことから、転職の際に自分の年金をそのまま次の会社に持っていくことが可能になりました（これまでの企業年金はドンブリ勘定だったので、会社を辞める際には必ず解約しなければなりませんでした）。

マスコミの論調を見ると、日本版401kの導入には批判的なものも多いようですが、このようなメリットを考えれば、従来のどうしようもない企業年金よりも、はるかに優れた仕組みであることは間違いありません。

ところで、日本版401kは「確定拠出型年金」と訳されているので、年金の一種だと思っている人が大半ですが、一時金で受け取ることも可能です。アメリカなどの例を見ると、ほとんどは一時金（退職金）で受け取っています。これは民間生保の商品でも同じですが、終身年金は、平均余命が長めに設定されているために、よほど長生きしないと元がとれません。健康に自信のない人は一時金で受け取りますから、平均余命はますます延びて、年金額が少なくなってしまうのです。

なお、日本版401kの運用益を老齢給付年金として受け取った場合は公的年金控除が適用され、一時払いの老齢給付金は退職所得と同じ扱いになります。

STEP8 やがて哀しき国民健保

7. 健康保険制度が生んだ貧しい医療

国営健康保険と民間医療保険

公的年金の仕組みがわかったところで、国営保険会社のもうひとつの主力商品である「健康保険」について考えてみましょう。最初に簡単にまとめておくと、国営保険会社の健康保険と、民間生命保険会社の医療保険には、次のような違いがあります。

＊

①民間生保は加入するのも解約するのも自由だが、国営生保は、日本人（日本居住者）であれば強制加入。

②民間生保の医療保険では入院・手術・通院などに対して一定の給付金が支払われるが、国

営生保の健康保険では、治療費の原則7割を一律に負担する。
③民間生保は保険金の支払い条件に一定の制度（入院給付金は年間180日まで、など）を設けているが、国営生保は支払額に上限がない。
④民間生保の医療保険は大半が保険期間を定めた定期保険だが、国営生保は終身保障。
⑤民間生保は、よほどのことがないと医療側に注文はつけないが、国営生保は医療機関からの請求をすべてチェックする。
⑥民間生保の医療保険は加入者側の詐欺（入院給付金の不正受給など）の道具になり、国営生保は医療機関の詐欺（不正請求など）に使われる。

＊

これを見てもわかるように、民間の医療保険に比べて、国営生保の健康保険は圧倒的な商品力を持っています。そのうえかつては、70歳以上の高齢者の医療費は10割負担（要するにタダ）だったわけですから、みんなが「老後はお国が世話してくれる」と思っても仕方ありません。

しかし、こんなベラボーに条件のいい健康保険を国民すべてに販売して、はたして保険会社はやっていくことができるのでしょうか？

それが、ここでの問題です。

30兆円の巨大市場

2000年度の国民医療費は約30兆円の巨額にのぼりました。そのうちの9割強は医療保険制度で支払われた医療費分。残りの1割弱も、公費負担医療や労災保険からの医療費支出分ということですから、このほぼ全額が、国営生命保険会社の負担になったわけです。

この国民医療費は、74年以降、四半世紀にわたって毎年1兆円ずつ増えてきました（74年度は5・4兆円）。医療費の3分の1が高齢者医療に支払われており、その高齢者が毎年70万人も増え続けるからです。毎年1兆円以上も拡大する市場ですから、そこにはものすごいビジネスチャンスが転がっていそうですが、この大市場は、その大半を国営生命保険会社の管理下に置かれており、そのため、自由市場に比べて大きく歪んでしまいました。ここに、日本の悲惨な医療の原因があります。

最大の問題は、保険料収入に対して支出が多すぎることです。問題は公的年金と同じですから、ここでもまた、保険料を値上げして支出（医療費）を減額するという、おなじみの対症療法がとられます。

3つの健康保険

大雑把に分けて、国営医療保険は「国民健康保険」「政府管掌健康保険」「組合健康保険」の

3つに分かれます（国民健康保険などを「地域保険」、政府管掌健康保険、組合健康保険などを「被用者保険（職域保険）」と分類することもあります）。

「国民健康保険」というのは、自営業者など、サラリーマン以外の人たちが加入するもので、保険料は前年度の年収に応じて負担し、医療費の7割が公費負担（本人3割負担）となります（70歳以降は老人保険制度が適用され、保険料は原則1割負担になります）。

政府管掌健康保険（政管健保）というのは、中小企業の従業員が加入し、政府が運用する保険で、国民健康保険の企業版です。保険料は年収の8・2％（労使折半）ですから、年収500万円のサラリーマンの場合、年間41万円（500万円×8・2％）を労使で20万5000円ずつ払うことになります。この政管健保は、一般に国民健康保険に比べて保険料が割高になりますが、その代わり、同額の保険料で家族も加入することができます（無料の家族特約がついているわけです）。ということは、同じサラリーマンでも、独身や共働きの家庭は割高に、専業主婦や子どものいる家庭は割安になります（公的年金における第3号被保険者問題と同じです）。

サラリーマンの入る政管健保と、自営業者などが加入する国民健保があれば、これで全国民をカバーできますから、ほかには何も必要なさそうです。ところが、健康保険にはこのほか、大企業のサラリーマンなどが加入する組合管掌健康保険（組合健保）や、公務員が加入する共済組合などがあって、話がややこしくなります。

組合健保の誕生

国民健保、政管健保は保険の運営主体が国になりますが、組合健保は各健康保険組合（公務員の場合は共済組合）が運営主体となります。とはいっても、公的保険ですから勝手なことができるわけではなく、国営保険会社の下部組織として、厚労省の指導を受けながら（ついでに天下りも受け入れながら）運営されることになります。

組合健保の場合、法定上限以下であれば各組合が自由に保険料を決めていいことになっています。さらに、政管健保の保険料は労使折半になっていますが、組合健保は企業に余裕があれば半分以上負担してもいいことになっているので、まだ健康保険制度が健全だった頃は、優良企業は政管健保よりも組合健保を選び、保険料率を下げたり、企業負担分を増やしたりして、社員にメリットがあるようにしていました（今ではとてもこんなことはできません）。

大企業（組合健保が認可されるのは、700人以上の従業員がいる企業もしくは3000人以上の従業員がいる業界団体）にとって組合健保をつくる最大のメリットは、組合員から集めた保険料を自分で運用できることでした。1960年代までは必要な保険料を医療機関に支払っても、毎年かなりの額のお金が余りましたから、それを政府に取り上げられるのではおもしろくありません。組合健保にしておけば、余ったお金で企業の保養所をつくったり、スポーツ施設の会員権を取得したり、社員旅行を企画したり、好き勝手なことをすることができました。

一方、旧・厚生省にとっても、政管健保では天下り先は確保できませんが、全国各地に組合健保ができれば、そこをOBの再就職口にすることができますから、好都合です。このように、組合健保は企業と旧・厚生省の思惑が一致してつくられた、望まれて生まれた幸福な子どもでした。

医師会と健保組合の対立

ところが、ここでもやはり、問題が噴出してきました。

組合健保といえども公的保険の一部ですから、自分のところの組合員の医療費を負担すればそれでいいというわけではなく、公的医療費の不足分をそれぞれが分担する義務を負っています。こうした拠出金は、最初はそれほどたいした額ではなかったので問題にはなりませんでしたが、高齢者に対する医療費がすさまじい勢いで膨張するにしたがって拠出金の額も膨れ上がり、やがて組合員の医療費をも超えて、健保組合の財政を圧迫するようになりました。30兆円の国民医療費のうち3分の1の10兆円は高齢者医療費で、そのうちの7割（7兆円）は組合健保（共済組合）からの拠出金で賄《まかな》われているのですから、いくらなんでも限界です。

日本の場合、これからますます高齢者は増えていきますから、拠出金も増えることはあっても減ることはありません。ということは、健保組合はやがて拠出金に押しつぶされて、破綻してしまうことは火を見るよりも明らかです。

となると、健保組合が生き残る道はただひとつしかありません。高齢者の医療費を減額させることです。

とはいえ、老人の数が増えていくのはどうしようもないわけですから、あとは高齢者ができるだけ病院に行かないようにするか、医者にかかったとしても、できるだけ保険料負担が小さくなるようにする以外ありません。ところがこれは、高齢者医療でお金を稼いでいる医者（開業医）の収入を直撃しますから、全国の開業医の利権を一手に管理する日本医師会とまともにぶつかることになります。

もちろん、日本医師会も厚労省の管轄ですから、厚労省は、医療費を減額させようとする健保組合と、既得権を守ろうとする日本医師会の間で板ばさみになって、身動きがとれなくなってしまいました（そこで業を煮やした健保組合が、拠出金の支払い凍結などの強硬措置に出るようになりました）。

健保組合解散の裏技

ところが、じつはこの対立は本質的な問題ではありません。

たしかに、健保組合の運営には設立主体の企業が責任を持っていますから、赤字が出れば補塡しなければなりません。ところが、先ほどの厚生年金基金と同様に、ここでも健保組合を解散して、政管健保に入り直すという裏技を使うことによって、将来の負債を一気に帳消しにすることができてしまいます。

政管健保なら8・2%の保険料を労使折半で支払っておけば、あとはすべて国営保険会社の責任ですから、追加負担を迫《せま》られるリスクはありません。これで、魔法のように問題は解決してしまうのです。

実際、健保組合の財政危機は深刻で、99年時で全国に約1800ある健保組合のうち85%が赤字、300近い組合が自主解散してもおかしくないといわれていました。たとえば三井金属三池の健保組合の場合、97年度の保険料収入が1億9800万円、保険給付が1億4500万円で、この段階ではまだ黒字ですが、ここからさらに老人医療費などの拠出金1億2300万円を支払うことになり、このままではとてもやっていけないと、累積赤字1000万円を会社が補填して解散してしまいました。こうした例はますます増えていくでしょう。

このように見ていくと、なぜ健保組合が日本医師会と強硬に対立するかがわかります。彼らは、このまま健保財政が悪化すれば企業は組合を解散し、自分たちの職がなくなってしまうことを知っているからです。

誰しも、職を失うとなれば、必死になってがんばります。日本医師会だろうがなんだろうが、一歩もあとには引けません。しかし企業の側は、健保組合が医師会を押さえつけて財政が健全化すればそれでいいし、さらに悪化するようなら組合を解散してすべての責任を国に押しつけてしまえばいいと考えているので、まだ余裕があります。このように、それぞれに微妙な立場の違いがあるわけです。

過剰受診と過剰診療

もちろん、健保組合を解散してしまえば企業の負債がなくなるとしても、本質的な問題は何も解決しません。制度の矛盾は組合健保から政管健保に移っただけなので、このままではいずれ政管健保が破綻してしまうからです（2002年度は7000億円超の赤字で、03年度に保険料を引き上げても06年には再び赤字に転落する見通しです）。

では、この問題はどのように解決すればいいのでしょうか？

健康保険制度の改革というのは、なかなか難しい問題です。ただ、出口がないわけではありません。

医療問題というのは、要するに、保険料に対して医療費が過剰だということです。過剰な医療費は、「患者側の過剰受診×病院側の過剰医療」と定義できます。とすれば、どちらか一方を減らしても効果はなく、患者側・病院側双方に適正化を求めなくてはなりません。

患者側の過剰受診を減らすための方法は簡単です。

高齢者の公費負担の割合を現在の9割よりも引き下げ（自己負担分1割を引き上げ）、国民健保並みの3割負担にすれば、それだけで受診率は激減します。もちろん、公的年金のところで述べたように、高齢者は今や最大の政治勢力ですから、おいそれとそんなことはできないでしょうが、過剰受診を減らす方法がほかにないことも確かです（いくら説得したところで、病院に通うのはその人の自由だからです）。

病院側の過剰診療を減らすにも、有効な方法はあります。

現在の医療保険制度では、患者が医療機関の窓口で診療報酬の一部を一定割合で負担し、医療機関はレセプト（請求書）を保険者（国民健保や健保組合など）に請求して診療費の残額を受け取ることになっています。この方式であれば、病院側は提出したレセプトを患者に見られることはありませんから、いくらでも偽造することが可能です。そこで、風邪をひいて病院に行っただけの患者に10個くらいの病名をつけたり、やってもいない検査料を請求したり、入院日数を水増ししたり、それこそやりたい放題のことができてしまいます。とくに歯医者はこの不正請求の常連で、抜いてしまって存在しない歯を治療したことにして請求するなどは日常茶飯事です。

さすがに、こういうあからさまな不正請求は、まともな病院はやりません。しかし、開業医や個人病院のなかには、今でも不正請求でボロ儲けしている「詐欺病院」がいっぱいあって、こうした病院の医者ほど日本医師会や日本歯科医師会の活動に熱心だったりするわけです。そのためこうした団体は、不正請求がやりにくくなるような医療改革には猛反対します。

1997年から、ようやく患者にもレセプトが開示されるようになりました。レセプトというのは明細書みたいなものですから、サービスを受けた（お金を払った）当事者である患者に、自分のレセプトを閲覧する権利があることは、どう考えても当たり前です。しかしこんな当然のことにすら、医師会や歯科医師会は強硬に反対していました。患者本人にレセプトをチェックされると、不正請求がバレてしまうからです。

レセプトを窓口で発行させよう

市民団体などの努力によって、現在では加入している健保組合（国民健保の場合は市町村役場）に行けば、誰でも簡単に自分のレセプトを見ることができるようになりました。しかし、自分でお金を払ったのに、客の側がわざわざ明細書を見に行かなければならないというのもヘンな話です。マトモなサービス業の感覚では、レシート（明細書）は、料金と引き換えに客に渡すのが当たり前です。そうしなければ、客の側は、自分が支払う金額が正当なものであるかどうか確認できないからです。

そこで、医療サービスにおいても、そのほかのサービス業と同様に、患者から料金を受け取ると同時にレセプト（明細書）を渡すという当然のことを徹底させたらどうでしょうか？これだけで、不正請求などの問題はほとんど解決してしまいます。

レセプトの書き方は統一書式がありますから、その簡単な見方を患者が知っていれば、受けたこともない検査や治療されてもいない病気に関する請求をその場で簡単に発見できるからです（その場で患者にレセプトを渡すのが技術的に難しければ、後日、自宅に郵送しても構わないでしょう)。

医療費還付制度の提案

これはあまり知られていないことですが、患者側が不正請求を見つけると、余分に支払った分の医療費を返してもらうことができます。

たとえば、3割負担の人が1万円の不正請求を見つけたとするならば、病院側は7000円を保険者に、3000円を患者本人に返却しなければなりません(当たり前です)。しかし驚くべきことに、日本の医療現場では、これまでこんなことすら行われていませんでした。

病院側が提出したレセプトは、保険者(社会保険診療報酬支払基金と健保組合)で審査されたあとに、各医療機関に支払われます。医療費の高騰にともなって健康保険財政は悪化の一途をたどっていますから、最近ではレセプト審査も厳しくなって、この段階で悪質な不正請求が見つかることも多くなりました。こうした不正請求(誤請求)は保険者によって減額され、病院側に伝えられます。少なくともこの段階で、病院側は、請求ミスにより患者から治療費を余分に取りすぎていたことがわかるわけです。

しかし、これまで請求ミスによる過払い分を病院側が自ら患者に返却したなどという話は聞いたことがありません。どうせ患者にはわからないと、しらばっくれているわけです。こんな商売が、いったいどこの世界にあるでしょうか?

であれば、医療費はいったん全額を病院の窓口で患者が支払い、引き換えにレセプトを受け取って、公費負担分の還付を患者自身が請求するようにしたらどうでしょう？　少し面倒なようですが、フランスなどで実際に行われている方式です。これなら、患者側に医療費がいったいいくらかかっているのかはっきりわかりますから、不要な投薬や検査にはその場で抗議することもできるでしょう。

この方法であれば、患者側の自発的なチェック機能が働きますから、不正請求はいうに及ばず、過剰医療も激減することは間違いありません。それにだいいち、シンプルで公正です。医療もサービス業の一種となり、市場ルールのなかで健全な発展を遂げることも可能になるでしょう。

日本の医療が貧しい理由

ところで、過剰医療を減らして医療費を抑制するだけでは、日本の医療問題は解決しません。この国の医療のもうひとつの大きな問題は、優秀な医者やレベルの高い医療サービスに適正な報酬が支払われる仕組みがないことです。ここでも、全国一律の健康保険制度が市場ルールを大きく歪めています。

日本の場合、健康保険制度が破綻に瀕《ひん》し、財政が逼迫《ひっぱく》しているために、保険者側（支払い側）はありとあらゆる方法で医療費を減額しようと努力します。厚労省も、自分たちのつくった健康保険制度が崩壊しては困るので、医師会の顔色を窺《うかが》いながら、医療費抑制策を次々と打ち出します。ただし、不正医療もマトモな医療行為もいっしょくたにして減額しようとするために、最先端医療や欧米で効果の確認された新薬はたいてい保険適用外ですし、高品質の医療サービスを提供している病院も、公費負担は一部しか認められません（サービスの質にかかわらず一律に減額するという乱暴なことをしているからです）。

このような理由から、日本の病院は、高付加価値の医療サービスを提供すればするほど、高額の医療費を患者に請求するか、自腹を切るか、どちらかしかなくなってしまいます。こんなことが続くと、病院側としてもわざわざ赤字になるようなサービスはできませんから、医療の質を落として採算を取ろうとします。サービスの質を思い切って落としたほうが大きな利益があがるわけです。

このように、厚労省の管理する歪んだ健康保険制度によって、日本の医療の質は恐ろしく低下してしまいました。欧米の一流病院では完治するはずの病気が日本では治療できず、患者が死んでいく例がいくらでもあることは、医療関係者ならば周知の事実です。

ブラック・ジャックの世界

金融アナリスト田中勝博《たなかよしひろ》氏の著書『2010中流階級消失』（講談社）のなかに、印象的な記述があります。

田中氏の奥さんはイギリス人女性ですが、96年12月24日のクリスマス・イブに日本のある病院で肺がんと診断され、余命半年と宣告されました。妻の重い病いを知った田中氏は、一縷《いちる》の望みをイギリスの病院に託《たく》して転院させることにします。

イギリスの医療制度はナショナル・ヘルスとプライベートの二本立てですが、ナショナル・ヘルスは日本の健康保険制度と同じで、治療費は安いものの高い医療サービスは期待できません。田中氏は迷うことなくプライベートの治療を選び、国際ガン学会の議長を務める医者に妻を託すことにします。そこは、治療費も莫大《ばくだい》ですが治癒率も高い、まさに手塚治虫《てづかおさむ》のマンガ『ブラック・ジャック』の世界でした。

田中氏の著書から引用してみましょう。

〈最初の治療（抗ガン剤投与）日が決まり、プライベート・ホスピタル（プライベートでの患者しか入院できない病院）に入院の準備をして出向くと、まず驚いた。そこはまるで、高級ホテルのようなところだったからだ。

部屋には足が沈み込むような分厚い絨毯《じゅうたん》が敷かれ、ベッドは電動式。手元のスイッチで体の位置を自由に変えることができる。また、室内には、自分専用のトイレと浴室が設置されている。さらに、テレビ、ラジオはもちろんのこと、化粧台、コート、ジャケットなどの収納棚、さらには見舞客のためにはソファまで、高級ホテルの部屋とそっくり同じ作りなのだ。

日本の病院にいた家内を見舞っていたので、この落差に私はショックを受けた。日本では薄暗い蛍光灯に照らされた部屋の壁は薄黒く汚れ、冷たいビニールタイルが敷き詰められていた大部屋だった。さすがにこれでは治るものも治らないと、一人部屋を希望したが、空きがないとのことで、しばらくは大部屋での入院生活を余儀なくされた。一人部屋への移動が退院の二週間前に実現したが、「一人の部屋」になっただけだった。

ショックを受けたのは病院の設備面だけではない。肺ガンなどは食事制限を受けないことが多いが、日本の病院では一律「病院食」を食べさせられた。おいしさは二の次だった。しかし、プライベート病院の食事メニューは日替わりで、三コース（スープ、メインディッシュ、デザート）を、それぞれ五つのなかから選択することができる。つまり五×五×五、一二五通りの食事が用意されているのだ。

医者から許可をもらえば、部屋に置いてあるワイン・リストからワインを選ぶこともできる。「フランスの三つ星レストランで修業したシェフが、食事をお届けしています」と、病院のパンフレットにはある。しかも、ルームサービスが二四時間受けられ、好きな時間に好きなだけ食事を運んできてくれる。

しかし、私がいちばん驚いたのは、手元にあるブザーで看護婦を呼ぶと、「一〇秒以内」に駆けつけてくれる点だ。日本では入院患者数の割に看護婦が少ないので、ブザーを鳴らしても、ひどいときには二〇分以上も待たされたことがあった。この病院では一人の患者に対して

一人の看護婦がつく〉

これだけのサービスを提供するのですから、もちろん治療費のほうもケタ違いに高くなり、入院するだけで1泊6万円、1回の抗がん剤治療が約30万円、レントゲン検査が10万円、田中氏の奥さんはほぼ3週間おきに治療を受けたので、18ヵ月の治療費は1000万円を超えました（ただしこの医療費は、20代からイギリスの金融機関で働いていた田中氏が毎月5万円程度の保険料を支払い、「世界中のどこにいても、どんな病気に対しても、またどんな治療を受けても、家族全員に全額医療費が支払われる保険」に加入していたために、すべて保険で賄うことができたとのことです）。

同書によれば、イギリスのプライベート病院で最高の治療を受けた結果、日本の病院で余命半年と宣告された田中氏の奥さんは、嘘のように元気を取り戻されたとのことです。

マネージド・ケアの試み

このように、欧米の病院で高度な医療が受けられるのは、その医療の質にふさわしい報酬が支払われるからです。

世の中には、命はなにものにも代えがたいから、高いお金を払っても最高の治療を受けたいと考える人はいくらでもいます。もちろん、いきなり数千万円の治療費を請求されてキャッシュで支払える人は少ないでしょうが、そういう人は、高額医療用の保険に加入することで、リスクに備えることができます。

高額医療用の医療保険が販売され、加入者が増えてくれれば、高品質の医療を望む人向けの病院ができ、医療サービスを競うようになります。保険会社も、こうした高額病院で好き勝手な請求をされてはたまりませんから、プロの医療関係者に依頼して病院の格付けを行い、加入者に良質の病院を紹介するとともに、不正請求を行う病院は実名を公表し、その病院で治療を受けても保険料を支払わないように加入者に通知するようになるかもしれません。

こうなると、病院側も格付けを上げるために、高レベルの医療サービスを維持しようと「企業努力」を行うようになります。最高の格付けを得れば、それがそのまま患者増＝収入増につながるわけですから、経営者にも医療スタッフにも非常にわかりやすい目標です。

このように、医療現場に市場原理を導入することで医療機関を健全化させようという試みが、アメリカで始まった「マネージド・ケア」です。国民皆保険制度を持たないアメリカの場合、低所得層の低劣な医療サービスが大きな社会問題になっていますが、その一方で、こうした試みも始められているのです。

アメリカやイギリスでは、医療現場に市場原理が導入され、患者は世界最高の医療を受ける機会を得ることができました（もちろんお金はかかります）。それに対して、世界に誇る国民皆保険制度を持つ日本では、誰でも安価な医療サービスを受けることはできますが、高品質の医療は望んでも得ることはできません。

どちらが幸せかはさまざまな意見があるでしょうが、少なくとも、私たちが思い込んでいた「世界最高」の健康保険制度が、じつはそんなにすばらしいものでもなかったという苦い現実だけは、かみしめなければならないようです。

STEP9 ニッポンという問題

8．日本国の家計

日本国のBSをつくってみよう

さて、ここまで公的年金の巨額債務と、破綻の危機に瀕した健康保険制度について見てきたわけですが、「これで日本はほんとうに大丈夫なのか？」と不安に思った人もいると思います。

日本の公的債務残高は、1998年度でついに600兆円を超えてしまいました。これは、国債を発行して調達した借金の額がGDP（国内総生産）を超えてしまったということですから、企業でいえば、年間売り上げを超える借金を背負っている状態です。この公的債務残高の対GDP比率は、アメリカ、イギリスで50％台、ドイツ、フランスで60％台、カナダで85・4％。それに対して日本は108・5％で、2000年には117・5％のイタリアをも上回り、G7（※現在はG8）で最悪になることは確実です。さらに、98年度の税収は50兆円を切り、10年前の水準を下回ることは間違いありませんから、収入が減って借金だけが膨らむ国家財政はまさに火の車です。

こうした急激な財政悪化を受けて、98年11月、代表的格付会社のひとつであるムーディーズが、日本の格付けをAaaからAa1に引き下げたことは記憶に新しいところです。ムーディーズは現在も日本の格付けを「ネガティヴ」としていますから、近い将来、さらなる格下げもあり得ます。

※〔著者注〕2001年度の国と地方を合わせた債務残高は800兆円、対GDP比率は150%となり、02年5月、日本の格付けはA2まで引き下げられました。

ところで、これほどのとてつもない借金を抱えてしまって、これから私たちの国はいったいどうなるのでしょうか？

じつは、この問いに答えるのは簡単ではありません。というのは、誰も日本という国の財務状況がどうなっているのか、よくわかっていないからです。

日本の官庁会計の基本は、歳入と歳出で会計年度ごとに資金の出入りを把握する現金主義の単式会計です。これは家計簿と同じで歳入が足りなければ国債を発行してファイナンスすればいいだけですから、この状態では資産と負債の関係はわかりません。それを知るには国家のバランスシート（BS）をつくらなければならないのですが、財務省はこれまで、「国にはバランスシートはなじまない」と、こうした作業を一切行ってきませんでした。

そこで99年になって、いくつかの民間シンクタンクが日本のBSを試算するようになりました。図㉕はPHP総合研究所が、図㉖は政策シンクタンク「構想日本」が試算した日本のBSです。

PHP研のBSでは、日本国の資産は915・6兆円、それに対して負債は703・7兆円。正味財産（企業の資本金に当たる）は211・9兆円となっています。しかし、資産のうちの579・9兆円は道路などの売却不可能な資産であり、総資産からこれらの売却不可能資産を除いた売却可能資産の額は335・7兆円。負債が703・7兆円ですから、367・9兆円の債務超過となります。

一方「構想日本」のBSでは、道路・治水などの固定資産をかなり小さく見積もっているため、資産額は568・1兆円となります。一方負債側は、PHP研の試算には入っていなかった厚生年金債務780兆円、郵貯・簡保などからの借入335・7兆円を加えたため、1147兆円の巨額に及びました。そのため、資産から負債を除いた正味財産（資本金）は902兆円の大幅な債務超過となっています。

このように、一口に「日本のバランスシート」といっても、確立された算出方法や正確な基礎データがあるわけではないので、民間レベルの試算ではかなりバラつきが出ます。また年金

〔図㉕〕PHP研究所による96年度の国、地方を合わせた貸借対照表の試算

資産	915.6	負債	703.7
・流動資産		・流動負債	
現金・預金等	103.2	短期債券	70.8
短期債券	6.8	未払い金	36.1
未収金	8.0	・固定負債	
・固定資産		長期債券	407.5
純固定資産	354.3	その他金融負債	6.0
（道路など）		退職金債務	23.0
土地資産等	145.2	年金債務	160.0
（土地、森林など）		正味財産	211.9
出資金など	297.9	（資産 - 負債）	
合　計	915.6	合　計	915.6

売却不可能資産	579.9	売却可能資産	335.7
純固定資産	354.3	総資産 - 売却不可能資産	
土地資産等	26.2	（915.6） - （579.9）	
出資金など	199.3		事実上の債務超過
政府可処分正味財産勘定	335.7 - 703.7 ＝		- 367.9

（単位・兆円、小数点以下第2位を切り捨てのため合計が合わない）

〔図㉖〕構想日本による日本政府の推定貸借対照表

資産	568兆1486億円	負債	1470兆9827億円
道路・治水	81兆9524	国債・借入金など	355兆2500
土地・建物など	68兆6554	厚生年金債務	780兆0000
政府出資	34兆3607	郵貯・簡保など	335兆7327
貸付債権	288兆8743		
運用資金	94兆3058	正味財産	▲902兆8341億円

上記のうち厚生年金事業の貸借対照表

積立金	180兆円	給付債務	780兆円
		正味財産	▲600兆円

債務などは給付額の削減などで借金を一部、踏み倒すこともできますから、国債のように、必ず返済しなければならない負債（リアル・デット）といっしょにすることにも問題はありそうです（退職給付債務のところで述べたように、長期金利が上昇して割引率が高くなれば、負債額が減少するということもあります）。日本国が保有する不動産資産などの評価方法にも、さまざまな意見があるでしょう。しかし、そうした不確定要素をすべて勘案しても、この2種類のBSを見るかぎりでは、日本のバランスシートが大きな債務超過である可能性は高いといえそうです。

※〔著者注〕2000年10月に大蔵省（現・財務省）が99年3月末の国のバランスシートを公表しました。それによると、日本国の債務超過額は776兆円となっています。

増税とハイパー・インフレ

もちろん国家の場合、企業とは違いますから、債務超過をすぐに解消しないと倒産してしまう（市場からの退出を迫られる）、などということはありません。しかし、借金は借金ですから、いずれは何らかのかたちで返済する必要があります。

国家の歳入というのは、ほとんどが税収と国債の発行によるものです。ただし、国債を発行するとさらに借金が増えるだけですから、税収を増やす以外に債務を減らす方法はありません。もちろん、日本の景気が回復して税収の自然増が期待できる可能性もありますが、やはり、将来的には増税が行われる可能性が高いと考えておいたほうがいいでしょう（PHP研の試算では、高齢化のピークに当たる2025年までに債務超過を穴埋めするには毎年14兆円の財源が必要で、消費税を12%〈1%で2兆円の増収〉まで上げる必要があるとなっています）。

増税とともに根強いのが、「ハイパー・インフレ陰謀説」です。ハイパー・インフレが起これば借金は帳消しになりますから（インフレというのはお金の価値が下がることですから、物価が10倍になれば借金は10分の1になります）、日銀による大量の通貨供給で意図的にインフレを起こし、一気に負債を減らそうという陰謀が進んでいるのではないか、というお話です。これは一種の「陰謀論」ですが、アナリストや経済学者のなかにもこうした仮説を支持する人がいて、たんなるジョークではすまないところが不気味です。

経済学には「PT＝MV」という有名な等式があります（P＝価格、T＝取引量、M＝通貨供給量、V＝貨幣の流通速度）。日本の場合、日銀の金融緩和政策で膨大な量のマネーサプライ（通貨供給）が市場に流されていますから、何かのきっかけでV（＝貨幣の流通速度）が上がれば（お金が動き出せば）、P（＝価格）は急激に上昇する可能性があるわけです。これが「ハイパー・インフレ説」の経済学的な根拠で、この立場をとる人は、「日本は乾いた薪《まき》の上に乗っている」と警告します。

たしかにゼロ金利などという異常事態は誰も予想していなかったわけですから、未来に何が起きても不思議はありません。

国の「資産運用」はどうなっているか？

ところで、企業や家計と同様に、国家もまた、負債・資本サイドで調達した資金を投資し、資産サイドで運用していると考えることができます。そうなると、日本国の将来のBSは、資産サイドの投資がどの程度の利益を生み出すかにかかってきます。

ところが、年金特別会計のところでも説明したように、日本国の行う国営事業は、ほとんどが大きな赤字をつくっています。資産の運用利回りはマイナスで、放っておけばバランスシートは縮小し、債務超過の額だけが膨らんでいく可能性さえあります。

たとえば高度成長期に、北海道に世界有数の工業コンビナートをつくることを目的に鳴り物入りで始まった苫小牧《とまこまい》東部開発は、進出企業がほとんど決まらないという惨状のままで破綻し、運営主体の北海道東北開発公庫は日本開発銀行（現・日本政策投資銀行）と統合、開発銀行の準備金を取り崩して655億円を債権放棄しました。

あるいは、通産省（現・経済産業省）が「国産油田の開発」を錦の御旗《にしきのみはた》に掲げて始めた石油公団の油田開発事業は、96年度末で投融資残高の55％に当たる7745億円が回収不可能・利息未払いなどの問題債権化していることが明らかになりました。

さらに、必要もない橋を何本もつくらされた本州四国連絡橋公団は、100円の収入を得るのに211円のコストをかけ、7242億円もの累積赤字（96年度末）に喘《あえ》いでいます。

同じく日本道路公団は全35路線のうち21路線が赤字だし、住宅金融公庫は貸し出し金利と財投の預託金利の逆ざやで巨額の運用損を計上しています。貸し渋り対策の切り札として行われた信用保証協会による特別保証枠20兆円については、いったいどのくらいの貸し倒れ損失が出るかわからないという有り様です。

国営事業がこのような惨状なら、地方も負けてはいません。都道府県の税収は、91年度の16兆1000億円が97年度には14兆9000億円にまで減る一方で、借入金残高は91年度の69兆9000億円が、99年度末には175兆9000億円まで膨れ上がっています。これは、政府が景気対策を自治体予算で行わせようとなりふり構わぬ借金を強いたためで、地方自治体の国からの借金の受け皿である「交付税特別会計」の99年度末借入金残高は約29兆円と、91年度末のじつに44倍にもなっています。

そのうえ地方自治体には、バブル期に第三セクターで行ったリゾート開発のツケが重くのしかかっています。象徴的なのは86年のリゾート法適用第1号である「宮崎・日南海岸構想」の中核、シーガイアで、運営主体の「フェニックスリゾートセンター」の累積赤字は、99年3月期決算で1115億円にものぼります。

※〔著者注〕2001年2月、フェニックスリゾートは負債総額2762億円で会社更生法を申請しました。

このように公表されている赤字額を足し算するだけでも、年金債務や健康保険財政だけではなく、国も地方もそこら中に赤字を撒《ま》き散らし、日本国の財政は今や破綻寸前という厳しい状況が見えてきます。政府が景気対策をすればするほど、隠れた不良債権が民間から公的部門に移され、蓄積されるという悪循環も解消されてはいません。このままでは、日本が第三世界並みの扱いを受ける日も遠くないかもしれません。

1200兆円の個人資産はどこにある？

日本の財政悪化を指摘すると、必ず、「日本には1200兆円（注：2003年現在1400兆円）の個人資産がある」「120兆円（注：2001年末で180兆円）の海外純資産がある」という反論がなされます。しかし、そういわれても私たちにはどうもピンときません。仮に1200兆円の個人資産や120兆円の海外純資産があったとして、ほんとうに、これが崩壊寸前の日本の財政を救う救世主になるのでしょうか？

これについては“Business Week”（Feb 15, 1999）に「金融資産1200兆円の幻想」という興味深い記事が掲載されていたので、それを簡単に紹介してみましょう。

Business Week 誌によれば、日本の個人資産や海外純資産は、以下のような理由で、日本の財政再建には何の役にも立たないとされています。

＊

①日本の海外純資産は1兆ドル（1ドル＝120円）といわれているが、このうち8000億ドルは民間資金で、大半が工場などの海外投資に使われ、事実上動かせない。残り2000億ドルは日銀が保有する外貨準備高だが、ドル売り介入の軍資金で手放せない。
②個人金融資産10兆ドルのうち、3分の1の3兆5000億ドルは住宅ローンの返済用資金などで相殺される。
③3兆ドルの郵貯資金のうち、3分の1の1兆ドルは不良債権化している。
④残りの個人資産は、GDPにも匹敵する公的年金の積み立て不足に備えた貯蓄であり、国債の購入には向かわない。

＊

で、結論はというと、「日本の11兆ドルの資産のうち、実際に使えるのはわずか1兆ドルにすぎず、一方、現在4兆6000億ドルの公的債務は、新規の公共投資などにより3年後には5兆8000億ドルになり、生命保険会社の危機や公的投資の債務不履行、年金の積み立て不足問題により、さらに5兆4000億ドルが上積みされる」とのことです。

この数年で公的債務は10兆ドル（1200兆円！）を超える一方で、景気対策に実際に使える財源は1兆ドルしかなく、それすらも現在予定されている金融機関再建策や企業救済策（合わせて7000億ドル）に消えてしまうので、日本にはすでに、次の危機を乗り越える力はない、という結論になっています。

もちろん、この分析が正しいという保証はありません。ただ、海の向こう側から日本の財政を眺《なが》めると、いったいどのような姿に見えるのかを知ることはできます。日本はいつのまにか、かつてのイタリア並みの「財政破綻国家」になってしまったようです。

ニッポン株式会社の企業統治

私たち日本国の財政は、なぜ破綻寸前の危機的状況に陥ってしまったのでしょうか。それにはさまざまな要因があると思いますが、ここでは日本政府を株式会社とし、コーポレート・ガバナンス（企業統治）の観点から考えてみましょう。

図㉗は、「週刊東洋経済」（1998年11月7日号）の特集「株式会社『ニッポン政府』」に掲載された組織図に少し手を加えたものです。

「株式会社ニッポン政府」の株主は、もちろん国民です。ただし、一般企業は「1株1票」ですが、この場合は「ひとり1票」です。株主総会は選挙で、そこで選ばれた取締役（国会議員）によって、取締役会（国会）が構成されます。企業を支配するのが取締役会であるのと同様に、ニッポン政府も株主（国民）から選ばれた国会議員によって支配されています。

取締役会のもっとも重要な仕事は、会社を経営するCEO（最高経営責任者）を選ぶことです。同様に国会も、ニッポン政府を経営する内閣総理大臣を選出します。取締役会（国会）から任命されたCEO（内閣総理大臣）は、各事業部（省庁）ごとに執行役員（国務大臣）と副

〔図㉗〕株式会社「ニッポン政府」の基本構造

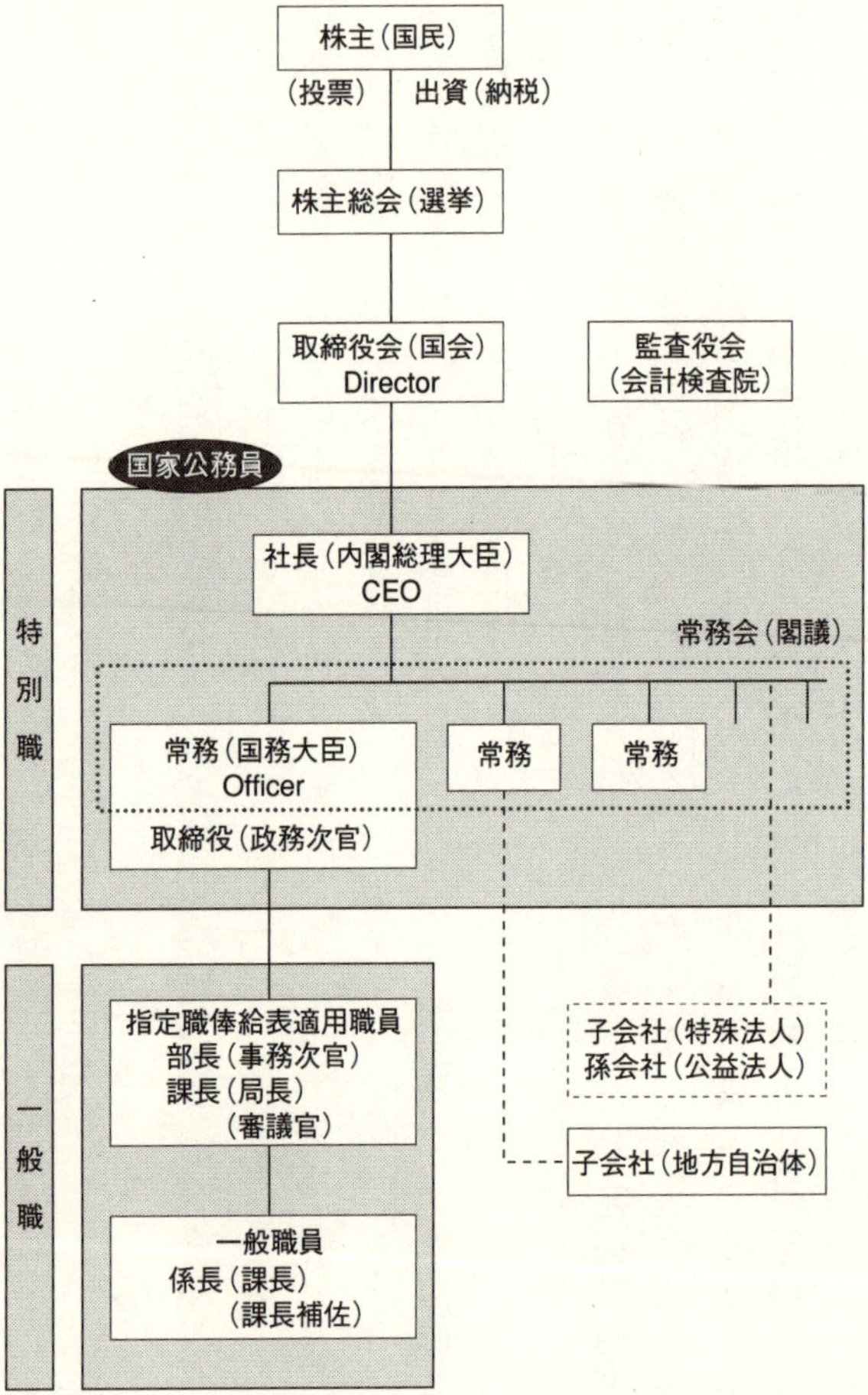

※『週刊東洋経済』（1998/11/7）に掲載された図を一部改変。

執行役員（政務次官）を配置し、会社（政府）の経営に当たります。執行役員の下には、各事業部に、部長（事務次官）、課長（局長・審議官）、係長（課長・課長補佐）などの管理職がいて、実際の業務に当たるわけです。現在、ニッポン株式会社の従業員は120万人で、そのうちホワイトカラーは約60万人となっています。

ところで、一般の日本の大企業と同様に、ニッポン株式会社にも多くの子会社や系列会社がぶら下がっています。最大の子会社は地方自治体で、社員（地方公務員）だけで親会社をはるかに上回る330万人もの従業員がいます。それ以外にも、各事業部（省庁）ごとに特殊法人、公益法人、認可法人、業界団体などの子会社、系列会社を抱えているため、いったい従業員（公務員）総数が何人になるのかは、判然としません。いずれにせよ、膨大な従業員を雇用する巨大な組織であることは間違いありません。

＊

民間企業と何が違うか？

ふつうの民間企業と、この「ニッポン株式会社」の違いはどこにあるのでしょうか？　思いつくままに挙げてみましょう。

①民間企業の業務は法に則って行われるが、ニッポン株式会社は自ら法をつくり、執行する。
②民間企業は暴力を許されないが、ニッポン株式会社は警察・軍隊などの暴力装置を合法的

に保有している。

③民間企業は顧客に対して権力を振ることはできないが、ニッポン株式会社は、法に従って自らの意思を強制することができる（徴税など）。

④民間企業の目標は利潤の拡大だが、ニッポン株式会社の目標は国民の幸福であり、成果を数値化できない。

⑤民間企業の場合、各事業部は採算と効率・収益性を競うが、ニッポン株式会社では、各事業部は予算消化率と予算の拡大を競う。

⑥民間企業の事業は常に競争にさらされているが、ニッポン株式会社の事業は、ほとんどが独占事業である。

⑦民間企業は終身雇用制が崩れてきたが、ニッポン株式会社の社員は、定年までの雇用が保証されている。

⑧民間企業の賃金体系は年功序列から業績給に変わってきたが、ニッポン株式会社は依然として年功序列である。

⑨民間企業では定年後の再雇用が難しくなってきたが、ニッポン株式会社では、幹部社員になればほぼ１００％、再雇用（天下り）が保証されている。

⑩民間企業は原則として誰にでも平等に出世のチャンスがあるが、ニッポン株式会社では、入社時に特殊な試験に合格した社員以外は管理職になれない。

⑪民間企業には配置転換があるが、ニッポン株式会社の人事制度は事業部ごとに分かれていて横の交流はほとんどない。
⑫民間企業の場合、経営陣に人事権があるが、ニッポン株式会社の場合、人事権は事業部長（事務次官）が持っている。
⑬民間企業の場合、経営陣と実務部門は一体化しているが、ニッポン株式会社の場合、経営陣は外部の人材で、実務部門とはまったく切り離されている。

国家はコストを最大化する

このように挙げていけばまだまだあるのでしょうが、ここでは④について考えてみます。

ある組織が、「国民の幸福」というような数値化困難な抽象的な目標を掲げ、強大な権力と巨額の予算を持ってそれを遂行しようとしたら、いったいどうなるでしょうか？

企業の目的は利潤を極大化することですから、コスト（支出）を最小化しようとするメカニズムが最初から組織のなかに埋め込まれています。したがって、昨今のように不景気で売り上げが落ちてくると、リストラという名のコスト削減で利益を確保しようとするわけです。

ところが、国家の目的は「国民の幸福」ですから、その目的を実現するために、コスト（予算）を最小化しなければならない理由はありません。それどころか、大きなお金を注《そそ》ぎ込めばより国民の幸福（少なくとも社会インフラや社会保障）は増大しますから、企業とは逆に、予算（コスト）を極大化するメカニズムが組織のなかに埋め込まれているわけです。

このような理由からニッポン株式会社（というか、すべての政府や自治体は同じですが）を自由にさせておけば、無限大の予算を使って無限大に組織を拡大しようとする際限のない自己増殖を始めます。この「**自己増殖性**」こそが、市場社会に身を置く企業とは大きく異なる、政府（自治体）組織の特徴です。

公的部門の活動予算は、税金など、民間部門の市場活動によってもたらされますから、公的部門があまりにも大きくなると、やがては民間部門を圧迫するようになります（１００人のうち99人が公務員なら、残されたひとりが、人件費も含むすべての費用を支払わなければなりません）。

このように、公的部門の自己増殖を放置しておくと、やがては民間部門が壊死《えし》し始め、社会が立ち行かなくなってしまいます。ここから、公的部門の経営責任者である内閣総理大臣（アメリカの場合は大統領）のもっとも重要な仕事は、政府部門の自己増殖を抑制し、民間部門に自由に生きる場所を与え、経済的活力を蘇《よみがえ》らせることだという政治的主張が生まれました。簡単にいうと、これがレーガンやサッチャーの推進した「小さな政府」論です。

公務員は市民社会の敵である

こうした政治的主張をさらに先鋭化させ、80年代以降のアメリカを席巻《せっけん》したのが、「**リバー**

タリアニズム」です。「絶対自由主義」「共生的自由主義」などと訳されるリバータリアンは、「リベラル」というよりは、「右翼」に近い存在です。

彼らリバータリアンの主張（日本にはじめてリバータリアニズムを紹介した政治学者・副島《そえじま》隆彦《たかひこ》氏によれば、「開拓農民から受け継がれた、アメリカ中西部の泥臭い親父たちの思想」）は、非常に明快です。

「公務員は市民社会の敵である」

リバータリアンたちのこの主張をはじめて聞いたときは、正直びっくりしました。私たち日本人の発想からは、絶対に生まれてこない言葉だったからです（さらに先鋭的なリバータリアンは一切の公的サービスを拒否し、道路や橋も自分たちでつくれば、学校も自分たちで運営し、警察官や軍隊の駐留は受け入れず、男たちは銃で武装して自分たちの共同体を自分たちで守っているそうです）。

もちろん日本でも、官僚批判、公務員批判をする人はいっぱいいます。しかしその人たちは、公的部門は市民社会を守り育てるものだと考えていて、その立場から、「もっとちゃんと仕事をしろ」とか「もっと上手に予算を使え」とかいうわけです。ところが現実は、公的部門は市民社会と対立する存在であり、公務員がちゃんと仕事をすればするほど、市民社会は窒息死していきます。ここに、リバータリアニズムを生み出す大きな発想の転換がありました。

本書では、公的年金や健康保険をめぐる厚生行政を例にとって、そのことを具体的に示してみました。この国の優秀な公務員たちが「国民の幸福」を目指して半世紀を費やした結果が、現在の年金・保険制度の姿なのです。

この問題を公務員に解決させようとしても、それは不可能というものです。さらに莫大な予算を使い、さらに多くの天下り先をつくって、それで終わりでしょう。それは、日本の官僚が無能だったり、悪人だったりするからではありません。公的部門に内在する自己増殖のメカニズムによって、必然的にそうなるほかはないのです。

もちろん厚労省はほんの一例であり、同様のことはすべての省庁で起きています。郵政公社は郵便配達制度や郵便貯金・簡易保険をひたすら拡大させようとしますし、国土交通省は民間業者を押しのけて住宅やマンションを供給し、必要もない橋や道路を建設します。こうした「国営事業」はすべて莫大な赤字を抱えていますが、「国民の幸福」という一大事業に比べれば、とるに足りないことなわけです。

ひとりひとりが経済的独立を獲得するために

移民たちが国家をつくったアメリカに比べ、日本のように、共同体社会がそのまま近代国家になった場合は、公的部門に対する依存度が高くなります(「お上《かみ》」に媚《こ》びへつらうのはなにも日本社会に独特の風習ではなく、世界中どこにでも見ることができます)。このような社会では、公的部門によって生活している人も多くなり、「公的部門と市民社会の敵対関係」という本質が見えにくくなります。しかしここを見逃すと、現在起きている問題を理解することはできません。

あまりにも巨大化した公的部門を抱える日本社会は、もはやこれ以上立ち行かないところまで追いつめられてしまいました。今必要とされているのは、対症療法的な改革ではなく、ドラスティックな公的部門の縮小です。その前提には、「公務員は市民社会の敵である」という冷酷な事実を見据える思想がなくてはなりません。

公的部門の縮小を主張する人も最近は増えてきたようですが、しかし、それが公的サービスの低下をともなうという当然のことを、なぜか誰もあからさまには指摘しません。なかには、「現在のサービスを維持したままで公的部門を縮小しろ」などという、わけのわからない主張をする某大新聞などもあります。しかし、こんなことは絶対に不可能です。

公的年金制度が破綻するのなら、給付額を減額したうえで、あとは自分たちでなんとかするほかありません。健康保険制度が崩壊するのなら、自分たちの医療費は自分たちで賄うほかありません。公教育が崩壊するのなら、自分の子どもは自分で教育するしかありません。当然のことです。

ここまできて、ようやく本書の結論にたどり着きました。

巨大すぎる公的部門を抱えた私たちの日本社会は、もはやこれ以上の公務員（とその関係者）を食べさせていくことはできなくなりました。好むと好まざるとにかかわらず、これからは政治力によって公的部門を縮小させるしか、生き残る道はありません。公的部門の自己増殖をこれ以上放置しておけば、あとは市民社会が公務員に食い尽くされて、世界の三等国に転落していくだけです。

一方で、公的部門を縮小するということは、公的サービスの低下を受け入れるということでもあります。もはやこれまでのように、「お上」に頼って生きていくことはできません。公的年金や公的健康保険も、もはや私たちの生活を守ってはくれません。であれば、自分たちの人生は自分たちで守るほかはないのです。

そのためには何よりも、公的サービスに頼らずに、経済的に独立することが、最低限の目標になります。

では、「経済的に独立する」とはどういうことでしょうか？　どうすれば、そんなことができるようになるのでしょうか？

それを考えるためにこそ、「人生設計」が必要になるのです。

第4部　自立した自由な人生に向けて

STEP10 人生設計の基礎知識

1.「経済的独立」ということ

日本人の人生の転機

1989年にベルリンの壁が崩壊し、第2次世界大戦後の世界を規定していた米ソの対立に終止符が打たれ、冷戦によって生まれた日本の55年体制(自民党vs.社会党の構図。私たちはこれを「保守」対「革新」と教えられてきましたが、その後、自民党と社会党がいっしょになって政権をつくったことで、両者が対立ではなく馴《な》れ合《あ》いの関係だったことが白日《はくじつ》のもとにさらされました)も木っ端微塵《みじん》になり、バブル経済が崩壊したことで、私たちの人生にも、大きな転機が訪れました。

＊

①「終身雇用制」が崩壊したため、たとえ1部上場企業に勤めていたとしても、定年まで今の会社にいられる保証がなくなった。もちろん、会社が出向先を世話してくれるようなことも期待できなくなった。

②「年功序列」の人事システムが崩壊したため、ふつうに働いていればそこそこの昇進・昇給が保証され、無事に定年を迎えれば老後を人並みにすごすくらいの退職金がもらえる、というようなこともなくなった。

③「メインバンク資本主義」(メインバンクが手取り足取り企業の面倒を見ることで成立している資本主義)が崩壊したため、勤めている会社自体が市場競争にさらされ、消滅してしまうかもしれなくなった。

④不景気による失業率の上昇によって、大学を出たからといって就職できるとはかぎらなくなった。また、「終身雇用制」の悪弊《あくへい》によって日本では労働市場が機能していないため、就職に失敗したり、いったん離職したりすると、再就職は非常に難しいという現実が広く知られるようになった(とくに中高年の再就職は絶望的)。

⑤不動産価格の大幅下落によって、「サラリーマン時代に持ち家を取得しておけば一生安泰」という神話が崩壊した。

⑥銀行や、ゼネコン・商社・流通業などの「大借金企業」を救済するためのゼロ金利政策によって、個人の金融資産の大半が仮死状態に陥《おちい》ってしまった。

⑦一部の生命保険会社の破綻《はたん》によって、保険金額が減額される人が現れた。
⑧年金制度の破綻によって、年金保険料の増額と給付の減額が誰の目にも明らかになった。老後を年金だけですごすことは不可能になった。
⑨健康保険制度の破綻によって、今後、健康保険料や医療費が大幅に上昇することが確実になった。
⑩景気対策のための国債増発によって、国が巨額の借金を抱える状態になった。この借金を返済するために、将来の増税は不可避となった。

経済的に独立するということ

どれひとつとっても、バブル景気でわが世の春を謳歌《おうか》していた10年前には考えることすらできなかったことばかりです。それだけでも、いかに巨大な変化が日本を襲ったか、おわかりいただけると思います。

こうした過酷な状況のなかで、私たちは自分の人生を、公的サービスに頼ることなく設計していかなくてはなりません。そのときのキーワードが、「**経済的独立**」です。「経済的独立 Financial Independence」という言葉を、私たちはR・ターガート・マーフィー、エリック・ガワー共著の『日本は金持ち。あなたは貧乏。なぜ?』(毎日新聞社)から知りました。

同書によれば、「経済的独立」は以下のように簡潔に定義されます。

「経済的独立とは、文字どおり、お金を他人に依存しないですむことである。経済的に独立すれば、やりたい仕事を選べ、したくない仕事をしないですむ。お望みなら、まったく働かなくてもいい。自分や家族が住みたい場所に住め、会社の都合で住所を決められずにすむ。子どもたちに最良の教育を受けさせ、彼らの将来をよりよいものにできる。自分の趣味を楽しむのもいい。旅行でも、スポーツでも、芸術でも、風変わりな何かでも」

真の自由は経済的独立からしか生まれない

このように、「経済的独立」とは「働かなくても生きていける立場になること」です。というと、なんだか金持ちのススメみたいですが、そんなことはありません。サラリーマンであれば、よほどのことがないかぎり、65歳で現役を引退することになります。このとき「働かなくても生きていける立場」になっていなかったら死んでしまいますから、人生の最終目標は誰にとっても「経済的独立」ということになります。

ところが日本の場合、現役引退後の生活は公的年金によって保証されていましたから、これまでそのことはあまり意識されてきませんでした。国家の力によって誰もが「自立（独立）」できるなら、そんなことを考える必要もないからです（ほんとうは、これを「自立」とはいわないのですが）。

では、私たちは人生の目標を「65歳（あるいは60歳）で経済的に独立すること」と決めて、人生を設計すればいいのでしょうか？　そんなことはありません。働くことが物理的に不可能になった時点で経済的に独立していることは、人生設計の最低条件でしかありません。もっと早くその目標を実現しても、ぜんぜん構わないからです。

中学を卒業して働き始めて、18歳で1億円くらいの資産を形成して「経済的独立」を達成したっていいわけです。

人はみな自由に憧れますから、アメリカの若いビジネスマンの間では、少しでも早く（できれば20代で）経済的独立を達成することが、人生の第一目標になってきています。目標どおり「独立」できたならば、その後どのように生きるかは、それこそ、「自由」に選択すればいいわけです。

私たちはいつのまにか、65歳で経済的に独立するという最低の目標を、人生における最終の目標と取り違えていたようです。私たちもできれば20代、それが無理なら30代で、もしくは40代で「経済的独立」を達成できるよう、人生設計を根本的に組み直す必要があります。それに失敗したときに、最悪でも65歳で経済的に独立できるように、リスクをヘッジした計画を立てておけばいいわけです。

独立に必要な資産

では、私たちはどのようにして、「経済的独立」を達成すればよいのでしょうか？

〔図㉘〕年600万円を得るために必要な金融資産と利回り

利回り	金融資産
3%	2億5000万円
4%	1億8500万円
5%	1億5000万円
6%	1億2500万円
7.5%	1億円
8%	9400万円
10%	7500万円

「経済的独立」の基準が、資産と運用利回りから導き出せることは、誰でもすぐにわかります。

まず、あなたが明日、会社を辞めたとして、家族が生きていくのにいくらかかるかを考えます。子どもの教育費などを含めて年600万円（月50万円）のキャッシュがあれば大丈夫だということになれば、毎年税引き後に600万円の運用益を得られるだけの金融資産が必要だということになります。仮に運用益にかかる税率を一律20％とすると、税引き後の600万円は税引き前で750万円（＝600万円÷0・8）になりますから、必要な金融資産と運用利回りの関係は、図㉘のようになります。

毎年コンスタントに10％の利益を上げられるなら（これはかなり難しそうですが）7500万円で、ある程度の余裕をみて5％の運用利回りを見込めば1億5000万円で、「経済的独立」が達成できることになります。

もちろん、個人個人の人生プランによって、これにはさまざまなバリエーションが可能です。子どもが独立して家のローンも完済しているからとりあえず夫婦で年300万円もあれば「独立」できるという人や、日本を脱出して物価の安い地域で暮らすから年間100万円で充分という人もいるかもしれません。逆に、一度しかない人生を思い切り贅沢《ぜいたく》にすごしたいから、1年に少なくとも3000万円の生活費は必要だという人だっているでしょう。これは個人の価値観の問題ですから、他人がとやかくいうことではありません。ともかく、**どのような人生プランであろうとも、経済的独立に必要な資産は、必要額と運用利回りから導き出せます。**

人生プランと目標額が決まれば、あとは簡単です。できるだけ早く資産が目標額に到達するようにお金を稼げばいいだけだからです。「どうやって稼ぐか」って？　そんなこと、私たちにはわかりません（知っていれば、とっくにお金持ちになっています）。

ということで、話をこれで終わりにしてもいいのですが、それではあんまりなので、私たち日本人の人生設計について、もう少し考えてみましょう。

2. 教育費と「大出費の10年」

子どもひとりでマンション1戸分

ではこれから、本書のなかでみなさんにぜひともお伝えしたい、もっとも重要なことを述べます。それは、人生設計における教育費の問題です。これは、どれほど強調してもし足りないほど重要なことなのですが、一般にはほとんど知られていないため、多くの人が人生設計を失敗するいちばんの原因になっています。

いきなり結論からいってしまいますが、あなたがそこそこ優秀なビジネスマン（自営業でもいいです）で、独身か、結婚していても子どもをつくるつもりがなければ、人生設計など必要ありません。病気になったときのための医療保険と、所得保障の保険にでも加入して、あとは毎年のキャッシュフローの範囲内で生活し、余った分を貯蓄（資産形成）に回していけば、遅かれ早かれ経済的に独立することは可能です（もちろん、意識的に資産形成するにこしたことはありません。毎年200万円を5％で積み立てていけば、30年後には1億4000万円の資産が形成できます。DINKS夫婦であれば、それほど難しい目標ではないでしょう）。

問題は、結婚して子どもが生まれ、子育てをするようになったときに起こります。ここで失敗すると、人生設計が崩壊しかねません。

人生における大きな買い物（出費）というのは、いくつかあります。代表的なものは不動産と生命保険ですが、これについては本書の第1部と第2部で詳しく検討しました。

高齢化社会を迎えて、自分の老親や家族の介護というのも大きな出費の原因ですが、これに関しては、本書では扱いません。家庭的・経済的な事情によってそれぞれのケースが大きく異なるため、一般化するのが難しいからです。

もうひとつ、大きな出費の要因が教育費です。じつは現在の日本では、**子どもひとりにつき、マンション1戸分くらいの教育費がかかる**ようになっています。子どもが2人いれば、マンション2戸分です。持ち家を買うよりも、はるかに高い買い物をしなければならないわけです。しかしこんな重要なことが、なぜかほとんど知られていません。

子どもを育てるのに多額の教育費がかかるのは、なにも子どもを有名大学に入れて一流企業に就職させたいからではありません。そんな大きな望みを持たずに、ただ人並みに育ってほしいと思っているだけでも、巨額の出費が必要になります。なぜかというと、現在の日本では、公教育が完全に崩壊してしまっているからです。

公教育の崩壊は、最近になってようやく「学級崩壊（学校崩壊）」などの言葉で知られるようになりましたが、すでに10年以上前から、教育関係者の間では周知の事実でした（校内暴力が話題になったのが20年くらい前ですから、今思えば、すでにその頃から崩壊は始まっていたわけです）。ただしこうした現実は、実際に子どもを学校に通わせてみないと見えてきません（世の中の教育評論家やジャーナリストの大半は現実を知りませんから、彼らの書いたものを読んでいても何もわかりません）。

公教育の崩壊についてもっとも早くから警鐘を鳴らしていた「プロ教師の会」の一連の著作を読むと（河上亮一《かわかみりょういち》著『学校崩壊』〈草思社〉など）、１９８０年代にすでに、東京の都立底辺校（高校）では授業がほとんど成立していなかったことがわかります。こうした学校では、授業中に教室のなかを紙ヒコーキが飛び交い、うしろの席ではトランプや花札《はなふだ》が始まり、生徒は勝手に教室内を徘徊《はいかい》して、教師はただ苦行のようにうつむいたまま教科書を読む、という光景が日常茶飯事になっていました。こうした状況を見て、マトモな教師たちは当時から、「底辺校は教育機関ではなく、社会の治安を守るための収容施設である」と指摘していましたが、「教育とはすばらしいものである」という幻想に酔いしれていた人たちは、こうした現状に対してずっと見て見ぬふりをしていました。

拡大する「学級崩壊」

その後、底辺校に特有と思われていた学級崩壊は、都立高校全体に広がり、一部の有名校を除いては授業そのものが成立しなくなりました。この頃から私立高校と都立高校の逆転現象が急速に進みましたが、「受験戦争」の文脈でしかものを考えられない教育マスコミは、その原因をまったく理解できませんでした。

公立高校に続いて、本格的な学級崩壊は公立中学校でも起こり始めました。高校は基本的に退学するのは自由ですから、嫌になれば辞めればいいだけです（事実、底辺校を中心に、高校の退学率は急上昇していきました）。一方、中学は義務教育で強制力がある分、矛盾は内にこもり、不登校（登校拒否）やいじめとなって表面化しました。最初、こうした現象は生徒個人の問題だと考えられてきましたが、ここ数年、急速な勢いで公立中学の学級崩壊が進むにしたがって、それが公教育にかかわる構造的な問題だということも明らかになりました（なぜなら、私立中学ではいじめ自殺や不登校はほとんど起こらないからです）。

そして今、公立小学校の高学年で、学級崩壊が続発しています。これは実際、公立小学校に子どもを通わせてみないとわかりませんが、東京の場合、小学校4年生以上のクラスでは、よほど力のある教師が担任をしないと、授業がほとんど成立しません。こうして、公立小学校高学年から公立高校に至る学級崩壊の連鎖が完結し、公教育は完膚なきまでに破綻してしまったのです。

公立小学校で授業が成立しない理由

このような現象が発生した理由はいろいろあるでしょうが、本書では、学級崩壊に至る社会的・文化的背景には言及しません（それこそ、「プロ教師の会」の一連の著作をお読みください）。なぜなら、もっとテクニカルな要因だけで、公教育が崩壊する必然性を説明することが可能だからです。

公立小学校の高学年で授業が成立しなくなる理由は、はっきりしています。中学受験を目指す子どもたちが学習塾に通い始めるからです。

文科省のゆとり教育で、今の公立小学校の学習内容はもっとも下の子どもに進度を合わせようとするため、驚くほど低レベルになっています。一方、私立中学を受験するにはそんな低レベルの学習では効果がありませんから、学習塾では、はるかに先の内容まで勉強することになります（べつに一流私立中学を受験しなくても、ごくふつうの学校を受験するためだけでも、小学校よりずっと難しいことを学ばなければなりません）。

そうすると、小学校4年生くらいから、クラスは学習塾に通い、授業内容をあらかじめすべて知ってしまっている生徒と、そうでない生徒に分かれ始めます。これは概算ですが、現在、東京都内の公立小学校の場合、クラスの3分の1は私立中学を受験するのではないかと思います。授業は残り3分の2を相手に進むわけですから、学習塾に通う子どもたちは、当然、授業など聞かなくなってしまいます。どんなに力量のある教師でも、クラスの3分の1の生徒が授業に何の興味も持たなければ、クラスを維持していくことは困難です。これが、公立小学校高学年で学級崩壊が起こる、もっとも直截《ちょくさい》的な理由です。

公立中学は最低の下

では、公立小学校に子どもを通わせる親の3分の1は、なぜ中学受験を目指すのでしょうか？

ここで指摘しておきたいのは、こうした親の大半が、ごくふつうの庶民（サラリーマン家庭）だということです。ほんとうに裕福な家庭は、幼稚園や小学校から、子どもを私立に通わせているからです（いわゆる「お受験」です）。

公立小学校に子どもを通わせているサラリーマン家庭が、多少無理しても中学受験を考えるようになるのは、公立中学の劣悪な環境に、徐々に気がつくようになるからです。自分の子どもが通う中学はだいたい近所にありますから、ふつうに暮らしていてもいろんな噂《うわさ》が聞こえてきます。教師が校庭を歩いていたら、生徒が放り投げた大きなゴミバケツが頭上から降ってきて、背骨が折れて重体になった、などという話を聞いて（これはちょっと極端ですが実話です）、そんなところに自分の子どもを通わせたいと思うでしょうか。

私立中学受験のための学習塾はもちろんこうした状況を知悉《ちしつ》していますから、親に向かって明快に説明します。

「最底辺の私立中学でも、公立中学よりははるかにマシです。公立中学では、子どもの安全は保証されません。子どもを守りたいと思ったら、私立中学に行かせなさい」

これほど説得力のある言葉は、めったに聞けません。

暴力装置のない社会

では、公立中学はなぜ、最底辺の私立中学よりもさらに下に位置するようになってしまったのでしょうか？　その理由も、簡単に説明できます。

どのような社会でもそうですが、秩序を維持するためには、一定の暴力装置がなければなりません。国家であれば、軍隊や警察に当たるものです。日本は憲法によって戦争を放棄していますが、いくらなんでも警察権までは放棄していません。お巡りさんがいない社会では秩序が維持できないことは自明だからです（いればいいってものでもありませんが）。

ところが、義務教育である公立小学校と公立中学には、この暴力装置がありません。かつてはどの学校にも体罰教師として恐れられる教師がいて、文字どおりの「暴力」でもって秩序を維持してきたわけですが、民主教育の日本では、マスコミのバッシングもあって、体罰は全面的に禁止されてしまいました（それ自体はもっともなことです）。

ところが、私立中学にはこの暴力装置があります。とはいっても、全国の私立中学が秘密裏に体罰教師を雇っているという意味ではありません。ここでいう暴力装置とは、問題生徒を効果的に排除できる仕組みのことです。要するに、私立中学（小学校も）は、生徒を退学させることができる大きな権力を持っているのです。

公立中学は生徒を退学させることができませんから、問題のある生徒を卒業まで抱え込むほかありません。そうなれば、殴りつけてでも従わせなければ、秩序を維持することができません。ところが私立中学の場合、そんな面倒なことをする必要はありません。さっさと退学処分にしてしまえばいいからです。退学させられた生徒は、自分の学区の公立中学に通えばいいわけですから、何の問題もありません。

なぜかあまり指摘されていませんが、これが公立中学でいじめや校内暴力が起こって、私立中学では起こらない理由です。べつに、私立中学の教員や生徒が優秀だからではありません。要するに、システムの問題なわけです。

私立中学には生活がかかっている

私立中学がなぜ、こうした暴力装置を有効に機能させているかは、教員の立場になって考えればすぐにわかります。たとえば、どこかの私立中学でいじめが発生して、生徒が遺書を残して自殺してしまった、などという事故が起きたとしたら、翌年から、その中学には生徒が集まらなくなってしまいます。私立中学は私企業ですから、生徒がいなくて授業料を払ってもらえなければ、教師は職を失ってしまいます。それに対して公立中学の教員は公務員ですから、自分の学校で生徒が何人自殺しようが、失職することはありません。

こうなると、私立中学では、経営陣から末端の教師まで、秩序維持に関しては一歩も引かない態勢ができあがります（なんといっても、自分の生活がかかっているのですから必死です）。生徒の親が「ウチの子が同級生にカツアゲされた」などといおうものなら、全力をあげて相手を特定し、問答無用で退学処分にしてしまいます（ちょっとした名門学校だと、タバコを吸ったり酒を飲んだだけで退学です）。ここまで暴力装置が強力に働いていると、問題生徒は即座に排除されてしまいますから、学校社会の秩序と安全は保たれるわけです。

世間一般では、私立中学に子どもを入れるのは、中高一貫教育で大学受験に備えるためだと思われているようですが（もちろんそれもありますが）、多くの親は、私立学校の持つこの暴力装置（というか、それがもたらす秩序と安全）に高いお金を支払っているわけです（このことを、マスコミはほとんど理解していません）。

公立中学という幻想

田舎の中学校に通い、東京に出てきた私たちのような人間は、公立中学に対してある種の幻想を抱いています。したがって、この目でその現実を見るまでは、公教育の全面的な崩壊という現象を理解することがなかなかできません。

かつての（それも地方の）公立中学校には、さまざまな生徒が集まってきました。将来、政治家や官僚、法律家になるような勉強のできる子（たいていは学級委員になって、表の秩序を仕切りました）から、地元のヤクザの息子（たいていは「番長」になって、裏の秩序を仕切りました）まで、ひとつのクラスのなかにさまざまな生徒がいて、それが「社会」を構成していました。有能な教師は、番長たちとも話をつけ、表の秩序と裏の秩序をバランスよく保つことで、クラスを機能させていたのです。

ところが現在の中学校には、表の秩序を仕切ることのできる「政治的」な生徒も、裏の秩序を仕切ることのできる「黒幕的」な生徒も、いなくなってしまいました。なぜこのようなことになったのかはよくわかりませんが、ともかく、生徒がみんな平等になり、階層（ヒエラルキー）が消失したことによって（戦後民主主義の完成！）、秩序そのものが融解してしまったのです。こうした生徒の平等化と秩序の崩壊は、この10年間で急速に進み、学校を、教師と生徒の力学によって支えられた「社会」から、ただの自由な個人の無秩序な集合体に変えてしまいました。

みんなが自由で、そこに何のルールも働かなければ、それは「社会」ではなく、殺伐《さつばつ》とした「空間」でしかありません。そこでは、どんなことでも起こりえます。そのうえ、公立中学には秩序を維持するための最低限の暴力装置すらありませんから、あとは弱肉強食のジャングルになるだけです。

こうした現実は、公立高校になるとさらに徹底されます。都立高校のクラスを覗《のぞ》いてみると、いつのまにか、髪の毛が黒くてピアスをしていない生徒を探すほうが難しくなってしまいました。酒やタバコはいうに及ばず、最近では高校生の覚醒剤《かくせいざい》汚染が大きな問題になってきています。女の子は売春をし、男の子はヤクの売人になる、まるでアメリカのギャング映画のような世界です。

このようにして、「みんなが平等」だった戦後日本でも、ほかの先進国並みに、本格的な社会階層の二極化が進行し始めました。アメリカやイギリスで顕著なように、やがて、私立学校に通う生徒と、公立学校に通う生徒はまったく違う人生を歩み、何の接触もなく一生を終えるようになるでしょう。将来の大蔵官僚とヤクザの親分が机を並べて勉強をした、古きよき公立中学は、もはやどこにもありはしないのです。

世界最高額の教育費

こうした現実を直視し、自分の子どもに最低限の秩序のもとで、最低限の教育を施《ほどこ》そうと思うならば、私立学校に通わせるほか、選択肢はなくなってしまいます。中学以降を公教育に任せるには、あまりにもリスクが大きくなってしまったからです。

ところが、世界一人件費と住居費の高い日本では、私立学校の学費もバカになりません。文科省の統計などによれば、ひとりの子どもを私立学校に通わせると、1年間に100万円前後の支出が必要になります。中学・高校の6年間では、入学金なども合わせると、800万～1000万円もの金額になります。さらに私立大学に進学させると、文系・自宅通学で年間100万～150万円、首都圏の私大に下宿させた場合は、平均支出がなんと年間350万円にも及びます（理系の大学では、授業料がさらに高くなります）。これを単純合計すると、最低でも1500万円、高ければ3000万円近い出費となり、まさに家1軒買えるくらいの額になってしまいます。

ところが、不動産を購入するときの損得計算には熱心な人でも、それに匹敵する教育費の家計に及ぼす影響は、ほとんど考えていません。子ども2人を私立学校に通わせようとすると、家を2件買えるくらいのお金がかかるわけですから、家計に与えるインパクトは不動産どころの騒ぎではありません。

子どものいる家庭、いない家庭

図㉙は、子どものいない家庭（独身も含む）の貯蓄額の推移をグラフ化したものです。毎年の生活費をキャッシュフロー（現金収入）の範囲で抑えていけば、自然に貯蓄額は増えていきます。

図㉚は、子どものいない家庭が、途中で不動産を購入した場合の貯蓄額の推移です。不動産を買った時点で、それまでの貯蓄を頭金として使い果たしてしまいますが、翌年からふたたび余裕資金を貯蓄に回すことができますから、金融資産は増加していきます。

第1部で説明したように、両者の間には何の優劣もありません。図㉙の金融資産の額と、図㉚の不動産資産＋金融資産の額を65歳時点で比較してみて、はじめてどちらの選択が正しかっ

〔図㉙〕子どものいない家庭（賃貸）の貯蓄額の推移

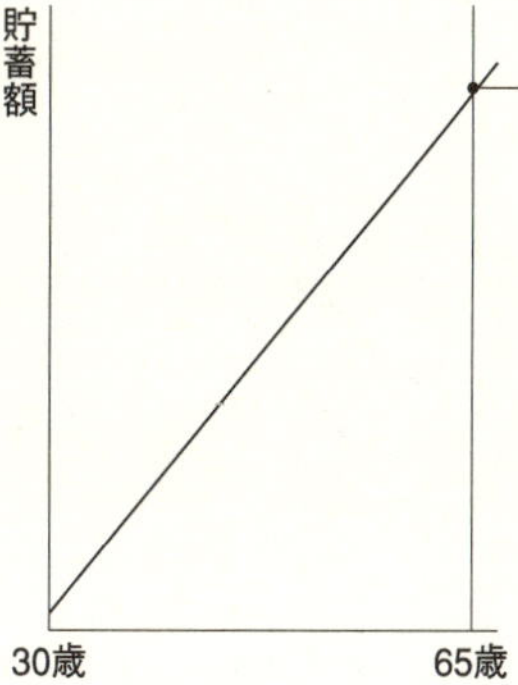

〔図㉚〕子どものいない家庭で不動産を購入した場合の貯蓄額の推移

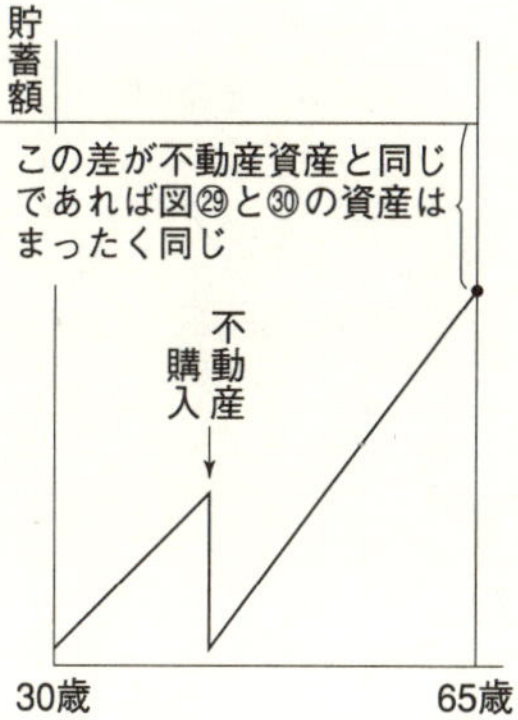

〔図㉛〕30歳で子どもが生まれた家庭の貯蓄額

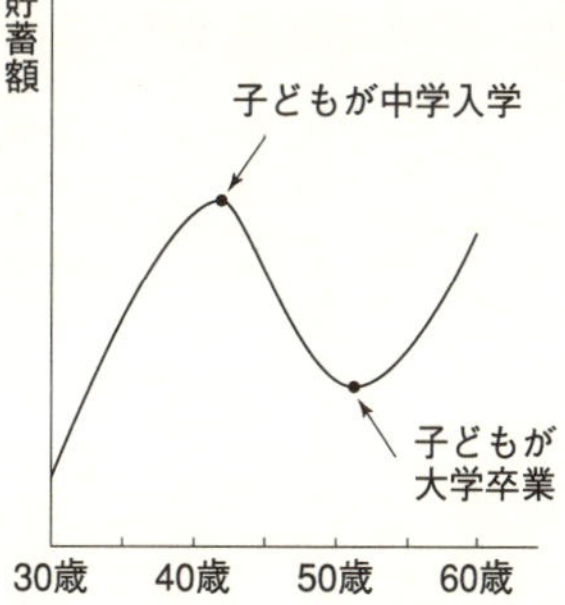

〔図㉜〕子ども2人を私立学校に通わせた家庭の貯蓄額

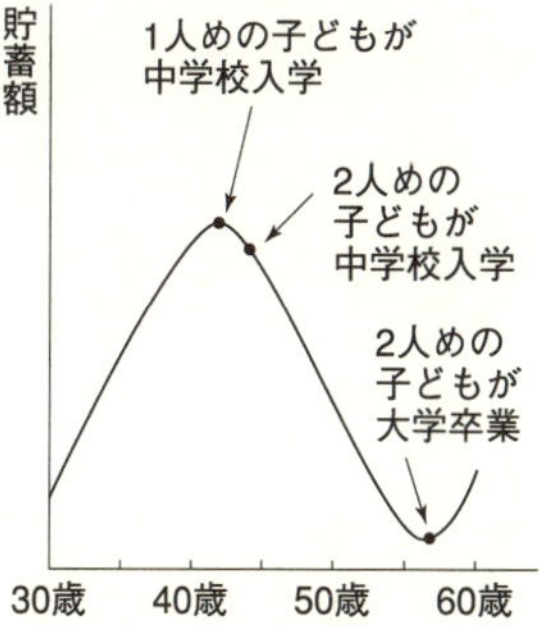

〔図㉝〕20歳で子どもが生まれた家庭の貯蓄額

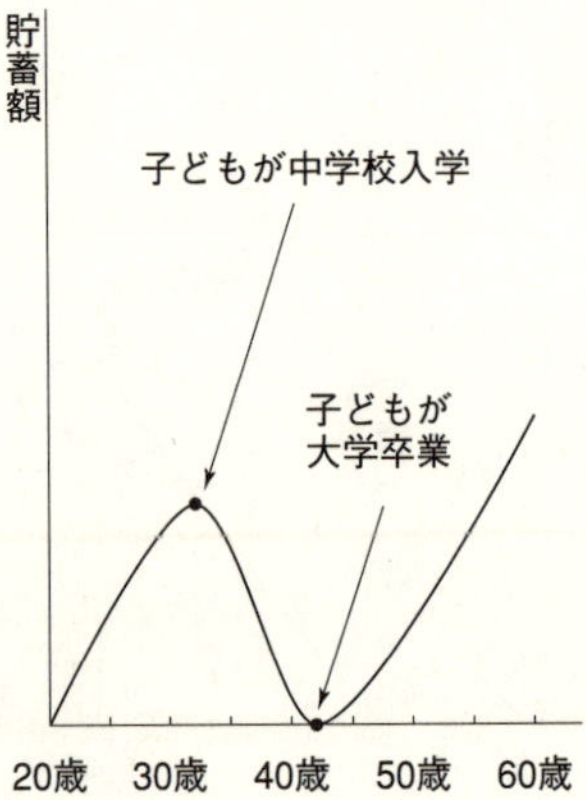

〔図㉞〕40歳で子どもが生まれた家庭の貯蓄額

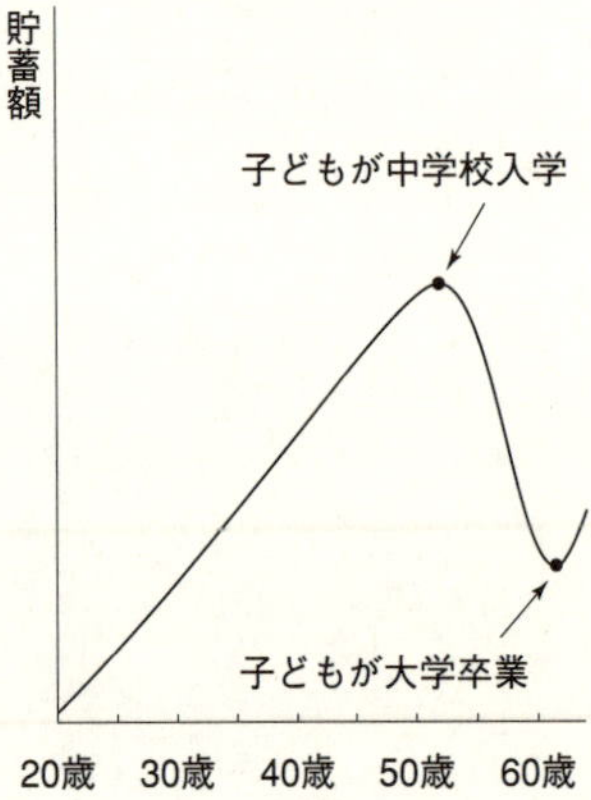

たかわかるだけです。

ところが、この家庭に子どもがいたとしたらどうでしょう。

図㉛は、30歳で子どもが生まれた家庭の貯蓄額の推移です（不動産は購入しません）。この場合、子どもが中学に入学するときに親は43歳、子どもが大学を卒業するときには52歳ですから、この10年間に1500万円から3000万円の大きな支出が必要となります。当然、ふつうのサラリーマンでは、毎年のキャッシュフローの範囲内でこんな大きな支出は賄《まかな》えませんから、貯蓄を取り崩していくことになります。そして、子どもが独立して出費の必要がなくなった52歳から60歳（ないしは65歳）の定年までの間に大急ぎで貯蓄をし、退職金を合わせた金融資産で老後に備えるわけです。

図㉜は、子ども2人を私立学校に通わせた場合で、支出は単純に倍になりますから、かなりのペースで貯蓄を取り崩さなければなりません（総務省の統計によれば、大学生を含む2人の子どもがいる家庭では、平均貯蓄率が10％のマイナスになっています。これはもちろん、公立学校に通わせている親も含めての数値ですから、私立学校の場合は赤字の額はさらに膨《ふく》らみます）。概算ですが、2人の子どもが私立の高校から大学に通う間は、親に1000万円程度の年収がないと、ちょっと厳しいという感じです。

ところで、子どものいる家庭の場合、出産の時期によっても、貯蓄額の推移は大きく変化します。

図㉝は、20歳で子どもが生まれた家庭のケースです。この場合、子どもが中学に入学するときに親はまだ32歳ですから、充分な貯蓄をつくることができず、教育費の支払いはなかなかたいへんですが、42歳で子どもは独立しますから、その後の20年で急速に金融資産を形成することができます。

一方、図㉞は、40歳で子どもが生まれた家庭です。この場合、子どもが中学に入るのは52歳ですから、すでに教育資金も充分に蓄えておくことができます。しかし、子どもが独立するのは定年前後の62歳になりますから、その時点から金融資産を増やすのは、ほぼ不可能です。

こうしてみると、若いときに子どもをつくった夫婦の人生設計はシンプルだということがわかります。最初は苦労するかもしれませんが、子育てが終われば、生涯でもっとも年収の高い時期に効率的に資産を形成することができるからです。

しかし、40歳前後で子どもが生まれた夫婦は、子どもが中学に入学して「大出費の10年」を迎えるまでに充分な貯蓄をしておかないと、人生設計が根底から崩壊しかねません。子どもの教育費でわずかな貯蓄をすべて使い果たし、定年になったら公的年金以外、頼るものは何もなかった、という事態に陥りかねないからです。

子どもがいるなら家は買うな

ではこれから、本書においてもっとも重要なことを述べましょう。

結論から先にいいます。

子どものいる夫婦は家を買ってはいけません。

図㉟は、30歳で出産し、子どもが中学に入学する直前の40歳で不動産を購入した夫婦の貯蓄額の推移です。なぜこんな悲惨なことになってしまっているかというと、中学入学から大学卒業までの「大出費の10年」の前に、不動産の頭金として、貯蓄をすべて使い果たしているからです。

この状態で、毎年のキャッシュフロー（現金収入）で教育費とローン返済を含むすべての支出が賄えなくなると、家計が赤字のうえに貯蓄はゼロですから、借金するほかなくなります。この状態を10年も続けていくと、借金も複利で増えていきますから、いずれは返済不可能な額

〔図㉟〕30歳で出産し、40歳で不動産を購入した家庭の貯蓄額

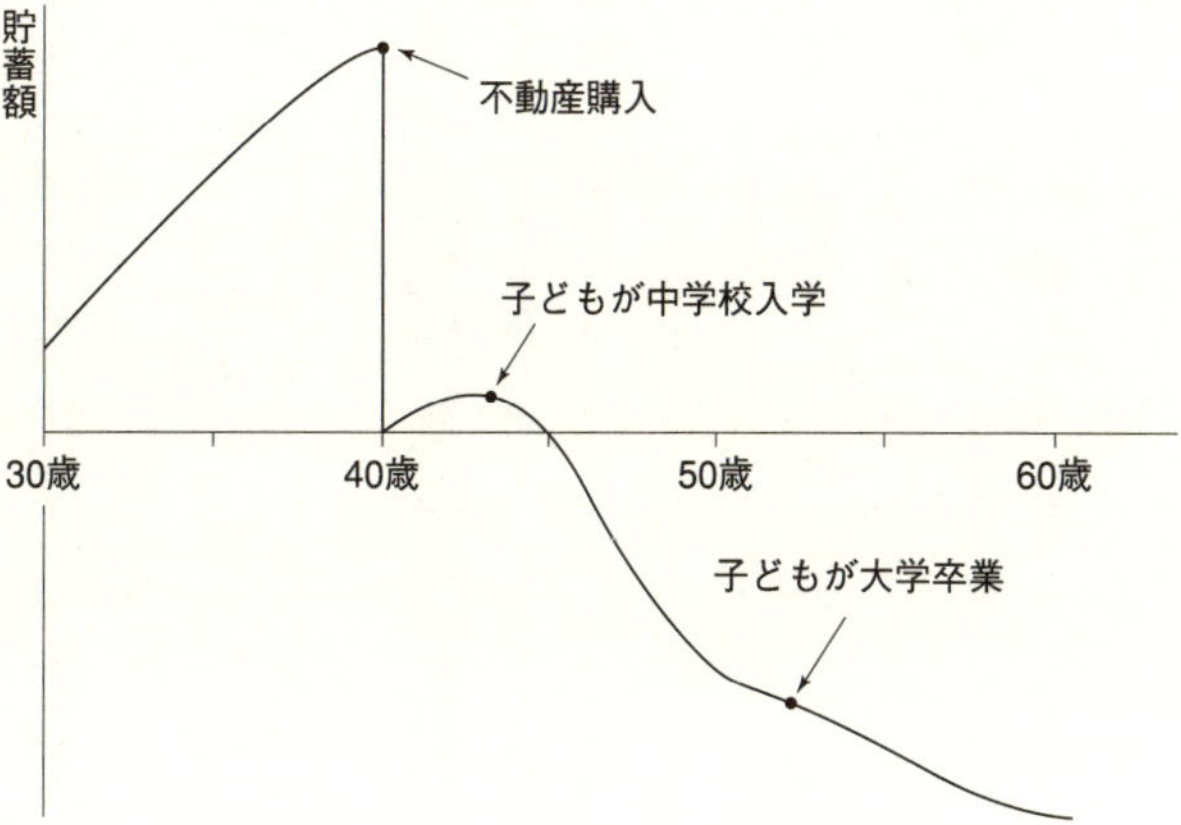

にまで膨らんでしまいます。

もういちど図㉛を見てください。まったく同じ条件で、なぜ不動産を購入しない場合だけ、家計の破綻を免《まぬが》れているのでしょうか。その理由は簡単で、不動産資産の代わりにキャッシュ（金融資産）を持っているため、不必要な借金をせずにすんでいるからです。逆に不動産を購入した夫婦は、短期間に不動産と教育費というふたつの大きな買い物をしたわけですから、支出超過で家計が破綻しても何の不思議もないわけです（もちろんこの場合も、毎年のキャッシュフローで教育費を含む支出をすべて賄えるだけの所得を確保できれば破綻は免れます）。

ところで、私たちの知る範囲では、これまでどんなライフプランの本も、どんなファイナンシャル・プランナーも、「子どもをつく

ったら家を買ってはいけない」などということは教えてはくれませんでした。

しかし、子どもに私立学校で教育を受けさせることを前提とするかぎりにおいて、高給サラリーマンや親からの多額の贈与のような特殊な設定にしないかぎり、いくらシミュレーションをしても、この結論は変わりません。子どもの教育という人生で最大級の支出が始まる時点で、それなりの備えができていない家計は、かなりの確率で破綻してしまうのです。

天国と地獄

ではこの現実をEXCELでシミュレーションしてみましょう。

モデルは、30歳の夫と28歳の妻に2人の子どもがいる、標準的な家庭です。夫の年収は世間並みで、年に1～2回は家族旅行に行って、たまにはちょっと贅沢もしたいけど、将来に備えて貯金もしておかなくちゃ、というごくふつうの夫婦です。

この夫婦が賃貸生活を続けたまま2人の子どもを中学・高校・大学と私立学校に通わせたとすると、その貯蓄額の推移は図㊱のようになります。40歳までは順調に貯蓄額も増えて1500万円を超えますが、長男が私立中学に入学する頃から年間収支は赤字になり、それまでの貯蓄を食いつぶすようになります。その間、所得も増えていきますが、とうてい教育費を賄うには至らず、長男・長女が相次いで大学に入学するようになると、年間の赤字額は200万円を超えてしまいます。

〔図㊱〕賃貸生活を続けた夫婦の貯蓄額の推移

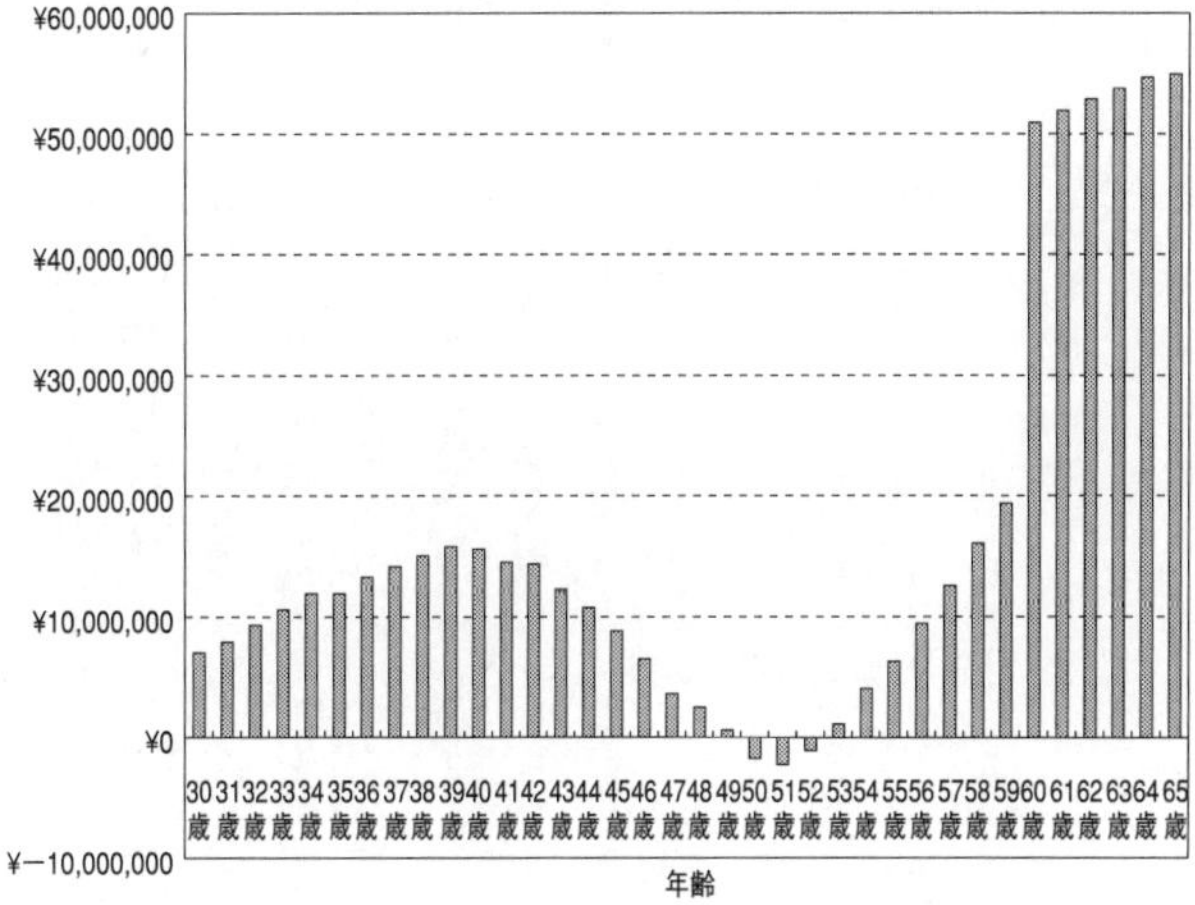

〔図㊲〕35歳で持ち家を購入した夫婦の貯蓄額の推移

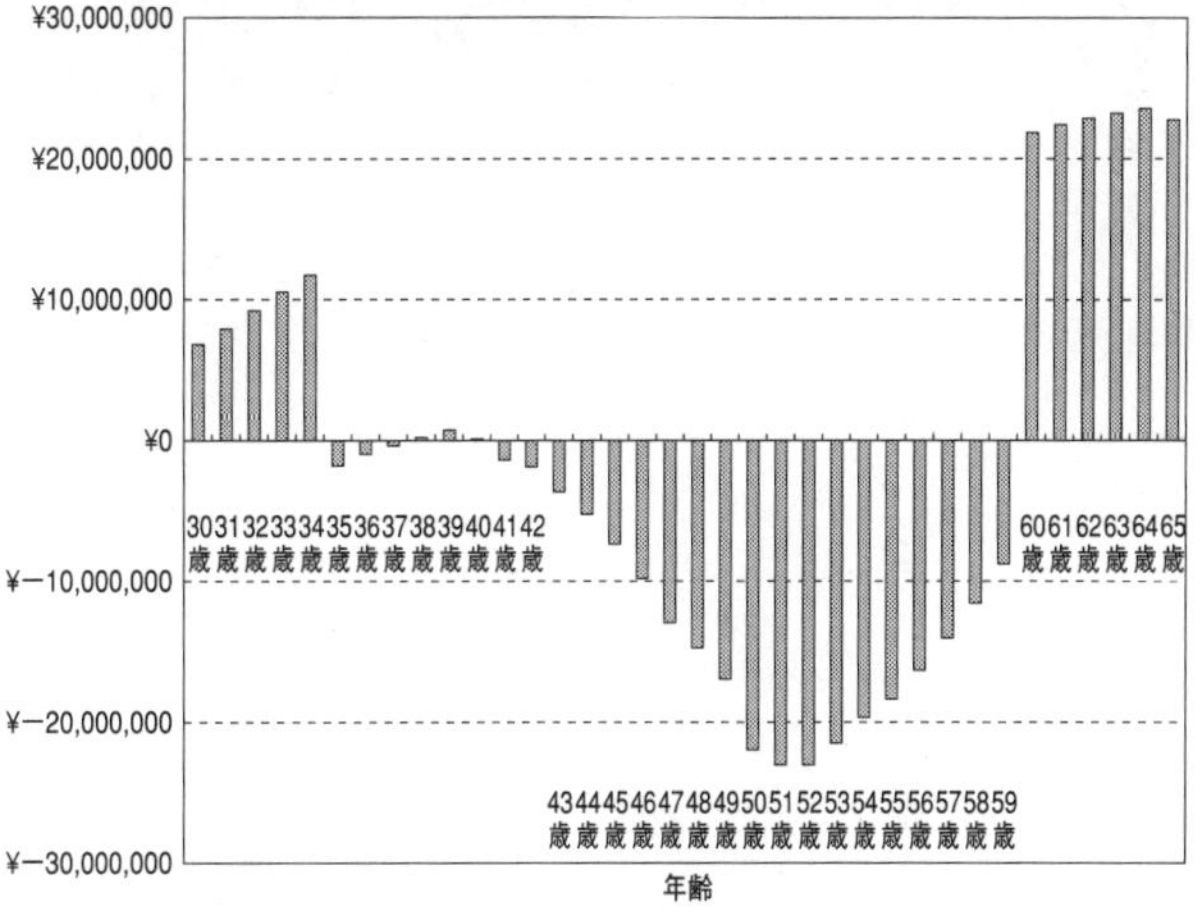

こうして、最後は貯蓄額すらマイナスになってしまいますが（貯金をすべて使い果たして教育ローンなどを借りている状態）、その頃には2人の子どもは相次いで独立し、教育費・生活費などの支出が一挙に減るため収支は急速に回復し、定年を迎える60歳時点では1700万円の貯蓄を形成することができます（最後の8年間で、ゼロから一気に貯蓄をつくるわけです）。ここで無事2600万円ほどの退職金を受け取れると、金融資産の額は4000万円まで増えます。これが、第二の人生の原資になるわけです。

一方、この夫婦が35歳で持ち家を購入したとすると、貯蓄額の推移は図㊲のようになります。この場合、それまでの貯蓄は不動産購入の頭金にすべて使っていますから、教育費の大半を借り入れで賄わなくてはならなくなります。

この借入額は、長女が大学を卒業する時点では2700万円にもなってしまいます。年間収支はその後プラスに転じますが、定年までにはとうていこの借金は埋まらず、退職金を充当してようやく完済することが可能になります。

借金返済後の金融資産は1000万円に満たない額ですが、この夫婦には不動産資産があるので、30年の住宅ローンを払い終わったあとで持ち家を売却すれば、3000万円程度の貯蓄をつくることは可能です。

しかし、一見すればわかるように、このような設定は明らかに非現実的です。このシミュレーションでは、家を購入した35歳時点から貯蓄はマイナスに陥り、その「債務超過」状態が60

歳まで、25年間も続きます。もちろん、こんなことが現実に続けられるわけがありません。まず、住宅ローンも完済していないのに、新たに3000万円近い借金をすること自体、ほぼ不可能です。試みに銀行ローンを利用するとして、全体の借入金利を10％に上げてみると、60歳時点での借金額は5000万円超。退職金をすべて返済にあて、おまけに自宅まで売り払って、ようやく返済できる金額です。そのあとの収入は年金だけですから、生活していくだけでもたいへんです。これでは、何のために一生懸命働いて、子育てしてきたのかさっぱりわかりません。

もちろん、きちんとしたライフプランを立てたうえで、「俺の場合は家を買っても充分にやっていける」と判断されたのならば、それはそれで何もいうことはありません。問題なのは、不動産の営業マンにいわれるがままに、たいした頭金もなしにマンションを買い、漠然と、「子どもはやっぱり私立に入れなくちゃ」などと思っている家庭です。こうしたケースでは、家計の破綻リスクが高くなりますから、早めに持ち家を売却して賃貸生活に戻るか、徹底的に支出を切りつめて子どもの中学入学までに充分な貯蓄を形成するか、夫婦共働きにして所得を増やすか、とにかくなんとかしないとどうにもなりません（あきらめて子どもを崩壊した公教育にあずけると、今度は不良化するリスクが高くなります）。

こういう人たちこそライフ・プランニングが必要なのです。

※〈著者注〉ここで使用したライフプラン・シートは「海外投資を楽しむ会」のホームページ

（http://www.alt-invest.com/）からダウンロードできます。

3．少子化は解決できるか？

教育費負担を減らす

日本人の家計は、サラリーマンの場合、退職金を原資にして老後を設計するようになっています。現在でも3000万円の退職金と持ち家があれば、月額25万円前後の年金で充分すぎるほどの生活ができます。日本人の平均貯蓄額は1360万円ほどですが、実際は金融資産の大半は高齢者が所有しており、大きな出費を抱えた現役世代に貯蓄の余裕はありません（貯蓄額の中央値は880万円です）。これもすべては、退職金という給与の後払い制度によってもたらされた、制度的な現象です。

現在、少子化が大きな社会問題になっています。ここにもさまざまな要因があるでしょうが、ひとつには、「子どもは欲しいけれどお金がかかりすぎて子育てに自信がない」という不安があることは間違いありません。「少子化は日本の危機だ」と叫ぶ人たちは、ヘンな道徳論を振り回す前に、まずこの問題を解決しなければなりません。

では、どうすればよいのでしょうか？

答えは意外と簡単です。

この問題の本質は、教育費にお金がかかりすぎるということです。

そこでまず、教育費の負担を減らす工夫をする必要があります。住宅減税をいくらしたって、出生率は上がりません。人口が減れば地価は下がるに決まっているのですから、住宅減税で強引に不動産を買わせて地価を上昇させようという政策に何の長期的戦略もないことは明らかです。そこで、無意味な住宅減税などさっさとやめて、教育費減税を行います。公立・私立を問わず、入学金や授業料は全額、所得から控除するようにすれば、それなりの効果はあるでしょう。

教育サービスに市場原理を！

次に、教育サービス業に市場原理を持ち込み、質を維持したまま価格を下げるような仕組みをつくらなければなりません。崩壊した公教育を「教育」から切り離して（これはもはや社会治安上の問題です）、少しでもまともな学校はどんどん民営化し、校長に大きな権限を与えて無能な教師をリストラし、教員免許の有無にかかわらず民間から大胆に人材を登用できるようにします。英語のしゃべれない英語教師などは何の役にも立ちませんから、ネイティヴ・スピーカーを積極的に採用するなり（公教育がこれをしないから、みんなが高いお金を払ってNO

VAに行かなくてはならないのです)、リタイアした商社マンを教員に迎えるなりすればいいでしょう。これでどうしようもない日本の英語教育も少しはマトモになるはずです。このように、公立学校が大挙して教育市場に参入すれば学校間に競争原理が働きますから、子どもたちもよりよい教育サービスを安価なコストで享受できるようになります。

民営化した学校には、もちろん、一定のルールに従って生徒を退学させることのできる大きな権限を経営陣に与えます。この「暴力装置」により、いじめや校内暴力などの問題はすべて解決するでしょう(もちろん、だからといって、公立学校を全廃していいというわけではありません。しかしこちらには構造的な問題がありますから、社会的な合意を得たうえで警察官を校内に常駐させるなどして、秩序を維持するしかないでしょう)。

次に考える必要があるのは、「子どもの教育費は親が負担して当たり前」という常識を変えていくことです。

アメリカなどは日本に輪をかけた学歴社会ですが、子どもの教育費を支払う親は全体の半分以下というデータがあります。残りの生徒はどうしているかというと、各種の奨学金を得て勉学を続け、就職後に自分の給与から返済しているわけです。レジャーランド化した日本の大学のために年間200万~300万円もの大金を親が負担し、肝心の子どもは合コンで遊び呆《ほう》けているのでは、何のために苦労しているのかわかりません。大学生の側も、自分の借金で大学に通っているとなれば、質の高い授業を求めるでしょうから、大学教員と学生とのぬるま湯のような関係も変わっていくでしょう。

サービスを受ける人間とコストを負担する人間が同じでなければ、市場は健全に機能しません。日本の大学も、奨学金制度を充実させて、学費は学生個人に負担させるようにするべきです。

子どものいる世帯への所得移転

このように教育コストを下げ、家計の負担を軽くすると同時に、社会全体の貯蓄の歪《ゆが》みも正さなければなりません。

先に「子どものいない夫婦や独身者に人生設計はいらない」といいましたが、その理由は、教育コストの支払いを全面的に免れているからにほかなりません。しかしこの人たちも、65歳になれば年金の受給権を得ます。現在の賦課《ふか》方式が続くのであれば、彼らの年金は同世代の親たちが育てた子どもたちによって賄われるわけですから、独身者やＤＩＮＫＳから、一定の所得を子どものいる世帯に移転するのは合理的な考え方です。

とはいえ、子どもがいない人から特別な税金を取るわけにもいきませんから、消費税率を上げたうえで、子どもの生まれた家庭には一律１００万円を配るなどの措置はどうでしょうか。この１００万円は遊興費に使わせないように教育費のみに利用できるクーポンにしてもいいかもしれません。

金融資産の大半を所有する高齢者世帯から、子どものいる世帯への所得移転も考える必要があります。ただし、すべての高齢者が裕福なわけではありませんから、年金などの社会保障を減額するわけにはいきません。

そこで、たとえば祖父母から孫への教育費の援助は贈与税を無制限に免除する、などの方法はどうでしょう。これなら、孫たちに質の高い教育を与えることで、合法的に相続税を減らすことができます。

退職金制度はいらない

さらに重要なのは、企業の退職金制度(給与の後払い)によって金融資産が高齢者に偏《かたよ》る構造を変えていくことです。すでに一部の企業が開始していますが、退職金制度をさっさと廃止して現在の給与を増額し、現役世代の家計のキャッシュフローを改善させることが必要です。

いつつぶれるかわからない会社にしがみついて、出るか出ないかわからない退職金を当てにして老後の生活設計を立てるよりも、受け取るべきものはすべて受け取ったうえで、ひとりひとりが自分の責任において自分の人生を設計したほうが、ずっと健全です。マトモな企業経営者やマトモな労働組合は、真っ先に退職金制度の撤廃を提案するべきです。

このような制度改革を行えば(どれもたいして難しいことではないでしょう)、子どものいる世帯に過度に負担が偏ることはなくなりますから、出生率も上昇してくるでしょう。社会全体で「子どもを産むな」という仕組みをつくっておいて、そのうえで出生率低下を嘆くような茶番はもうやめにして、公平で合理的な社会をつくることです（ここでは詳しく触れませんが、もちろん、保育園や託児所の充実を含め、子どもを産んだ女性が職場復帰することを社会全体で支える仕組みも必要です）。

出生率の低下は運命ではなく、政治の力で社会の仕組みを変えることによって、解決できる問題です。あとは、それを実行するかどうかだけです。

STEP11「もうひとつの人生」を目指して

4．PTという可能性

永遠の旅行者

最後に、私たちが提案する「オルタナティヴな（もうひとつの）人生プラン」をご紹介して、本書の締めくくりにしたいと思います。

「もうひとつの人生」というのは、PTのことです。

PTとは、いったい何でしょう？

PTは「Perpetual Traveler（永遠の旅行者）」「Permanent Traveler（終身旅行者）」を略したもので、それ以外にも「Passing Through（通過）」「Parked Temporarily（一時滞在）」「Prior Taxpayer（納税優先）」などの頭文字にも由来するようです。日本で唯一の「P

T研究家」でファイナンシャル・プランナーの木村昭二《きむらしょうじ》氏が『税金を払わない終身旅行者――究極の節税法PT』（統合法令出版）を出版されたことで、私たちもはじめてその全体像を知ることができました。

木村氏はPTを、次のように簡潔に定義しています。

「ある国の居住者になれば当然にその居住国で納税の義務が発生するので、合法的に納税義務が発生しないように六ヵ月や一年毎に居住する国を替えて税務上、どこの国の『居住者』にも属さない『終身旅行者』になるということ」

要するに、カナダ、オーストラリア、ヨーロッパなどに複数の住居を持ち、ときどき日本にも里帰りしながら、「滞在日数が税務上、その国の『居住者』になり高額な納税義務が生じそうになったならば、合法的に別の国に移り住み、またそこで滞在日数がその国の税務上『居住者』になりそうになったなら、またまた合法的に別の国に引っ越しをする」ライフスタイルをいいます。

PTの最大のメリットは、日本も含め、どこの国の居住者でもないために、一切税金が課せられないということです。自分自身がPTであれば、資産運用で得た利益は100％無税ですし、一定の条件を満たせば非居住者の金融資産に非課税の特典を与えてくれる国もたくさんあります（たとえば、アメリカなどでは非居住者の保有する株式に売却益課税は課せられません）。

もうひとつのメリットは、PTになれば、国外資産が日本の相続税や贈与税の対象外になるということです。これを上手に利用すると、親の遺産を100%無税で相続することも可能になります。まさに、「究極の節税法」です。

PTの定義

では、私たちはどのようにしたらPTになれるのでしょうか？ これも、木村氏の著書から簡単にまとめてみましょう。

まず、日本の所得税法によれば、「非居住者」とは、

「居住者以外の個人をいう」（所得税法第2条5）

と定義されます。

なんだか人をバカにしたような話ですが、法律なんてこんなものです。

で、次は「居住者」の定義が問題になります。日本国の居住者というのは、

「国内に住所を有し、又は現在まで引き続いて一年以上の居所を有する個人をいう」（所得税法第2条3）

とされています。ということは、

①国内に住所を有する個人。

②国内に現在まで引き続いて1年以上の居所を有する個人。

のふたつの条件をともに満たさなければ、所得税法上の非居住者と見なされるわけです。「国内に住所を有しない」ということは、日本国内においては、いわゆる「住所不定」の人になるということです。そのうえで、1年以上、海外でぶらぶらしていれば、それで「非居住者」のできあがりです。こんな簡単でいいのでしょうか？

ハードルは高い？

しかし、誰でも簡単に非居住者になれるようだと、税金を取りっぱぐれてしまいますから、税務署もそう簡単には認めてくれません。日本の税務行政には、「実態基準に合わせて判断する」という、悪名高き「裁量」の余地があるからです。そのため、明らかに節税・逃税目的の場合は、仮に上記の基準を満たしていたとしても、ことごとく否認されることになります。

まず、本人に住所がなくても、家族が国内に居住している場合は、非居住者とは認められません。同様に、本人が職業に就《つ》いている場合は、ほんとうにその国に居住する必要があるかどうかが問題になります。これは、所得税法施行令第14条で以下のように定義されています。

「1　国内に居住することとなった個人が次の各号のいずれかに該当する場合には、その者は、国内に住所を有する者と推定する。

一　その者が国内において、継続して一年以上居住することを通常必要とする職業を有すること。

二　その者が日本の国籍を有し、かつ、その者が国内において生計を一にする配偶者その他の親族を有することその他国内におけるその者の職業及び資産の有無等の状況に照らし、その者が国内において継続して一年以上居住するものと推測するに足りる事実があること。

2　前項の規定により国内に住所を有する者と推定される個人と生計を一にする配偶者その他その者の扶養する親族が国内に居住する場合には、これらの者も国内に住所を有する者と推定する。」

例によってわかりにくい文章ですが、簡単にいうと、

①海外でちゃんとした仕事に就いていない場合は非居住者を装っても認めませんよ。

②家族を残したまま海外をぶらぶらしているケースや、親から生活費を出してもらっている海外留学は認めませんよ。

③そのほか、日本国籍を持っている場合は、本人の資産や職業から税務署員が怪しいと思うものも認めませんよ。

ということです。このように考えると、日本の非居住者になるハードルはずいぶん高くなります。

日本を捨てる覚悟が必要？

一方、所得税法施行令第15条には非居住者の定義もあって、それは次のようになっています。

「1　国外に居住することとなった個人が次の各号のいずれかに該当する場合には、その者は、国内に住所を有しない者と推定する。

一　その者が国外において、継続して一年以上居住することを通常必要とする職業を有すること。

二　その者が外国の国籍を有し又は外国の法令によりその外国に永住する許可を受けており、かつ、その者が国内において生計を一にする配偶者その他の親族を有しないことその他国内におけるその者の職業及び資産の有無等の状況に照らし、その者が再び国内に帰り、主として国内に居住するものと推測するに足りる事実がないこと。

2　前項の規定により国内に住所を有しない者と推定される個人と生計を一にする配偶者その他その者の扶養する親族が国外に居住する場合には、これらの者も国内に住所を有しない者と推定する。」

これによれば、非居住者の定義は次のようになります。

①海外で職業に就き、なおかつその仕事が1年以上にわたると考えられること。

②外国籍または日本以外の国の永住権を持っていること。
③国内に家族がいないこと。
④本人の職業や資産状況から、本人が今後二度と日本には戻ってくることはないと推定されること。
⑤家族もまた、同様に海外に居住すること。

ということで、これでは国籍を捨て、日本を捨てて一家揃《そろ》って海外に移住した場合しか、非居住者とは認められなくなってしまいそうです。

いつでも帰ってこられるのが最大の魅力

しかし、そう悲観することもありません。たとえば所得税法施行令15条は、非居住者の定義として「外国籍またはその国の永住権を得ていること」を挙げていますが、これは必須条件ではありません。ということは、日本国籍を保持したままでも、そのほかの条件を満たせば、所得税法上の非居住者と見なされる、ということです。

このように、非居住者の定義には曖昧《あいまい》なものがあり、なおかつ、最後は税務当局の「推定」によって決められるため、一言で「これが非居住者だ！」とはいえませんが、おおよそ以下のようなケースなら、日本国籍を保有したままでも、非居住者として認められると思われます。

もっとも確実なのは海外で仕事を得ることです。それが1年以上にわたる契約であれば、日本を出発した翌日から「非居住者」の身分を得られます。このケースでは、妻子を日本に残したままの単身赴任でも構いません。

そうでない場合は、話は少しややこしくなります。

まず、日本国内から所得を得る仕事はすべてやめてしまいます。そのうえで、国内に不動産を持っていれば、それも売り払ってしまいます（さすがに親の実家までは売却しなくても大丈夫です）。ついでに、国内にある金融資産もすべて海外に送金してしまいます。これで、日本国内には1円の資産もない状態になります。そして家族で海外に移住し、1年間は何があっても日本には戻ってきません。それ以降は、「日本に居所を有する」と認定されない範囲で、ときどき日本に戻ってくればいいわけです（厳密には、非居住者でありながら日本国内で所得を得ることも不可能ではありません）。

この程度の条件であれば、「日本を捨てる」という悲壮な決意がない一般の人でも、不可能ではないでしょう。

では、なぜ日本国籍を保有しておく必要があるのでしょうか？

経済的な側面からいえば、日本国籍を放棄した時点で、これまで積み立ててきた公的年金の受給権など、日本国民として享受しうるすべての権利を失うことになるからです。それ以外に、先進国である日本のパスポートは信用力が高いので、途上国の国籍を取得して海外に居住するよりも、ずっと有利だということもあります。あるいは、子どもたちも含め、生まれ育ってきた日本という国の文化的・歴史的背景と完全に切れてしまうのは、いろいろと心理的問題があるという側面もあるでしょう。何かあっても簡単には日本に戻ってこられませんから、「親の死に目にも会えない」おそれもあります。このように、ふつうの人には、なかなか「国を捨てる」ことはできません（これはどこの国でも同じです）。

ところが、日本国籍を持ったまま非居住者になれば、海外生活に飽きたらいつでも日本に戻ってくることができます。もちろん、年金の受給権をはじめとした日本国民としてのさまざまな権利も失うことはありません。この「いつでも戻ってこられる」ということが、ＰＴのいちばんの魅力なのです。

したがって本書でも、「将来的には日本に戻ってくるものの、人生の一時期をＰＴとしてすごす」というスキームを考えてみます。厳密にいえばこの方針は、所得税法施行令15条の、「その者が再び国内に帰り、主として国内に居住するものと推測するに足りる事実がないこと」という規定に抵触しますが、ここは主観の問題なので、「そのときは海外に永住するつもりだったが、けっきょく日本に帰ってきた」と主張すれば、あとは税務署との交渉次第でしょう。

属地主義と属人主義

話は前後しますが、税金には、大きく分けて「属地主義」と「属人主義」があります。

「属地主義」というのは、自分の国に居住している人（個人・法人）から税金を徴収するという考え方で、この場合、その国の国籍を有していてもその国に居住していない場合は、徴税の対象外になります。

「属人主義」というのは、自分の国の国籍（市民権）を持っている人からは、どこに住んでいるかにかかわらず（たとえ月や火星でも！）税金を徴収するという考え方です。

このように、属人主義の国の国民はPTになることができません。幸いなことに、日本の税法は属地主義なので（世界の大半が属地主義です）PTを人生設計の選択肢のひとつにすることができます。

ところが、世界には属人主義で税金を徴収するという、過酷な税法を持っている国もあります。その代表格がアメリカで、この国で市民権（グリーン・カードでも）を取ろうものなら、世界中のどこにいても納税の義務を負わされるというトンデモないことになります。したがって、アメリカのお金持ちはなんとかしてアメリカ国籍を捨てようとしますが、この世界一厳しい税法を持つ国では、仮に国籍を捨てても10年間は納税の義務を免れることができないというさらに恐るべき規定もあって、あらゆる節税の道が徹底的に封じられています（ところが日本では、なぜかアメリカのグリーン・カードを取得するのがブームになっているようです。アメリカで本格的にビジネスをする人は別でしょうが、それ以外は、こんなものを持っていても何の役にも立たないばかりか、ヒドい目にあうだけです）。

ところで、属人主義の税法のもとに生まれたアメリカ人が属地主義の日本の居住者になった場合、アメリカと日本で二重課税になってしまいます。そのため、アメリカは世界各国と租税条約を締結し、アメリカに納める税額からその国で支払った税額を控除できるようにしています。そのため日本に住むアメリカ人は、日本居住者として地元の税務署に所得を申告すると同時に、アメリカ市民として、アメリカ大使館内のＩＲＳ（内国歳入庁）にも税務申告するという、面倒なことになっているわけです（このように世界中のアメリカ大使館で、現地のアメリカ人から税金を取り立てています）。こうしてアメリカ人は、３月末のTax Return（税務申告）の季節になると「ＩＲＳのない日本人はいいですね」と、ため息をつくことになるわけです。

節税メリット

幸いなことに、属地主義の私たち日本人は、非居住者になることによって、日本国の税制から合法的に逃れることができます。さらに、税法というのは国家の基本なので、個々の通達レベルはともかくとして、こうした基本部分はめったなことでは変更されません。したがって、長期にわたる節税スキームとして、ＰＴは非常に有効です（それに対して、税法の抜け穴を探す従来の節税法では、通達ひとつですべての努力が無駄になってしまう危険性があります）。

非居住者になる最大のメリットは、最初に述べたように、日本国外から得た所得に対して一切の課税がなされないということです。海外で運用した金融資産の利子・配当や売却益も、すべて無税で受け取ることができます。それを世界のどの国でどのように使おうが、あなたの自由です。

もうひとつ、日本の非居住者になる大きなメリットが、相続税対策です。これは、非居住者になることで法的に「無制限納税義務者」から「制限納税義務者」に転身できるため、相続税・贈与税に関して、日本国内に所在する財産のみが課税対象になることです（居住者であれば、もちろん、日本を含む全世界の財産が相続税・贈与税の課税対象になります）。

非居住者といっても、日本国内の所得については、日本国に納税義務を負うことになります。ただし、ここにも「軽減税率の適用」というメリットがあって、「日本の非居住者でかつ国内に支店や事務所など恒久的施設を有していない場合」は、事業所得は非課税、給与所得は20％の源泉分離課税で納税が完了します（租税条約によって10％に軽減される場合もあります）。また、日本では20％が一律で源泉徴収される銀行預金の利子なども、住民税5％を差し引かれた15％になります。

つまり、あなたは非居住者になることによって、

①海外資産の売却益・配当益などに一切課税されない。

②日本国外にある資産が相続税・贈与税の課税対象外になる。

③日本国内の所得に対しても、軽減税率が適用される。

という大きなアドバンテージを得ることができるわけです。

ではここで、相続税・贈与税の問題について、考えてみましょう。

相続人が非居住者になって1円の税金も払わないようにする「究極の相続税対策」の枠組みは、いたってシンプルです。

①まず、相続人（子ども）が海外に移住し、「日本の非居住者」になる。

②次に被相続人（親）が不動産や株式などの資産をすべて現金化し、海外に送金する。

③最後に、海外にある親の資産を非居住者である子どもに贈与する。

数年前までは、たったこれだけのことで、すべて合法的に、相続税をゼロにすることができました。

こうした相続税対策は、相続税・贈与税がかからないカナダなどを移住先にして行われます。また、アメリカでは贈与税が発生しますが、納税義務が贈与した側（親）にあり、贈与された側（子ども）が納税する日本とは逆になっています。こうした税制の違いを利用すると、日本にいる親からアメリカにいる子どもに資産を贈与した場合、双方で贈与税がかからないということになります（これも一見奇妙な話ですが、有効な方法でした）。

※〈著者注〉所得税法の改正によって、被相続人が日本国籍を有している場合は、たとえ非居住者であっても相続税の支払い義務を負うこととなりました。相続人と被相続人双方が非居

住者である場合は、日本国に相続税を納める必要はありません。

ところで、この「究極の相続税対策」ですが、いくつか問題がないわけではありません。

ひとつは、被相続人（親）が資産を現金化する際に、売却益（キャピタル・ゲイン）に対して課税されてしまうことです。これればかりはどうしようもありません（これについては借金をして売却益を減らすなどの節税対策がありますが、面倒になるだけなので、本書では扱いません）。そのためのいちばんの対策は、売却コストの高い不動産資産をできるだけ持たない、ということです。株式や債券などの金融資産なら、現金化するのに大きな問題はありません。

もうひとつは、当たり前ですが、日本国内に何も資産がなくなってしまうことです。

これは、PTの人生を考えるうえで、大きな問題になります。

あなたが45歳でPTになり、50歳のときに親から無税で海外資産の贈与を受けたとします。で、60歳になったときに「PTはもういいや」と思って日本に戻ってきたとしましょう。

あなたが海外に保有する資産は、合法的に無税で贈与されたものですから、帰国後にそれを日本国内に戻したとしても、法的には何の問題もないはずです。しかし、このケースで何億円もの資産を日本国内に持ち込んだ場合、非居住者の規定のところで述べたように、それを税務署がどのように認定するか、判断のつかない部分があります。税務署お得意の「実態基準」で判断された場合、相続税逃れとして高率の税金を徴収されるおそれもあります。

海外に資産を移して無税の特典を享受できたとしても、本人が日本国内に戻ってきて、せっかくの資産が海外で塩漬けになってしまうというケースも実際にあるようです。これでは、ほんとうはお金持ちのはずなのに、国内で貧乏暮らしをしなければならないという、妙なことになってしまいます。もしPTで相続税を節税しようという方は、こうしたリスクも合わせて、慎重に考えたほうがいいでしょう。

ビザの問題

では次に、PTのライフスタイルについて、もう少し詳しく検討してみましょう。

日本にかぎらず、それぞれの国には、居住者と非居住者を分ける法的な基準があります。ここでは、もっとも一般的な、「1年間に183日（半年）以上居住する場合は居住者とする」という規定を持つA国とB国があるとします。日本の場合、居住者になる滞在日数は1年以上ですから、この3ヵ国を3等分して移動すればPTになることができます。

3ヵ国も住み分けるのが面倒くさいというのであれば、所得税が課せられないタックス・ヘイヴンのC国に居住するという方法もあります。日本とC国の間を往復するだけではC国の居住者になりますが、C国では所得や資産に対して税金がかからないので、実質的なPTとなることができます。

それ以外に、完全なPTにならなくても、オーストラリアやフィリピンなど、「投資家優遇ビザ」を発行してくれる国に居住し、その国に暮らしながら軽減された税金を納めるという方法も考えられます。日本に比べて物価も税金も安ければ、それだけで大きなメリットがあるからです。

このように、ＰＴにはビザ（査証）の問題が大きくかかわります。もちろん観光ビザでＰＴ生活をすることも理屈のうえではできますが、ホテル暮らしを続けながら、30～90日以内に出国しなければならない生活を続けていると、自分がＰＴなのか違法就労者なのかわからなくなってしまいます。ですから、少なくとも1～2ヵ国は、長期滞在者用のビザを取得しておく必要があるのです。

ＰＴ候補地の条件

こうしたビザ（査証）問題も含め、ＰＴ生活を送る国を選ぶ基準としては、以下のようなものが考えられます。

①観光ビザではなく、長期滞在用のビザが取得できる。

先に述べたように、これがいちばん重要です。ただし、永住権や市民権までは必要ありません。下手に市民権を取得してしまうと権利といっしょに義務もついてきますから、納税どころか、兵役に就かされても文句はいえません。

②言葉が通じる。

これも非常に重要で、まったくコミュニケーションが成立しない環境では、ふつうの人は、長期間暮らすことはできません。観光旅行で行って気に入ったからと、スペインや東南アジアに移り住んだ人も、多くはこの言葉の壁で挫折《ざせつ》するようです。かといって、日本語が通じる国は海外にはありませんから（もっとも条件のいいのがハワイと台湾でしょう）、必然的に、英語圏ということになります。

③日本から近い。

かつて、通産省が鳴り物入りで始めた「シルバーコロンビア計画」は、スペイン、オーストラリア、ニュージーランドなどのリゾート地を、定年退職者の海外での保養地として民間主導で開発することを目的としたものでしたが、このプランに応じてスペインに移住した人の多くが、前述の言葉の壁に加え、飛行機だけで片道15時間以上、日本との時差も8時間という「距離の壁」で挫折したとの報告があります。こんなに遠くては、何かあったときにちょっと日本に帰るというわけにはいきませんし、最初はおもしろがって遊びにきてくれた友人や親戚たちの足も次第に遠のきます。こうして、ほとんどの移住者が望郷の念にかられて日本に戻ってしまいました。

同様の理由で、国際空港から現地までの交通の便も重要です。空港に着いたはいいけれど、そこから車やバスで何時間もかかるのでは、やはりそのうち誰も訪ねてきてくれなくなってしまいます。

④治安がよい。

日本にいると当たり前のようですが、世界中に、夜中に若い女性がひとりで歩けるような国はそれほど多くありません。日本のように治安のいい国を選ぼうと思ってもなかなか難しいので、少なくとも、居住に適した治安のいい地域を選ばなくてはいけません。

⑤物価が安い。

せっかく税金が安くなっても、物価が高ければプラス・マイナス・ゼロになってPT生活にはあまり向きません。

⑥不動産の取得が容易である。

その国の規定によって、外国人は不動産を所有できないように決められているところも多くあります。もちろん賃貸でPT生活を行うこともできますが、安い価格で日本では考えられないような豪邸が手に入るというメリットを生かしたいのなら、外国人でも不動産を取得できる国を選んだほうがいいでしょう。

⑦気候がいい。

いくら節税のためとはいえ、PT生活が苦行になってしまっては意味がありません。そのために、気候がいい、食べ物がおいしい、リゾート施設（ビーチやゴルフ場など）が近くにある、などの条件が必要となります。

6つの候補地

ざっと思いついたのはこのくらいですが、では、こうした条件を満たす国はいったいどこになるのでしょうか？

もちろん、日本人にとって完璧なPT候補地などあるはずもありませんから（そんなものがあればみんなさっさと移住しています）、あとはそれぞれの好みになるでしょうが、いくつか具体例を挙げて検討してみましょう。

①ハワイ（アメリカ）

PTと聞いて、誰もが最初に思い浮かべるのが、ハワイでしょう。環境は最高です。日本語もある程度通じ、日本に近いというメリットもあります。ただし、残念なことにハワイはアメリカの一部なので、ここに居住権を得てしまうと、世界中の所得に対して容赦《ようしゃ》なく課税されてしまいます。

したがって、節税目的のPTは、絶対にアメリカ領を居住地に選びません（バブル期にハワイにリゾート別荘を買った人も多くいますが、そのほとんどが、売却に当たって税務上の問題で苦労しているという話も聞きます）。同様に、ニューヨークやロサンゼルスでPTをするというのも、あまり現実的ではありません（アメリカに職を得て居住するなら別です）。

移住先として日本人にいちばん人気のあるのがアメリカですが、この国の過酷な税制を考えると、観光旅行にとどめておくのがよさそうです。

②カナダ

アメリカに次いで、移住先として人気の高い国がカナダです。

カナダは日本の27倍の国土に3000万人が住んでいるだけなので、移民の受け入れにも積極的で、海外からの移住が比較的容易な国のひとつです。

カナダの場合、事業家や専門職向けの永住権プログラムのほか、投資プログラムもあり、80万カナダドル（約6500万円）の資産を持ち、13〜40万カナダドルの投資を行うことが条件となっています。

カナダの所得税法によると、移民者は海外の資産から発生する所得に関して5年間無税の優遇措置を享受することができ、またカナダには財産税、相続税がないところから、富裕層にとってもメリットの大きな移住先になっています。

ところで、カナダで市民権を獲得してパスポートを取得すると（この段階で日本の国籍は放棄しなければなりません）、NAFTA（北米自由貿易協定）条約を利用して、1年のうち6ヵ月まではビザなしでアメリカに滞在することが可能になります。また、アメリカでの居住日数を122日以内に、カナダの居住日数を183日未満にすることによって、両国に対してともに非居住者となり、税金を大幅に軽減することが可能になります。簡単にいうと、アメリカの過酷な税制を逃れつつ北米に居住することが可能になり、なおかつ節税もできるということです。これも、世界の富裕層によく用いられているテクニックです。

③オーストラリア、ニュージーランド

シルバーコロンビア計画の候補地にも選ばれ、アメリカ、カナダに次いで人気の高いのがオーストラリアです。

オーストラリアもカナダと同様、日本の20倍もの国土に2000万人足らずの人口しか住んでいない国なので、国策として積極的に移民を受け入れています(白豪主義などの人種問題もありますが)。

若者に適用される学生ビザやワーキングホリデー・ビザ、事業家向けの独立移住ビザ、専門職向けの独立永住ビザのほかに退職者ビザもあり、65万豪ドル(約5000万円)以上の資産か、20万豪ドル(約1500万円)の資産と年間4万5000豪ドル(約340万円)以上の収入があれば取得可能です。

オーストラリアは居住環境、言語、物価、治安などの面で優れているうえに、日本とは時差がなく、不動産の取得が容易で、日本では考えられないような値段で豪邸が購入できるというメリットもあります。

オーストラリアの隣のニュージーランドも、日本の7割ほどの国土にわずか350万人の人口しかいないので、海外からの移住は比較的容易です。また、無査証でも3ヵ月の滞在が可能なほか、簡単な手続きで訪問者ビザを取得でき、18ヵ月以内に合計9ヵ月間までの滞在が可能になります。

ただしニュージーランドの場合、国内に不動産を所有すると、ニュージーランドに居住しているかどうかにかかわらず、居住者として見なされ全世界の所得に対して税金が課されることになるので、不動産に関しては賃貸を選んだほうがいいようです。

④スイス

ひとり当たりの国民所得が世界一豊かで、政治・経済が安定しているので、欧米の富裕層にはPT候補地としてもっとも人気の高い国です。ただし、ビザの取得は可能でも市民権を取るのは難しく、通常12年の居住を経たうえで、10万スイス・フランの税金を納めることが条件になるなど、そのハードルはかなり高くなっています。日本からは、距離的な問題もあります。

⑤フィリピン

フィリピンは貧富の差が激しく、治安もあまりよくありませんが、一方物価が安く、安全や快適さを安価に購入することができます。

戸田《とだ》智弘《ともひろ》著『老後をアジア・リゾートで暮らす』（双葉社）によれば、フィリピンでは2000万〜3000万円で、敷地が鉄柵《てつさく》で囲まれ門には自動小銃を持ったガードマンが常駐する富裕層向けの高級住宅地にプールつきの豪邸を構え、毎月20万円の公的年金の範囲内で、メイドのいる優雅な暮らしが成立します（この本で紹介されている例では、約6000万円で高級住宅地〈ビレッジ〉に550坪の土地を購入し、約3500万円でプールつき5ベッドルームの豪邸を建てています）。

フィリピンのメリットは、英語でコミュニケーションができることと、富裕層向けのサービスが充実していることだといいます。とくに医療制度などはそれが顕著で、お金さえ払えば、アメリカ帰りの優秀なドクターによって、日本以上の治療を受けることも可能になります。そのため、日本の貧弱な老人医療に飽き足りない人たちが、ボケ始めた老親をともなってフィリピンに移住するケースもあるようです（比較できるほどの例があるわけではありませんが、ほぼマンツーマンに近いケアをしてくれるので、病状が軽快したケースも多いとのことです）。

海外からの移住に関しては、退職者特別居住ビザ（ＰＲＡビザ）のような優遇制度もあり、50歳以上は5万米ドル、35歳から49歳は7万５０００米ドルの定期預金をしたうえで所定の手続きを踏めばビザが発行されます。このＰＲＡビザ取得者には、日本から送金される年金に課税されないなどのメリットもあります。

ところが、このフィリピンにもひとつだけ大きな問題があります。それは、フィリピンがアメリカと同じく、属人主義の税法を持つ世界でも数少ない国のひとつだということです（これは、もちろん、フィリピンがかつてアメリカの植民地だったことに由来します）。

もっとも、いくら世界中の資産に課税されるとしても、フィリピンの税務当局にはアメリカのＩＲＳのような機能的な徴税をする能力はないから問題ないとの意見もあり、このあたりはよくわかりません。

また、フィリピンの場合外国人の不動産所有が認められないため、家を建てる場合は長期リース方式（50年）を採用するか、あるいは信頼できるフィリピン人パートナーと土地所有会社を設立するなど、複雑な手続きが必要になるので、そのことも注意点として挙げられています。

⑥タイ

近年になって年金生活者の海外移住が注目を集めるようになってきました。そのなかでもっとも人気の高い国のひとつがタイです。

タイの魅力は、なんといっても物価の安さにあります。たとえばタイ北部のチェンマイではセキュリティ完備のゆったりとしたコンドミニアム（80平米、2ベッドルーム）が月額3万円程度で賃貸できます。バンコクでもワンルームマンションの賃料は3万円前後です。そのうえ街の食堂に行けば、一食100円もあれば満足のいくタイ料理が食べられますから、生活コストは劇的に下がります。

タイは仏教国で日本人には親しみやすく、また海外からの観光客が外貨収入の3割をもたらす観光立国のため都市には英語を話すツーリストポリスが配置されています。治安も東南アジアのなかでは圧倒的によく、鉄条網に囲まれた家に住む必要もありません。タイの住居を借り、そこを拠点に東南アジアを旅行するリタイアした夫婦も増えています。ただし夏（4～5月）は猛烈に暑く、気温40度を超える日もあるので避けたほうが賢明かもしれません。

タイも長期滞在ビザの取得は比較的容易で、1998年からはリタイアビザ（滞在可能期間

1年）の発給も始まりました。55歳以上の年金受給者であれば、タイ国内に80万バーツ（約240万円）以上の預金をすることでビザの獲得が可能です。

⑦南太平洋

読者のなかには、フィジーやパラオ、バリ島、プーケットなどの南太平洋の島々で老後をのんびりすごしたいという人もいるかもしれません。そんな方には、南太平洋のタックス・ヘイヴン国、バヌアツ共和国はいかがでしょう？　投資家ビザとして15万米ドルで3年、50万米ドルで10年、100万米ドルで15年の居住権が与えられ、所得税・法人税・譲渡税・相続税・贈与税など、すべて無税です。ただし、実際に訪ねたことのある人によると、ほんとうに何もない島なので、刺激のない生活に順応できる人でないと堪えられないのではないか、ということでした。

※〔著者注〕ビザの取得や居住権、永住権、市民権に関する法律は頻繁に変更されます。最新の情報は各国の大使館などで確認してください。

将来の選択肢のひとつとしてPTを考える私たちも、これから折を見て、少しずつこれらのPT候補地を旅してみようと考えています。海外旅行といってもお仕着せのパック・ツアーではぜんぜんおもしろくありませんし、ショッピング＋レストラン＋エンタテインメントという観光ガイドブック・コースにも飽きてしまいました。そういう人でも、将来ここに暮らすかもしれないと考えて、不動産屋を回ったり、治安や環境、税制やビザのことを調べたりしてみれば、これまでにない体験ができるはずです。ヒマだからどこかに出かけるのではなく、家族や恋人といっしょに、それぞれの人生設計をもとに、ＰＴ候補地をめぐる旅行を計画してみてはいかがでしょうか？

30代、40代で大きな資産を形成できれば、ＰＴ以外にもいろいろな選択肢が生まれます。そのまま今の仕事を続けてもいいし、リタイアして地方に家を買って田舎暮らしをしてもいいし、ＰＴとまではいかなくても、1年の半分は海外で暮らすなんてこともできるでしょう。そこからどのような人生が始まるかはまさにその人次第でしょうが、少なくとも就職した日から人生の終着駅が見えてしまうような生き方よりは、何百倍も魅力的なのではないでしょうか。

私たちの目の前には、「自由な人生」という未知の大海原が広がっているのです。

文庫版あとがき

本書の続編に当たるものとして橘玲著『お金持ちになれる黄金の羽根の拾い方――知的人生設計入門』（幻冬舎）があります。また、本書で割愛した個人のファイナンス（借金）については、橘玲の新刊『得する生活――お金持ちになる人の考え方』（幻冬舎）で扱われています。併せてお読みいただければ幸いです。

本書の親本では表計算ソフトEXCELを利用した人生設計シートのつくり方を紹介していますが、説明が煩瑣《はんさ》になるため文庫版では割愛し、私どもが運営している「海外投資を楽しむ会」ホームページにEXCELシートをアップしました。ご自由にダウンロードし、カスタマイズしてお使いください。

◎「海外投資を楽しむ会」ホームページ　http://www.alt-invest.com/

本書のささやかな試みから、ひとりでも多くの読者が有意義な人生を送るヒントを得られたなら、これにすぐる喜びはありません。

２００３年10月

海外投資《かいがいとうし》を楽《たの》しむ会《かい》

本作品は一九九九年十一月、メディアワークスより刊行された『ゴミ投資家のための人生設計入門』を改題し、一部を削除し、加筆のうえ再編集しました。

橘玲―1959年に生まれる。作家。早稲田大学卒業。「海外投資を楽しむ会（AIC）」創設メンバーで「ゴミ投資家シリーズ」執筆者の一人。2002年春に上梓した小説『マネーロンダリング』（幻冬舎）は、「金融を知り尽くした著者による驚天動地の〝合法的〟脱税小説」として各紙誌で絶賛された。著書にはほかに『お金持ちになれる黄金の羽根の拾い方』『得する生活』（以上、幻冬舎）などがある。
E-mail：tachibana@alt-invest.com

海外投資を楽しむ会（AIC）―『ゴミ投資家のためのビッグバン入門』（メディアワークス）の制作スタッフを中心に1998年に設立。1999年から海外投資の情報交換サイト（http://www.alt-invest.com/）を運営。2003年10月現在で会員数8000名。編著書には「ゴミ投資家」シリーズ（メディアワークス）、『小富豪のためのタックスヘイヴン入門』『小富豪のための香港金融案内』（以上、東洋経済新報社）などがある。
E-mail：info@alt-invest.com

講談社+α文庫 世界《せかい》にひとつしかない「黄金《おうごん》の人生設計《じんせいせっけい》」

橘 玲《たちばなあきら》＋海外投資《かいがいとうし》を楽《たの》しむ会《かい》・編著

2003年11月20日第１刷発行
2003年12月18日第３刷発行

発行者――野間佐和子
発行所――株式会社 講談社
東京都文京区音羽2-12-21 〒112-8001
電話 出版部(03)5395-3530
販売部(03)5395-5817
業務部(03)5395-3615

装画――浦野周平
デザイン――鈴木成一デザイン室
カバー印刷――凸版印刷株式会社
印刷――慶昌堂印刷株式会社
製本――株式会社国宝社

落丁本・乱丁本は購入書店名を明記のうえ、小社書籍業務部あてにお送りください。
送料は小社負担にてお取り替えします。
なお、この本の内容についてのお問い合わせは
生活文化第三出版部あてにお願いいたします。
Printed in Japan ISBN4-06-256800-4
定価はカバーに表示してあります。

領 収 証
毎度ありがとうございます
啓文堂書店
渋谷店　TEL 03-6784-3800

2004/01/07　11:34　R: 2　No:-24　担: 12

書籍	外税	800
4-062568004C0195¥800E		
小計		800
消費税等		40
合計		**840**
現金		5,000
お釣り		4,160

年始は1月5日から営業いたします